Schweikert (Hg.)

Jahnn – Orgelbauer

Verlag und Herausgeber danken der Sparkasse Hamburg für die Förderung dieses Bandes.

Für die Abdruckgenehmigung der Altbeiträge und Fotos bedanken wir uns bei allen Rechteinhabern. Wenn nichts anderes angegeben wird, liegen die Urheberrechte für die Abbildungen bei der Staats- und Universitätsbibliothek Hamburg.

Igel Verlag Paderborn
Literatur- und Medienwissenschaft 31

Jahnn vor Haus Eckel, 1919. Foto: H. Hoppen, © *Yngve Jan Trede*

Uwe Schweikert (Hg.)

„Orgelbauer bin ich auch"

Hans Henny Jahnn und die Musik

Mit zahlreichen Abbildungen, Faksimiles
und der Erstveröffentlichung des
Briefwechsels Hans Henny Jahnn / Carl Nielsen

Igel Verlag Wissenschaft

Die Deutsche Bibliothek - CIP - Einheitsaufnahme

„Orgelbauer bin ich auch" : Hans Henny Jahnn und die Musik ; mit der Erstveröffentlichung des Briefwechsels Hans Henny Jahnn/Carl Nielsen / Uwe Schweikert (Hg). - 1. Aufl. - Paderborn : Igel-Verl. Wiss., 1994
  (Literatur- und Medienwissenschaft ; 31)
  ISBN 3-927104-89-2
NE: Jahnn, Hans Henny; Schweikert, Uwe [Hrsg.]; Nielsen, Carl; Reihe Literatur- und Medienwissenschaft

1. Auflage 1994
Alle Rechte vorbehalten
Copyright © by
Igel Verlag Literatur
Querweg 67, 33098 Paderborn
Tel. 0 52 51 - 7 28 79 · Fax 0 52 51 - 7 43 98
Umschlaggestaltung unter Verwendung eines Fotos
von Leonore Mau
Textverarbeitung: M. Klagges, Paderborn
Herstellung: Janus Druck, Borchen

ISBN 3-927104-89-2

INHALT

VORBEMERKUNG ... 9

1. Abteilung

G. Christian Lobback
DER ORGELBAUER HANS HENNY JAHNN UND
DAS HARMONIKALE GESETZ ... 11

Thomas Lipski
DIE ORGELPROJEKTE VON HANS HENNY JAHNN ... 19

Rüdiger Wagner
HANS HENNY JAHNN UND DIE ORGELBEWEGUNG ... 63

Hans Peter Reiners
HANS HENNY JAHNN UND DIE ORGEL DER
ST.-MAXIMILIAN-KIRCHE IN DÜSSELDORF ... 73

2. Abteilung

Gerd Zacher
DIE ERDICHTUNG DER ORGEL ... 84

Wolfgang Stockmeier
JAHNN-MARGINALIEN ... 90

Uwe Schweikert
„ORGELBAUER BIN ICH AUCH"
Die Bedeutung der Orgel für die Ästhetik und
das literarische Werk Hans Henny Jahnns ... 94

3. Abteilung

Uwe Schweikert
„ICH HATTE EINE GENAUE VORSTELLUNG
VON ‚MEINER' MUSIK"
Jahnn als Komponist ... 104

Uwe Schweikert
„DAS GANZE IST DIE MUSIK"
Musik in Hans Henny Jahnns *Fluß ohne Ufer*   125

Berenike Jürgens
VERWEISENDE MUSIKREZEPTION IN
HANS HENNY JAHNNS *FLUSS OHNE UFER*   144

Johannes Geffert
„MUSIK ALS SPRACHE"   160

Uwe Schweikert
„ICH HABE IHN NIEMALS PERSÖNLICH KENNENGELERNT"
Jahnn und Carl Nielsen   169

4. Abteilung

[Hans Henny Jahnn]
DIE ORGEL ZU ST. JACOBI HAMBURG (1923)   179

Hans Henny Jahnn
DIE ORGEL ZU ST. JACOBI IN HAMBURG (1924)   184

Hans Henny Jahnn
ORGELPROBLEME DER GEGENWART (1926)   190

Rudolf Maack
HANS HENNY JAHNNS ORGELBAU (1929)   197

Hans Henny Jahnn / Carl Nielsen
EIN BRIEFWECHSEL AUS DEM JAHRE 1931   212

Theodor Herzberg
WER IST HANS HENNY JAHNN? (1933)   217

Hans Henny Jahnn
ABSTRAKTE UND PATHETISCHE MUSIK (1949)   222

Hans Henny Jahnn
EIN BRIEF AN PETER HUCHEL (1953)   228

VORBEMERKUNG

Wohl bei kaum einem anderen Dichter des 20. Jahrhunderts spielt die Musik eine ähnlich konstitutive Rolle wie im Leben und literarischen Werk Hans Henny Jahnns. Er war einer der führenden Vertreter der Orgel-Reformbewegung der zwanziger Jahre und hat als Orgelbauer mehr als 100 Orgeln konstruiert und renoviert. In dem von ihm mitbegründeten Ugrino-Verlag erschienen seit 1921 damals wegweisende, typographisch vorbildliche Gesamtausgaben von den frühbarocken Orgelmeistern Vincent Lübeck, Samuel Scheidt und Dietrich Buxtehude. Der vorliegende Band, der zum 100. Geburtstag Jahnns am 17. Dezember 1994 erscheint, verfolgt die Spuren seiner Beschäftigung mit Musik.

In einem ersten Teil enthält er Aufsätze zu Jahnns Tätigkeit und Bedeutung als Orgelbauer. Persönliche Stellungnahmen der beiden Organisten Wolfgang Stockmeier und Gerd Zacher schließen sich an. Zwei Aufsätze dokumentieren erstmals Jahnns eigene Kompositionsversuche sowie seine Beziehungen zu Carl Nielsen, einem der wenigen nachbarocken Komponisten, denen Jahnn Gerechtigkeit widerfahren ließ. Ein dritter Teil präsentiert Aufsätze zum Einfluß der Musik auf Jahnns literarisches Schaffen, insbesondere auf den Roman „Fluß ohne Ufer", in dessen Mittelpunkt der fiktive Komponist Gustav Anias Horn steht. Die meisten Aufsätze sind eigens für diesen Band geschrieben worden. Doch schien es mir sinnvoll, einige wenige ältere Arbeiten nochmals abzudrucken, um ein möglichst weites Spektrum zu schaffen. Bisher größtenteils unbekannte Bilder, Briefe und Dokumente werden ergänzt von einigen Texten Jahnns, die in der „Hamburger Ausgabe" nicht zum Abdruck kamen. Am Schluß stehen der Aufsatz *Abstrakte und pathetische Musik* sowie ein Brief an Peter Huchel, weil sie Jahnns musikalische Vorstellungen bündig zusammenfassen.

Ich danke dem Verlag Hoffmann & Campe für die Genehmigung zum Abdruck der Texte Jahnns, Dr. Harald Weigel, dem Leiter der Handschriftenabteilung der Hamburger Staatsbibliothek, für die Überlassung von Materialien und nicht zuletzt Yngve Jan Trede, ohne den dieses Buch nicht wäre, was es ist.

Stuttgart, 17.7.1994   Uwe Schweikert

1. Abteilung

G. Christian Lobback

DER ORGELBAUER HANS HENNY JAHNN UND DAS HARMONIKALE GESETZ

Die Arbeit an einer Orgel ist sicherlich nicht einfach nur physische Präsenz handwerklich möglichst gut gearbeiteter Objekte, die phantasievoll gemacht und für Ohren und auch Augen bestimmt sind. Sie haben darüber hinaus eine gleichsam magische Präsenz. Sie teilen sich in geheimnisvollen Silben mit, die aus einer Sprache stammen, für die es keine Übersetzung gibt. Sie strahlen Klänge unterschiedlichster Prägung aus und atmen, angetrieben durch eine Vielzahl verborgener mechanischer Funktionselemente, die durch den Spielimpuls des Musikers ausgelöst werden. Die Qualität jeder Orgel ist abhängig von der Einhaltung der Naturgesetze. Diese Maxime gilt gleichermaßen für das Klangspektrum, die Konstruktion und auch die Architektur der Orgel, wobei jedem Instrument klar definierbare Maßverhältnisse zugrunde liegen. Einmal sind es die Längenmaße der Pfeifenreihen, die nach Fußmaßen bezeichnet werden. Die größten Pfeifen der übereinander gestaffelten Oktaven haben jeweils 1', 2', 4', 8' und 16' Längen. Die Längenmaße der größten Pfeifen der übereinander gestaffelten Terz- und Quintlagen sind ebenfalls Teile einer geometrischen Reihe. Es kommen weitere Maße in den Gesichtskreis: das Verhältnis des Durchmessers der Pfeifen eines Registers, Höhe und Breite des Aufschnitts und diese Maße in ihrem Verhältnis zueinander.

Die Maßverhältnisse, die Proportionen haben somit eine Klangfunktion. Hans Henny Jahn hat auf die Frage, warum die Zahlenverhältnisse? mit den Worten des Dichters geantwortet: „Die Schönheit der Orgel ist entstanden kraft präziser Gesetze. Sie ist Reichtum, sie ist verwoben mit der Schöpfung und deshalb ist sie wirkliche Schönheit."

Er fährt dann fort:

Sie können mich nicht fragen, weshalb diese Zahlen eine ästhetische Funktion haben. Ich könnte Ihnen nicht anders antworten: Fragen Sie den Seestern, fragen Sie die Blumen auf dem Felde, weshalb sie über den Rhythmus eines Pentagramms geschaffen sind.

Hier kommt Jahnn zur Sache; es klingt zwar alles noch verblümt, alles scheint noch ein wenig schillernd zu sein, was er ausdrücken will, und es ist ja auch von vielen seiner Zeitgenossen mehr oder weniger metaphorisch verstanden worden, was für ihn hautnahe Realität war. Ich spreche von dem harmonikalen Weltbild Jahnns. Das harmonikale Grundgesetz war es einzig und allein, das ihn antrieb, den Bau von Orgeln zu einer Lebensaufgabe zu machen. Er wollte nicht irgend eine Orgel bauen, er hat Orgeln entworfen, konstruiert und an ihrer physischen Realisierung mitgearbeitet, an denen das harmonikale Grundgesetz ablesbar ist. Das war – wie er wiederholt geäußert hat – der eigentliche Grund für sein Engagement.

Was ist nun das harmonikale Grundgesetz? Es besteht aus einer Reihe von Gesetzen, die jeder von uns kennt.

Ich nenne:
1. die Obertonreihe,
2. die Intervallproportionen,
3. die zwölf Halbstufen des Oktavraums,
4. Konsonanz und Dissonanz, wobei die Konsonanz ansteigt, je einfacher die Zahlenverhältnisse sind.
5. Dur und Moll,
6. die Dominanz der 1 : 2 Proportion – die der Oktave, der bei weitem überwiegende Zusammenklang mit der ausgeprägtesten Konsonanz, eine Intervallproportion –, die seit jeher dazu dient die Ur-Polarität der Welt zu kennzeichnen: männlich und weiblich, himmlisch und irdisch usw... Das war ein Grund für Jahnn, die duale Gruppierung der Disposition der Orgel in Form des plein jeu mit männlich und des grand jeu mit weiblich zu betiteln.

Jahnn hat die alte Orgel studiert, nicht um sie zu kopieren, sie etwa nachzubauen, was heute bis zum Exzeß von vielen Orgelbauern und Musikern praktiziert wird, nein, er hat die Baugesetze dieser Orgel analysiert als das harmonikale Grundgesetz. Für ihn waren die harmonikalen Gesetze die akustische Erkenntniskonstante, die das Geheimnis der Pfeifenorganisation aufschließen konnten. Auf dieser Grundlage hat er beispielsweise die Orgel der Heinrich-Hertz-Schule in Hamburg-Winterhude – zusammen mit Karl Kemper – realisiert. Es ist übrigens das einzige Instrument, das konsequent nach seinen Plänen verwirklicht worden ist. Die Disposition dieser Orgel ist eindeutig in Analogie zur Obertonreihe entstanden.

In den Zwanziger Jahren dieses Jahrhunderts war das eine mutige Tat, die massiven Widerspruch auslöste. Der spätromantischen Orgel gaben in dieser Zeit die meisten Organisten und Orgelbauer den Vorzug. Sie entsprach weitestgehend ihrer Klangvorstellung und ihrem Lebensgefühl. Den Meisterwerken der Musik und des Orgelbaus des 17. und 18. Jahrhunderts wurde nur sporadisch Interesse entgegengebracht.

Die harmonikalen Proportionen bildeten das Fundament seines Orgelbaus, mit ihm hat er moderne Instrumente konstruiert. Nun kann zu Recht die Frage gestellt werden, wie ist er zu dieser Erkenntnis gekommen? Jahnn selbst hat wiederholt deutlich gemacht, daß Hans Kaysers harmonikale Grundlagenforschung ein entscheidender Impuls gewesen ist. Kaysers harmonikale Analyse der Chemie und Physik, der Pflanzenwelt, des Spektrums, der Sprache und des Wortes, des Unterschiedes von Mensch und Tier, gotischer Bauwerke, des Planetensystems, der Atomtheorie hat Jahnn nachhaltig beeinflußt.

Gottfried Wilhelm Leibniz, der Philosoph und Mathematiker, übrigens ein Zeitgenosse von Arp Schnitger, hat das folgendermaßen ausgedrückt:

> Die Musik ist eine verborgene arithmetische Übung der Seele, die dabei nicht weiß, daß sie mit Zahlen umgeht, denn vieles tut sie in Gestalt von unmerklichen Auffassungen, was sie mit klarer Auffassung nicht bemerken kann. Es irren nämlich diejenigen, welche meinen, daß nichts in der Seele geschehen könnte, dessen sie sich nicht selbst bewußt sei. Daher bemerkt die Seele, obschon sie nicht erkennt, daß sie rechnend tätig ist, dennoch die Wirkung dieses unmerklichen Zahlenbildens, entweder als ein daraus hervorgehendes Wohlbehagen bei Zusammenklängen oder als Unbehagen bei Mißklängen.

Der von Jahnn häufig beim Entwurf einer Disposition verwendete Begriff der harmonikalen Quantelung stammt von Hans Kayser. Jahnn verstand darunter die Gewichtung einer Disposition in Analogie zu den Intervallproportionen. Quantelung ist demnach die Aufteilung der bei einem physikalischen Vorgang auftretenden Energie in angebbar verschiedene Energiestufen.

Auf die Disposition übertragen bedeutet das, daß an den Fußtonzahlen ablesbar ist, wie die harmonikale Struktur gewichtet ist. Er wollte eine ausgewogene Struktur in der Disposition realisiert sehen, in der alle Anteile (Quanten) ausbalanciert vorhanden sind. Es versteht sich, daß dabei die konsonanten Intervallproportionen bei weitem überwiegen, aber die weniger konsonanten nicht weggelassen werden dürfen; – und zwar deshalb, um die Erzeugung von synthetischen Klängen optimal realisieren zu können.

Die Zielsetzung war klar! Die Disposition als die Konzentration einer beispiellosen Vielgestaltigkeit geblasener Klänge, die sinnlich unvor-

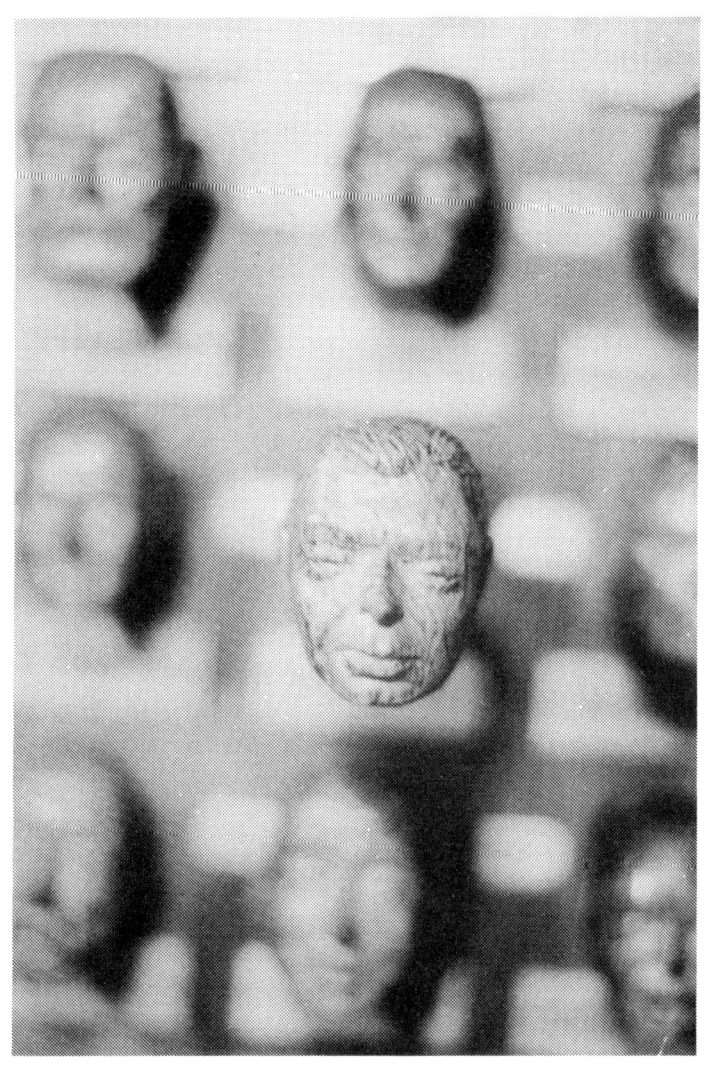

Registerzug Hans Henny Jahnn (Nr. 44 = Subbaß 16'), von Emmerich von Kozma, 1948–1950. Foto: Wilhelm Zimmer; Rechte: Curatorium der Arp-Schnitger-Orgel der Stiftung St. Jacobus.

stellbare Kombinationen und unvorstellbare Gegensätze innerhalb dieser Kombinationen bildet.

Die mit Hilfe der harmonikalen Analyse deutbaren Baugesetzlichkeiten sind nicht allein intellektuell faßbar, nicht nur erfaßbar, also meßbar; Kayser würde sagen: haptisch erfaßbar; sie sind auch seelisch erfahrbar mit Hilfe des Klangstoffs – wie Jahnn vielleicht sagen würde.

Dabei kam Jahnn ein glücklicher Umstand zu Hilfe. Aufgrund der von ihm initiierten Instandsetzung der Arp Schnitger-Orgel in St. Jacobi, Hamburg, bot sich ein einzigartiges Studienobjekt an. Die 60registrige Disposition dieses Instruments entspricht in ihrer Zusammensetzung dem Ideal einer harmonikalen Quantelung. Ohne Berücksichtigung der Mixturen sind bereits 48 Pfeifenreihen Oktav-Register, die Dominanz der 1 : 2 Proportion ist unverkennbar.

Rechnet man die zahlreichen Oktavreihen in den Mixturen (4', 2', 1', 1/2', 1/4' und 1/8' in der Zimbel des Oberwerks) hinzu, wird deutlich, daß die 1 : 2 Proportion das Hörbild prägt. 18 Register der 48 Oktav-Reihen der Orgel gehören zur Äqualtonlage (8 Fuß-Lage). Es folgen elf 4 Fuß-Register, neun 2 Füße, acht 16 Füße und zwei 32 Fuß-Register im Pedal der Orgel.

An dieser dominanten Oktavproportion 1 : 2 bei der Schnitger-Orgel von St. Jacobi, Hamburg, zeigt sich ein Formprinzip der Natur, das sich im seelischen Erleben, der Musik, wie im Makro- und Mikrokosmos zeigt.

Ein Beispiel: durch Elektrolyse läßt sich Wasser in seine Bestandteile zerlegen. An der Kathode scheidet sich Wasserstoff ab, an der Anode Sauerstoff; und zwar im Verhältnis 2 : 1 (H_2O). Das gerade Wasser als Ergebnis dieses stärksten Polaritätsausgleiches entsteht, noch dazu in dem einfachsten aller harmonikalen Gewichtsverhältnisse, nämlich dem Oktavverhältnis 1 : 2, ist nicht erstaunlich, wenn man die universelle Bedeutung von Wasser für das Leben auf der Erde bedenkt. Jeder Chemiker weiß, daß Wasser die meisten Reaktionen beschleunigt, sie sogar ermöglicht. Der Physiker J. W. Ritter schreibt um 1810: „Das Wasser ist die chemische Oktave, ihre Töne die primären Stoffe und ihre Verbindungen untereinander sind die Akkorde." Daß Wasser kulturgeschichtlich gesehen ein Symbol mit komplexem Bedeutungsspektrum z. B. für viele Religionen ist, ist bekannt und muß hier nicht besonders erläutert werden.

Außer der Oktavproportion 1 : 2 sind noch zwei weitere Proportionen in der Disposition der Jacobi-Orgel realisiert worden, die der

Quinte 2 : 3 und der Terz 4 : 5. Nur zwei Pfeifenreihen, Nasat 2 2/3' im Oberwerk und Quinte 1 1/3' im Rückpositiv sind als Einzelregister vorhanden. Zahlreich disponiert sind die Quinten dagegen in den Mixturen (2 2/3', 1 1/3', 2/3', 1/3' und 1/6' in der Cimbel dreifach des Oberwerks).

Die Terz 4 : 5 dagegen ist ausschließlich in gemischten Stimmen vertreten. In der Sesquialtera zweifach des Rückpositivs (4/5', 1 3/5'), in der Cimbel dreifach des Oberwerks (1/10', 1/5', 2/5', 4/5', 1 3/5') und in der Sesquialtera zweifach (4/5', 1 3/5') des Brustwerks.

Weitere Proportionen sind nicht vorhanden. Folglich baut sich die Disposition nur auf den Tonzahlen 1 bzw. 2, 3, 4 und 5 sowie ihren Multipeln und Submultipeln auf. Sogar die Physik betrachtet diese Tonfolge, die die Akustiker mit dem Wort „Obertonreihe" bezeichnen, weil sie auf der Basis der Gesetzlichkeit der Ganzzahlenreihe beruht, mit Respekt. Derartige elementare Gesetzmäßigkeiten gibt es in den Wissenschaften nicht sehr zahlreich.

Heute ist die Zahl die Ausdrucksform unseres rationalen Weltbildes in Relation auf die rationalen Beziehungsgrößen dieses Weltbildes geworden. „Die innere Weite der Zahl als kategoriale Ausdrucksform ist zusammengeschrumpft auf ein haptisches Beziehungsmaß" (Kayser). Diese Reduktion des Bedeutungsinhaltes der Zahl führte andererseits zu einem fulminanten Aufschwung der neuzeitlichen Mathematik, die eine geradezu beherrschende Rolle in unserer Zivilisation entwickelt hat.

Für Jahnn hatten diese Zahlen natürlich eine tiefere Bedeutung. Nach dem Studium der Schriften Alberts von Thimus und von Tycho Brahe, dessen Untersuchungen Johannes Keppler bereits bei der Berechnung der Planetenbewegungen gedient hatten, waren es die Zahlen der Obertonreihe, die einen harmonikalen Formgedanken beinhalteten; die harmonikale Zahl als der einzige seelisch erfaßbare Zahlbegriff war für Jahnn Realität geworden. Die harmonikalen Proportionen 1 : 2, 2 : 3 und 4 : 5 hatte er als Gesetz für den Entwurf der Disposition der Jacobi-Orgel identifiziert.

Das Proportionsgesetz löste er aus der individuellen Gebundenheit an die Disposition der Jacobi-Orgel und enthüllte es als das eigentlich konstitutive Element. Ein im Grunde unerhörter Vorgang. Die Proportionen und Zahlen, die dabei gewonnenen Zahlbeziehungen waren stets mit einem geradezu geheimnisvollen Nimbus umgeben, was zu verstehen ist, weil diese Proportionen sich ja in der anorganischen und organischen Natur, im Makro- und Mikrokosmos wiederfanden und damit ihre „Göttlichkeit" (Kayser) dokumentierten.

Bei Hans Kayser (*Der hörende Mensch*) hatte Jahnn von der harmonikalen Dynamik der ersten sechs Ganzzahlen inklusive ihren Reziproken und Multipeln gelesen. Kayser spricht deshalb von einem „Senarius" (Senar = aus sechs Jamben bestehendes Versmaß), weil

bis zur Zahl 6 sich eine geschlossene Folge emmelischer, d. h. dem Tonsystem angehöriger Rationen: 1, 2, 3, 4, 5, 6 ergibt, während in der Zahl 7 die erste ekmelische Ration auftritt, welche die musikalische Kontinuität der Ganzzahlreihe unterbricht, was von da ab fortwährend geschieht – 7, 11, 13, 17 usw.

Interessant ist in diesem Zusammenhang die Tatsache, daß Jahnn beim Entwurf seiner drei Hamburger Orgeln in der Ansgar-Kirche Langenhorn, der St. Pauli-Kirche und der bereits 1925 begonnenen Orgel der Heinrich-Hertz-Schule in Winterhude den Senarius nicht durchbrochen hat, also keine Septime von ihm disponiert worden ist. In einem seiner Orgelbau-Aufsätze hat er darauf hingewiesen, daß aus harmonikaler Sicht die Aufnahme einer Septime in die Disposition die äußerste Grenze darstellt.

Zeitgleich mit den Arbeiten an der Schnitger-Orgel von St. Jacobi, Hamburg, wurde die Orgel der Heinrich-Hertz-Schule gebaut. An beiden Instrumenten arbeiteten Jahnn und der Lübecker Orgelbauer Karl Kemper zusammen. Wenn man die beiden so unterschiedlichen Instrumente vergleicht, so fällt doch die eine oder andere verwandtschaftliche Beziehung ins Auge respektive ins Ohr. Man kann daher zu Recht von der kleinen Schwester der Königin von St. Jacobi sprechen.

Die Erkenntnisse, die er in St. Jacobi gewonnen hat, gemeint ist das Proportionsgesetz in Form der harmonikalen Quantelung, hat er beim Entwurf der Schulorgel angewendet; allerdings nicht mit letzter Konsequenz. Beim Umbau der Orgel 1957, zwei Jahre vor seinem Tod, hat er das harmonikale Hörbild der Orgel mit dem Proportionsgesetz in Übereinstimmung gebracht.

Hans Henny Jahnn, der Harmoniker, entwarf und konstruierte Orgeln, weil er festgestellt hatte, daß die Proportionsgesetze mit den Ordnungsprinzipien der Natur übereinstimmen. Er wußte, daß es Formgesetze gibt, die harmonikal strukturiert sind und ihre Basis in der Tonzahl und deren Teiltonkoordinaten finden. Der Ton, der Klang war demzufolge keine bloße Empfindungsgröße, das Tongesetz manifestierte sich gleichsam in seinen Empfindungen und seinem Denken als seelisches und geistiges Hörbild.

Hans Kayser:

Die harmonikale Form, welche die Natur gestaltet, gestaltet auch unser Denken und Empfinden, die Denknormen, welche unsere Bewußtseins- und Empfindungsvorgänge gestalten, gestalten auch die Natur. Und den gemeinsamen Ausdruck findet diese allgemeine Morphologie im Hörbild selbst, d. h. im technisch-harmonikalen Ausdruck des Tongesetzes.

Hans Henny Jahnn hat sich in seinem Aufsatz *Die zukünftige Orgel, eine neue Leistung aus der geisteswissenschaftlichen Fortsetzung des frühbarocken Instruments* aus dem Jahre 1929 für eine Orgelreform auf harmonikaler Grundlage eingesetzt. Zu dieser Reform ist es nicht gekommen. Die zeitgenössische Orgel orientiert sich aber an ihren frühbarocken Vorbildern, indem viele neue Instrumente in Form von Kopien bzw. Nachbauten hergestellt werden. Daß dieser Zustand unbefriedigend ist, versteht sich. Es bleibt zu hoffen, daß zukünftige Orgelbauer die herausragende Bedeutung der harmonikalen Tongesetze erkennen – und dann einen bewußt zeitgenössischen Stil unter Vermeidung von kopierten Stilmitteln pflegen werden.

Quellen und Literaturhinweise
- Hans Kayser: *Der hörende Mensch*, 1932
- Albert von Thimus: *Harmonikale Symbolik des Altertums*.
- Johannes Keppler: *De Harmonice Mundi*
- Joachim-Ernst Berendt: *Die Welt ist Klang*. Reinbek b. Hamburg
- Ders.: *Das dritte Ohr*. Reinbek b. Hamburg
- Hans Henny Jahnn: *Schriften zur Literatur, Kunst und Politik* Band 1: 1915–1935, und Band 2: 1946–1959, Hamburg 1991
- Christian Lobback: *Die Orgel der Heinrich-Hertz-Schule in Hamburg*, Hg. vom Förderverein Hans-Henny-Jahnn-Orgel e.V., Hamburg 1991
- Hoimar von Ditfurth: *Wir sind nicht nur von dieser Welt*, Hamburg 1981
- Rudolf Steiner: *Das Wesen des Musikalischen*, Dornach/Schweiz 1981
- Gustav Fock: *Arp Schnitger und seine Schule*, Kassel 1974

Thomas Lipski

DIE ORGELPROJEKTE VON HANS HENNY JAHNN

Einführung

Befaßt man sich mit den Orgelprojekten Hans Henny Jahnns, so bedarf es der Heranziehung seiner zahlreichen organologischen Beiträge. Jedoch reicht dies nicht aus, um einerseits Jahnns Vorstellungen gerecht zu werden und andererseits diese im Zusammenhang der orgelgeschichtlichen Entwicklung angemessen zu würdigen. Von größter Bedeutung ist dabei die Frage, was sich im europäischen Orgelbau – insbesondere im deutschen – nach 1871 abspielte. Bisher fehlt es an einer umfassenden und stringenten wissenschaftlichen Darstellung der Orgelbaugeschichte des 19. und frühen 20. Jahrhunderts, sieht man einmal von einigen Einzelbeschreibungen ab. Hier hat die organologischen Forschung noch Grundlegendes aufzuarbeiten. Dabei treten neben historischen Aspekten auch die der Wirtschaftsgeschichte und der Technologieentwicklung hinzu, die wiederum mit einer veränderten musikalischen Ästhetik zusammenhängen. Dieses hier darzustellen, würde den Rahmen des vorgesehenen Beitrages sprengen und muß deshalb anderen wissenschaftlichen Veröffentlichungen vorbehalten bleiben.

Hans Henny Jahnn hatte seit seiner Kindheit und Jugend bereits Kontakt mit dem Musikinstrument Orgel gehabt, was den verschiedenen Biographien zu entnehmen ist. Während seines Exils in Norwegen 1915–1918 studierte er intensiv verschiedene historische Orgelbautraktate. Aus seinen vielfältigen Äußerungen wissen wir, um welche es sich handelt. Es sind:[1] Arnold Schlick: *Spiegel der Orgelmacher und Organisten*. Mainz 1511; Michael Praetorius: *Syntagma musicum. Tomus secundus de Organographia*. Wolfenbüttel 1619; Dom François Bédos de Celles (OSB): *L'art du facteur d'orgues*. Paris 1776–1778; Johann Gottlob Töpfer: *Die Theorie und Praxis des Orgelbaus*. Zweite völlig

---

1 Um das Bild zu vervollständigen bzw. an welchen Ideen Jahnn unter dem Gesichtspunkt harmonikalen Denkens anknüpft, sind weitere historische Traktate zu nennen und heranzuziehen. Hervorzuheben sind Traktate von Franchinus Gaffurius, Gioseffo Zarlino (OFM), Martin Mersenne (OSB), Athanasius Kircher (SJ) sowie die Arbeiten Albert Freiherr von Thimus' und Hans Kaysers.

umgearbeitete Auflage des Lehrbuches der Orgelbaukunst Johann Gottlob Töpfers, hg. von Max Allihn, Weimar 1888.

(Abb 1) *Günther Ramin, Erwin Zillinger und Hans Henny Jahnn (v.l.) vor der Spieltafel der Arp-Schnitger-Orgel in der Hauptkirche St. Jacobi zu Hamburg, um 1925*

Ob Jahnn auch Schweitzers Denkschrift *Deutsche und französische Orgelbaukunst und Orgelkunst* kannte, konnte bisher von der organologischen Forschung nicht eindeutig beantwortet werden. Begründete Anhaltspunkte, daß ihm Schweizers Denkschrift genauestens bekannt gewesen sein muß, sprechen dafür, wenn man sich einmal der Mühe unterzieht, seinen Beitrag *Das moderne Instrument*[2] mit Schweizers Denkschrift zu vergleichen.

Im Zeitraum von 1914 bis 1922 wurden in Süddeutschland zwei Orgelrestaurierungen vorgenommen, die inzwischen anerkannte Verfahrensweisen vorwegnahmen. Die Firma G. F. Steinmeyer, Oettingen, re-

---

2 Hans Henny Jahnn: Das moderne Instrument. In: *Dritte Tagung für deutsche Orgelkunst in Freiberg in Sachsen vom 2. – 7. Oktober 1927.* Einführungsheft, hg. von Ernst Flade. Kassel o. J. [1927], S. 69-79

staurierte 1914 die Dreifaltigkeitsorgel (Epistelseite) und 1922 die Heilig-Geist-Orgel (Evangelienseite), die beide nach mehrjähriger Planungs- und Bauzeit 1766 von Karl Josef Riepp vollendet wurden.[3] Dieses in der Tat einmalige Unternehmen in einer Zeit, als die Orgeldenkmalpflege nicht einmal Diskussionsgegenstand war, muß in diesem Zusammenhang genannt werden, da dort jene Kriterien die Grundlage von Erhaltungsmaßnahmen bildeten, die später Hans Henny Jahnn u. a. bezüglich der Arp-Schnitger-Orgel in der Hamburger Hauptkirche St. Jacobi als Ausgangspunkt nahm.

Ob Jahnn diese Vorgänge bereits damals bekannt gewesen sind, läßt sich auf Grund des gegenwärtigen Forschungsstandes nicht eruieren.

Jahnn gelangte auf der Grundlage seiner im Exil betriebenen Studien zu der Erkenntnis, daß der Orgelbau seiner Zeit nichts mehr von den eigentlichen Gründen seiner Kunst versteht, weil er sich von diesen im Laufe des vorangegangenen Jahrhunderts losgesagt hatte.[4]

Die Orgelprojekte Hans Henny Jahnns lassen sich in drei Abschnitte gliedern: 1. Restaurierungen und Umbauten[5], 2. Neubauten[6], 3. nicht zur Ausführung gelangte Orgelprojekte.

Die beiden ersten Abschnitte behandeln tatsächlich ausgeführte Arbeiten, die einwandfrei nachzuweisen sind. Abschnitt drei beschränkt sich in der Darstellung auf zwei Projekte, die besonders hervorzuheben sind.[7]

Die in der „Liste von Orgelwerken" verzeichneten Orgeln existieren zu einem nicht unerheblichen Teil nur auf dem Papier. Mit dieser Liste bewarb sich Jahnn um das Amt eines amtlichen Orgelsachberaters der Freien und Hansestadt Hamburg. Es handelt sich um folgende Projekte:

---

3 Jürgen Eppelsheim: Beschreibung der Riepp-Orgel der Abteikirche Ottobeuren. In: *Ars Organi*, Nr. 2, 1984, S. 106-127
4 Hans Henny Jahnn: Typoskript 397, S. 3f., Nachlaß H. H. Jahnn, SUB Hamburg
5 Hamburg, Hauptkirche St. Jacobi; Brieg, St. Nikolai; Cuxhaven-Altenbruch, St. Nikolai; Hamburg-Neuenfelde, St. Pankratius; Hamburg-Altona (Ottensen), Christianskirche; Berlin, Dom; Hamburg-Bergedorf, SS. Peter und Paul; Düsseldorf, Minoritenkirche St. Maximilian; Malmö, Museum.
6 Hamburg-Winterhude, Lichtwarkschule (heute: Heinrich-Hertz-Schule); Hamburg-Berne, Grabkapelle; Hamburg-Altona, Pauluskirche; Hamburg-Langenhorn, Ansgarkirche; Kiel, Pädagogische Akademie; Hamburg, St.-Pauli-Kirche; Kammerorgel; Berlin, Staatliches Komitee für Rundfunk.
7 Aachen, Dom; Berlin, Philharmonie.

Altona (Hamburg), Pädagogische Akademie[8]; Düsseldorf, Städtische Krankenanstalten[9]; Bratislava, Krönungsdom[10]; Schleswig, Dom[11]; Kiel, Nikolaikirche – Chororgel[12]; Charkow, Neues Theater[13]; Lübeck, St. Marien[14]; Föhr, St. Nikolai[15]; Flensburg, Hausorgel.[16]

An den Orgeln in der Stadtkirche zu Bartenstein/Ostpreußen[17], in der Nikolaikirche zu Eckernförde[18] sowie in der Versöhnungskirche zu Leipzig-Gohlis[19] war Jahnn beteiligt, jedoch nur inoffiziell.

Zu Jahnns aufgeführtem Projekt in der Klosterkirche zu Berlin ist zu bemerken, daß nach Lage der Recherchen nur die Franziskaner-Klosterkirche, das sogenannte Graue Kloster, in Berlin-Mitte gemeint sein kann. Auch dieses Projekt Jahnns kam nicht zur Ausführung. Vielmehr wurde hier eine Orgel mit 29 Registern auf zwei Manualen und Pedal mit orgelbewegter Disposition von der Firma Wilhelm Sauer, Frank-

---

8 Frdl. Mittl. Emil Hammer Orgelbau, Hemmingen-Arnum
9 Frdl. Mittl. E. F. Walcker & Cie., Kleinbittersdorf, vormals Ludwigsburg und Murrhardt
10 Frdl. Mittl. Dr. Jiri Sehnal, Brünn, und Dr. Ferdinand Klinda, Bratislava
11 Frdl. Mittl. Gábor Traijtler, Budapest
12 Frdl. Mittl. Marcussen & Søn, Apenrade
13 Hans Henny Jahnn: *Schriften zur Literatur, Kunst und Politik 1915–1935*, hg. von Ulrich Bitz und Uwe Schweikert. Hamburg 1991, S. 1010ff. Vgl. Hans Henny Jahnn: *Schriften zur Literatur, Kunst und Politik 1946–1959*, hg. von Ulrich Bitz und Uwe Schweikert. Hamburg 1991, S. 1157f.
14 Frdl. Mittl. Walter Kraft († 1977)
15 Nicht eruierbar
16 Nicht eruierbar
17 Die Wiederherstellung der Werner-Orgel in Bartenstein/Ostpr. erfolgte 1930 durch E. Kemper & Sohn, Lübeck und Bartenstein. Das war zu dem Zeitpunkt, als sich Hans Henny Jahnn mit Karl (Carl Reinhold) Kemper bereits überworfen hatte. Infolge der Kriegswirren, 1939-1945, ist diese Orgel nicht mehr erhalten.
18 Als Disponent fungierte Christhard Mahrenholz, und die Ausführung lag in den Händen der Firma E. Kemper und Sohn, Lübeck und Bartenstein. Vgl. Gotthold Frotscher, Orgelkartei, Musikwissenschaftliches Seminar, Westfälische Wilhelms-Universität, Münster. Auf Grund der Konstruktion des Oberwerks kann eine Mitarbeit Jahnns nicht ausgeschlossen werden. Frdl. Mittl. Immo Wesnigk
19 Als Disponent fungierte Günther Ramin. Ausgeführt wurde der Orgelbau von P. Furtwängler & Hammer, Hannover. Vgl. Gotthold Frotscher, Orgelkartei, Musikwissenschaftliches Seminar, Westfälische Wilhelms-Universität, Münster. Im Rahmen dieses Projekts existiert ein Schriftwechsel zwischen Hans Henny Jahnn und Herbert Schulze, Berlin. Vgl. Nachlaß Paul Rubardt, Sächsische Landesbibliothek, Dresden.

furt/O., 1936 erstellt. Als Disponent zeichnete der Berliner Domorganist Fritz Heitmann verantwortlich.[20]

Daß Hans Henny Jahnn zu zahlreichen weiteren Orgelprojekten Statements abgab bzw. um Begutachtung und Beratung ersucht wurde wie im Fall der Schwalbennestorgel in der Kathedrale zu Metz[21] und der historischen Orgel mit einfachen Springladen in Langwarden/Butjadingen[22], ist vielfach belegt. Seine Tätigkeit während des Bornholmer Exils im II. Weltkrieg entbehrt nicht einer gewissen Problematik. Da er die deutsche Staatsbürgerschaft nicht abgelegt hatte, war er gezwungen, anonym zu arbeiten. Seine Tätigkeit als Sachberater in der dänischen Orgelbauwerkstatt Theodor Frobenius & Sønner, Kongens Lyngby, ist dagegen einwandfrei belegt.[23]

Hamburg, Hauptkirche St. Jacobi

Als Jahnn und Harms erstmals die Arp-Schnitger-Orgel in der Hamburger Hauptkirche St. Jacobi in Augenschein nahmen, sahen sie nach eigenem Bekunden eine „trostlos abgetakelte" alte Orgel.[24] Die genaue Untersuchung dieser Orgel brachte Jahnn die Bestätigung, was er anhand der im Exil studierten Orgelbautraktate nun nachweisen konnte: Orgelpfeifenmensuren lassen sich mit Hilfe ganzzahliger Proportionen innerhalb von harmonikalen Gesetzmäßigkeiten entwickeln. Vor allem der Begriff Mensur ist nicht als Komponente, als Einzelmaß, zu begreifen, sondern aus Verhältnissen wie Länge zu Weite der Resonatoren von Lippen- und Zungenpfeifen, Umfang zu Labienbreite sowie Labienbreite zu Aufschnitthöhe der Lippenpfeifen, Kehlendurchmesser zu Kehlenöffnung sowie Zungenbreite zu Zungenstärke der Zungenpfeifen etc. Eine weitere Erkenntnis trat zutage: Aus den Orgelpfeifenmensuren lassen sich alle nachfolgenden Maße für Windverbrauch, Windladen (Tonkanzellenladen/Schleif- und Springladen), Traktur (Mechanisch), Prospekt- und Gehäuseproportionen ableiten.

---

20 Schwarz, Berthold/Pape, Uwe (Hg.): *500 Jahre Orgeln in Berliner evangelischen Kirchen*, Bd. II. Berlin 1991, S. 298f., S. 320ff.
21 Siehe Korrespondenz Hans Henny Jahnn und Fritz Haerpfer, Boulay (Bolchen), Nachlaß H. H. Jahnn, SUB Hamburg
22 Hans Henny Jahnn: *Gutachten über die Orgel in Langwarden*. Nachlaß H. H. Jahnn, SUB Hamburg
23 Frdl. Mitt. Theodor Frobenius & Sønner, Orgelbyggeri, Kongens Lyngby
24 Walter Muschg: *Gespräche mit Hans Henny Jahnn*. Frankfurt/M. 1967, S. 146ff.

Wie fast allen Orgeln im Ersten Weltkrieg erging es dieser nicht besser. Die wertvollen aus nahezu reinem Zinn angefertigten Prospektpfeifen mußten zu Kriegszwecken abgeliefert werden. Jahnn und Harms erreichten trotz massiver Widerstände, daß diese Orgel, die 1689–1693 von Arp Schnitger (1648–1719) unter Verwendung wesentlicher Teile des Klangkörpers des Vorgängerinstruments erbaut worden war, wieder hergestellt wurde.

Die Arp-Schnitger-Orgel in der Hamburger Hauptkirche St. Jacobi bildete wie die noch aus spätgotischer Zeit stammende und im 17. Jahrhundert von Friedrich Stellwagen erweiterte kleine Orgel in der Lübecker Jacobikirche mit der von Hans Henny Jahnn, Gottlieb Friedrich Harms, Erwin Zillinger, dem Schleswiger Domorganisten, und Günther Ramin, dem späteren Organisten an St. Thomae zu Leipzig, initierten Organistentagung in Hamburg und Lübeck im Juli 1925 den Ausgangspunkt der deutschen Orgelbewegung zwischen den beiden Weltkriegen. Die Orgelfirma Emanuel Kemper & Sohn, in Lübeck ansässig und ab etwa 1930 mit einer Filiale in Bartenstein präsent, führte unter Jahnns Anleitung das Restaurierungsprojekt durch. Die beiden von Albert Schweitzer und Christhard Mahrenholz eingeholten Gutachten untermauerten die von Jahnn ins Auge gefaßte Vorgehensweise der Wiederherstellung.[25]

Während des Zweiten Weltkriegs entschloß man sich nach der verheerenden Zerstörung Lübecks, die Arp-Schnitger-Orgel in einen Bunker auszulagern. Nur die klingenden Teile einschließlich der Windladen konnten gesichert werden. Das wertvolle Gehäuse verbrannte bei einem Bombenangriff 1944. 1950 wurde ein provisorischer Aufbau der Orgel im Seitenschiff der Jacobikirche abgeschlossen. 1961 fand der endgültige Wiederaufbau mit einem neuen Gehäuse auf der Westempore seinen Abschluß. Inzwischen, 1993, erfolgte eine neuerliche Restaurierung einschließlich der Rekonstruktion des alten Gehäuses.

Es folgt eine Disposition nach der Restaurierung 1930:

I. Rückpositiv	II. Hauptwerk	III. Oberwerk
Prinzipal 8'	Prinzipal 16'	Prinzipal 8'
Gedackt 8'	Quintadena 16'	Rohrflöte 8'
Quintadena 8'	Oktave 8'	Holzflöte 8'
Oktave 4'	Spitzflöte 8'	Oktave 4'
Blockflöte 4'	Viola da Gamba 8'	Spitzflöte 4'
Quinte 2 2/3'	Oktave 4'	Nasat 2 2/3'

---

25 Siehe Nachlaß H. H. Jahnn, SUB Hamburg

Oktave 2'
Sifflöte 1 1/3'
Sesquialtera 2f.
Scharff 6-8f.
Dulzian 16'
Bärpfeife 8'
Schalmei 4'

Rohrflöte 4'
Superoktave 2'
Flachflöte 2'
Rauschpfeife 2f.
Mixtur 6-8f.
Trompete 16'

Oktave 2'
Gemshorn 2'
Scharf 4-6f.
Zimbel 3f.
Trompete 8'
Vox humana 8'
Trompete 4'

IV. Brustwerk
Holzprinzipal 8'
Oktave 4'
Hohlflöte 4'
Waldflöte 2'
Sesquialtera 2f.
Scharff 4-6f.
Dulzian 8'
Trichterregal 8'

Pedalwerk
Prinzipal 32'
Oktave 16'
Subbaß 16'
Oktave 8'
Oktave 4'
Nachthorn 2'
Rauschpfeife 3f.
Mixtur 6-8f.
Posaune 32'
Posaune 16'

Dulzian 16'
Trompete 8'
Trompete 4'
Kornett 2'

(Abb. 2) *Hamburg, Hauptkirche St. Jacobi, Arp-Schnitger-Orgel, Zustand nach der Wiederherstellung 1930*

Brieg, St. Nikolai

In St. Nikolai zu Brieg stand bis zur Zerstörung im Zweiten Weltkrieg eine der größten Orgeln des Orgelbauers Michael Engler. Das im 18. Jahrhundert erbaute Instrument, in seiner Klangstruktur mit demjenigen Englers in Grüssau vergleichbar, erfuhr im 19. Jahrhundert etliche Veränderungen. Zu Beginn des 20. Jahrhunderts zeigten sich infolge starken Wurmbefalls erhebliche Schäden, die die Spielbarkeit des Instruments erheblich einschränkten. Seitens der zuständigen Kirchenverwaltung in Breslau war eine völlige Umgestaltung geplant, die einen erheblichen Substanzverlust zur Folge gehabt hätte. Der dortige Organist Max Drischer und sein Vorgänger Erwin Zillinger konnten mit Hilfe der Intervention Albert Schweitzers und Hans Henny Jahnns dieses Vorhaben verhindern.[26] Nachdem der ortsansässige Orgelbauer Hugo Hehre erste Erhaltungsmaßnahmen durchgeführt hatte, erfolgte 1925–1928 eine grundlegende Wiederherstellung durch E. Kemper & Sohn unter der Anleitung Jahnns. Da auch eine neue Spielanlage erstellt werden mußte, bot sich der Einbau des von Jahnn, Harms und Kemper entwickelten neuartigen Spieltisches mit Doppeltritten für Kombinationen an. Die mechanische Spieltraktur, die völlig neu zu erstellen war, stand hier nicht zur Diskussion.

Nach der Wiederherstellung im Jahr 1928 wies die Engler-Orgel folgende Disposition auf:

I. Rückpositiv
Prinzipal 8'
Gemshorn 8'
Gedackt 8'
Quintade 8'
Oktave 4'
Quinte 2 2/3'
Superoktave 2'
Sedezima 1'
Mixtur 3f.
Oboe 8'

II. Hauptwerk
Bordun 16'
Quintade 16'

III. Oberwerk
Prinzipal 8'
Rohrflöte 8'
Unda maris 8'
Prinzipal 4'
Nachthorn 4'
Spitzflöte 4'
Quinte 2 2/3'
Superoktave 2'
Terz 1 3/5'
Sedezima 1'
Mixtur 4f.
Aeoline 16'
Vox humana 8'

---

26 Frdl. Mittl. Günter Seggermann. Vgl. Max Drischner: Die große Orgel in der Nikolaikirche in Brieg. In: *Denkmalpflege und Heimatschutz*, 28. Jg., 7-9/1926, S. 114-117

Salizet 16'
Prinzipal 8'
Gemshorn 8'
Gedackt 8'
Salizet 8'
Oktave 4'
Gedackt 4'
Quinte 2 2/3'
Superoktave 2'
Sesquialtera 2f.
Mixtur 6f.
Zimbel 2f.
Trompete 8'

Pedalwerk
Majorbaß 32'
Prinzipal 16'
Offenbaß 16'
Subbaß 16'
Quintadenbaß 16'
Salizetbaß 16'
Oktavbaß 8'
Flautbaß 8'
Gemsquinte 5 1/3'
Superoktavbaß 4'
Nachthorn 2'
Mixtur 6f.
Posaune 32'
Posaune 16'
Trompete 8'
Trompete 4'
Kornett 2'

(Abb. 3) *Brieg, St. Nikolai, Michael-Engler-Orgel*

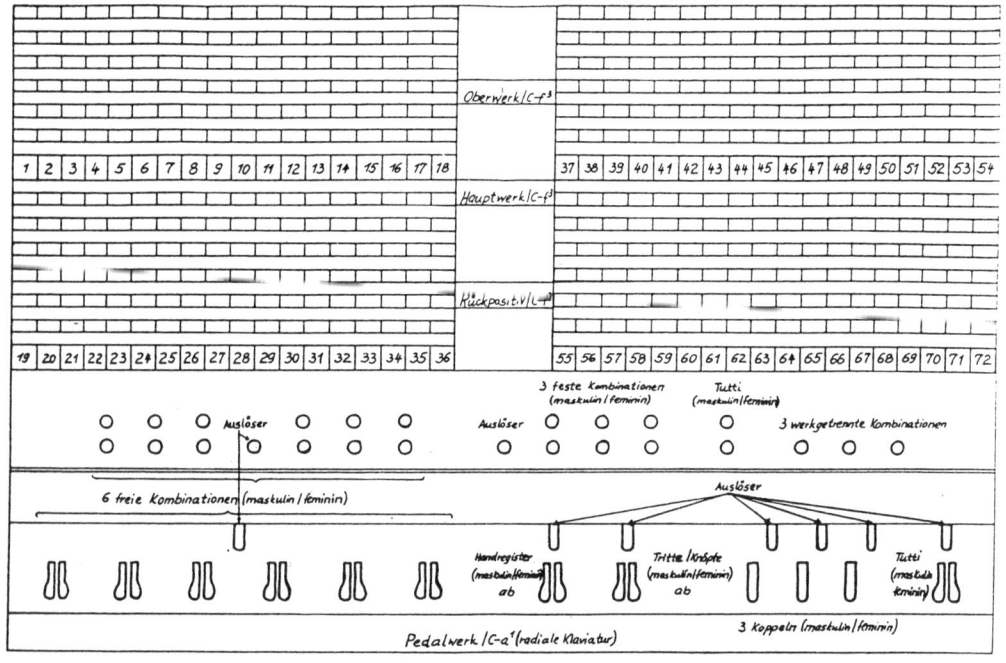

Brieg, St. Nikolai: Schema des Spieltisches, Jahnn/Kemper,
Versuch einer Rekonstruktion

1. Quintade	16'	19. Prinzipal	8'	37. Bordun (Baß)	16'	55. Quintade	8'
2. Prinzipal	8'	20. Oktave	4'	38. Salizet	16'	56. Gedackt	8'
3. Oktave	4'	21. Quinte	2 2/3'	39. Gemshorn	8'	57. Gemshorn	8'
4. Superoktave	2'	22. Superoktave	2'	40. Gedackt	8'	58. Mixtur	3f.
5. Sesquialtera	2f.	23. Sedezima	1'	41. Salizet	8'	59. Oboe	8'
6. Mixtur	6f.	24. Majorbaß	32'	42. Gedackt	4'	60. Subbaß	16'
7. Zimbel	2f.	25. Prinzipal	16'	43. Quinte	2 2/3'	61. Salizetbaß	16'
8. Prinzipal	8'	26. Quintadenbaß	16'	44. Trompete	8'	62. Offenbaß	16'
9. Prinzipal	4'	27. Oktavbaß	8'	45. Bordun (Diskant)	16'	63. Flautbaß	8'
10. Quinte	2 2/3'	28. Gemsquinte	5 1/3'	46. Rohrflöte	8'	64. Posaune	32'
11. Superoktave	2'	29. Oktavbaß	4'	47. Unda maris	8'	65. Posaune	16'
12. Terz	1 3/5'	30. Nachthorn	2'	48. Spitzflöte	4'	66. Trompete	8'
13. Sedezima	1'	31. Mixtur	6f.	49. Nachthorn	4'	67. Trompete	4'
14. Mixtur	4f.	32. Zimbelstern		50. Aeoline (lingual)	16'	68. Kornett	2'
15. Zimbelstern		33. Koppel RP/HW		51. Vox humana	8'	69. Koppel RP/HW	
16. Handregister I ab		34. Koppel OW/HW		52. Zimbelstern		70. Koppel OW/HW	
17. Solo I ab		35. Koppel HW/PW		53. Handregister II ab		71. Koppel HW/PW	
18. Sperrventil		36. Tremulant		54. Solo II ab		72. Heerpauken	

Abb. 4

Cuxhaven-Altenbruch, St. Nikolai

In Altenbruch, heute Stadtteil von Cuxhaven, fand Jahnn eine nahezu vollständig erhalten gebliebene Orgel aus dem 18. Jahrhundert vor, die auf den großen Umbau und die Verlegung auf die Westempore durch Johann Hinrich Klapmeyer, Glückstadt, zurückgeht. Mit der Firma Kemper unternahm Jahnn erste Erhaltungsmaßnahmen 1925.

1956–1958 fanden weitere Wiederherstellungsversuche statt, die jedoch einen erheblichen Eingriff in die klangliche Substanz bedeuteten. 1967 konnten die vorangegangenen Maßnahmen weitgehend rückgängig gemacht werden.[27]

Ihre Disposition lautet:

I. Rückpositiv
Prinzipal 8'
Gedackt 8'
Quintadena 8'
Oktave 4'
Gedackt 4'
Quinte 2 2/3'
Oktave 2'
Blockflöte 2'
Sesquialtera 2f.
Scharff 4f.
Dulzian 16'
Krummhorn 8'

II. Hauptwerk
Quintadena 16'
Prinzipal 8'
Gedackt 8'
Oktave 4'
Waldflöte 2'
Mixtur 5f.
Zimbel 3f.
Trompete 8'
Vox humana 8'

III. Brustwerk
Gedackt 8'
Gedackt 4'
Oktave 2'
Quinte 1 1/3'
Scharff 3f.
Knopfregal 8'

Pedalwerk
Untersatz 16'
Prinzipal 8'
Gedackt 8'
Oktave 4'
Mixtur 4f.
Posaune 16'
Trompete 8'
Kornett 2'

---

27 Gustav Fock: *Arp Schnitger und seine Schule*. Kassel 1974, S. 182-185

(Abb. 5) *Altenbruch (Cuxhaven), St. Nikolai, Johann-Hinrich-Klapmeyer-Orgel*

Hamburg-Neufelde, St. Pankratius

Hier fand Jahnn eine am Ende des 19. Jahrhunderts weitgehend umgestaltete Orgel Arp Schnitgers vor. Da jedoch das Rückpositiv einschließlich Prospektpfeifen, Windlade und Traktur noch existierten, war 1925/1926 eine Revitalisierung des noch vorhandenen klingenden Materials möglich. Dabei wurde auf den Zustand von 1750 zurückgegriffen, als der Lamstedter Orgelbauer Jakob Albrecht das Krummhorn anstelle von Trichterregal ins Rückpositiv stellte und die leere Schleife im Hauptwerk mit einer neuen Vox humana besetzte. Erst 1938 war die Ergänzung des fehlenden Stimmenbestandes durch Paul Ott fast abgeschlossen worden. 1955 und 1978 erfolgten wiederum durch Ott weitere Erhaltungsmaßnahmen, die jedoch wie im Fall Altenbruch 1956 zu gravierenden Eingriffen in die originale Substanz führten.[28] Ursache für solche Handlungsweisen beruhen in unbegründeten Theorien bzw. Fehlinterpretationen alter Maßangaben. Während 1926 Jahnn und Kemper lediglich das Rückpositiv wieder spielbar machten und 1951 durch Rudolf von Beckerath eine behutsame Überholung vorgenommen worden war, wurde 1955 rigoros dem sogenannten Neo-Barock-Ideal gefrönt sowie 1978 dieser Zustand konserviert. Vor etwa zwei Jahren wurde im Archiv des Norddeutschen Rundfunks in Hamburg eine Tonbandaufnahme entdeckt, die unmittelbar nach Überholung der Orgel durch Beckerath entstanden ist. Obwohl es sich dabei um eine Monoaufnahme handelt, vermittelt sie dennoch einen vorzüglichen Eindruck von den klanglichen Qualitäten dieser Orgel.[29]

Die Disposition von 1750 sah wie folgt aus:

I. Rückpositiv	**II. Hauptwerk**	**Pedalwerk**
Gedackt 8'	Quintadena 16'	Prinzipal 16'
Quintadena 8'	Prinzipal 8'	Oktave 8'
Prinzipal 4'	Rohrflöte 8'	Oktave 4'
Blockflöte 4'	Oktave 4'	Flöte 4'
Quintflöte 2 2/3'	Spitzflöte 4'	Nachthorn 2'
Oktave 2'	Nasat 2 2/3'	Rauschpfeife 2f.
Sifflöte 1 1/3'	Oktave 2'	Mixtur 5f.
Sesquialtera 2f.	Spielflöte 2'	Posaune 16'
Tertian 2f.	Rauschpfeife 2f.	Trompete 8'
Scharf 4-6f.	Mixtur 5-6f.	Kornett 2'
Krummhorn 8'	Zimbel 3f.	
	Trompete 8'	
	Vox humana 8'	

---

28 Ebd., S. 77f.
29 Frdl. Mittl. Harald Vogel, Ottersberg

(Abb. 6) *Neuenfelde (Hamburg), St. Pankratius, Arp-Schnitger-Orgel 1926*

Hamburg-Altona (Ottensen), Christianskirche

In dieser Kirche hatte der Itzehoer Orgelbauer Johann Dietrich Busch, der mit Georg Philipp Telemann befreundet war, 1744/1745 eine neue Orgel gebaut. Der Prospekt entspricht demjenigen Instrument, das Busch 1737/1739 in Jade, Landkreis Wesermarsch, erstellt hatte. 1883 nahm Marcussen aus Apenrade einen klanglichen Umbau vor. 1928 nahm die Firma E. Kemper & Sohn unter Sachberatung Jahnns einen erneuten Umbau vor. Dafür hatten Jahnn und der seit 1924 dort wirkende Organist und Komponist Paul Kikstat das Konzept erstellt, wobei das vorhandene Pfeifenmaterial in veränderter Form größtenteils einbezogen worden ist. Im technischen Bereich ist hervorzuheben, daß die alten auf Busch zurückgehenden Schleifladen mit der von Gottlieb Friedrich Harms entwickelten Zylinderschleifenwindlade umgerüstet worden sind. Auch bekam die Orgel einen von Jahnn, Harms und Kemper entwickelten Spieltisch mit den Doppelhebel-/Doppeltritt-Kombinationen wie in Brieg.[30] Für Jahnn bot sich wie in Brieg die Gelegenheit, die Spieltischeinrichtung nach seinen Vorstellungen im Hinblick auf eine neue und zeitgenössische Ästhetik zu entwickeln.[31]

Im Zweiten Weltkrieg wurde die Orgel nach Barmstedt ausgelagert. Nach dem Wiederaufbau nahm Rudolf von Beckerath eine erneute Umgestaltung vor und versah das Instrument mit einem neuen Spielschrank.

Die 1928 realisierte Disposition lautet:

Hauptwerk
Bordun 16'
Quintade 16'
Prinzipal 8'
Gedackt 8'
Querflöte 8'
Oktave 4'
Rohrflöte 4'
Ital. Prinzipal 2'
Rauschquinte 2f.
Mixtur 5f.
Glöckleinton 2f.

Oberwerk
Prinzipal 8'
Gedackt 8'
Oktave 4'
Flöte 4'
Oktave 2'
Scharf 5f.
Zimbel 2f.
Dulzian 16'
Dulzian 8'

Brustwerk
Quintadena 8'
Gemshorn 4'
Nasat 2 2/3'
Blockflöte 2'
Terzian 2f.
Sifflöte 1'
Krummhorn 8'

Pedalwerk
Prinzipal 16'
Subbaß 16'
Prinzipal 8'
Gedackt 8'
Oktave 4'
Quintade 4'
Nachthorn 2'
Rauschquinte 4f
Dulzian 16'
Trompete 8'
Klarine 4'

---

30 Gottlieb Friedrich Harms: Reichspatentamt Patentschrift Nr. 439722, Klasse 51a, Gruppe 6, H 101799 IX/51a, Berlin 17.1.1927
31 Erwin Zillinger: Die neue Klopstock-Orgel zu Altona-Ottensen. In: *Monatschrift für Gottesdienst und kirchliche Kunst*, 22. Jg., 1928, S. 158-163. Vgl. H. H. Jahnn: *Das moderne Instrument*, [Anm. 2]

(Abb. 7) *Altona-Ottensen (Hamburg), Christianskirche 1928*

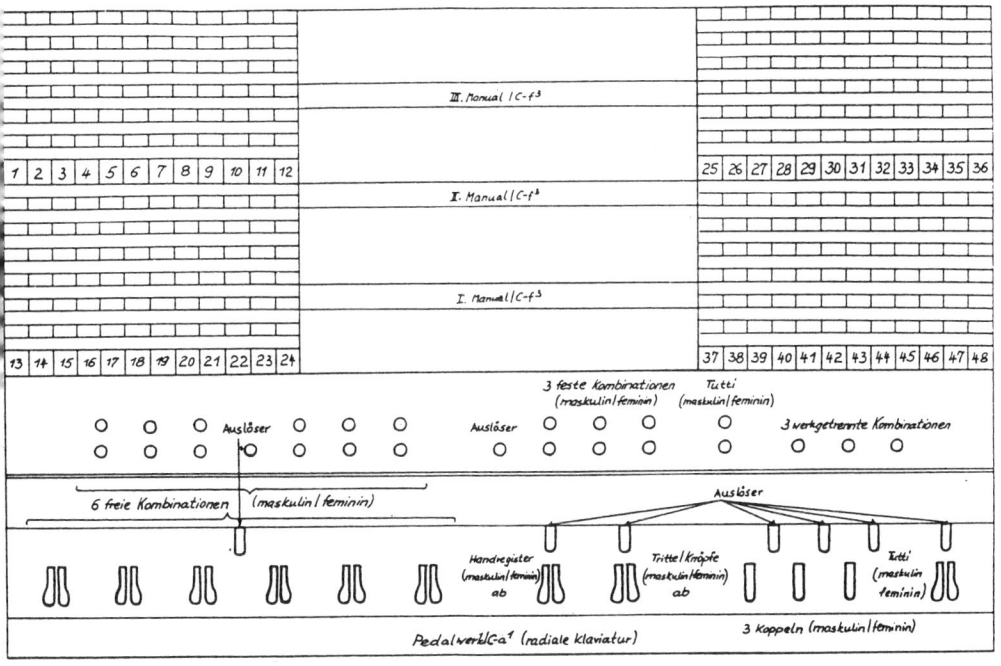

Hamburg-Altona (Ottensen), Christianskirche: Schema des Spieltisches, Jahnn/Kemper, Versuch einer Rekonstruktion

1. Subbaß	16'	13. Gedackt	8'	25. Prinzipal	16'	37. Quintade	8'
2. Gedackt	8'	14. Flöte	4'	26. Prinzipal	8'	38. Terzian	2f.
3. Quintade	4'	15. Zimbel	2f.	27. Oktave	4'	39. Nasat	2 2/3'
4. Dulzian	16'	16. Dulzian	16'	28. Rauschquinte	4f.	40. Sifflöte	1'
5. Trompete	8'	17. Dulzian	8'	29. Nachthorn	2'	41. Prinzipal	8'
6. Klarine	4'	18. Krummhorn	8'	30. Quintade	16'	42. Oktave	4'
7. Bordun	16'	19. Gemshorn	4'	31. Prinzipal	8'	43. Oktave	2'
8. Gedackt	8'	20. Blockflöte	2'	32. Oktave	4'	44. Scharf	5f.
9. Querflöte	8'	21. Koppel OW/HW		33. Rauschquinte	2f.	45. Koppel OW/HW	
10. Rohrflöte	4'	22. Koppel HW/PW		34. Mixtur	5f.	46. Koppel HW/PW	
11. Ital. Prinzipal	2'	23. Generalkoppel		35. Tremulant		47. Generalkoppel	
12. Glöckleinton	2f.	24. Handregister I ab		36. Sperrventil		48. Handregister II ab	

Abb. 8

Berlin, Dom

Die große Orgel Wilhelm Sauers im Berliner Dom aus dem Jahre 1905 ist eines der wenigen Instrumente des romantischen Orgelbaus mit Rückpositiv. Domorganist Fritz Heitmann wünschte sich eine klangliche Umgestaltung des Rückpositivs. Dafür entwickelte Hans Henny Jahnn die Mensuren der mit Heitmann vereinbarten Disposition. Der Umbau wurde von der Firma Wilhelm Sauer, Frankfurt/O., 1932 ausgeführt.[32] Es folgen im Vergleich die Dispositionen des Rückpositivs vor und nach der Umgestaltung:

1905	1932
Flötenprincipal 8'	Gedackt 8'
Gedackt 8'	Terzian 2f.
Flöte 8'	Sifflöte 1'
Dulciana 8'	Cymbel 3f.
Zartflöte 4'	Krummhorn 8'

1993 fand eine große Restaurierung und Rekonstruktion ausgehend vom Zustand von 1905 ihren Abschluß. Das betraf ebenso das Rückpositiv. Wiederum lagen diese Arbeiten in den Händen der Firma Sauer.[33]

---

[32] Die von Hermann J. Busch als „angeblich" bezeichnete Zusammenarbeit zwischen Jahnn und der Firma Sauer kann dahingehend präzisiert werden, daß sich in Jahnns Nachlaß die Mensurlisten für die o. g. Register des Rückpositivs befinden. [Anm. 33]

[33] Hermann J. Busch: Die Wilhelm-Sauer-Orgel des Berliner Domes. In: *Ars organi*, Heft 4, 1993, S. 231-238

(Abb. 9) *Berlin, Dom, Wilhelm-Sauer-Orgel 1932*

Hamburg-Bergedorf, SS. Peter und Paul

Die 1856 von Johann Friedrich Schulze, Paulinzella, erstellte Orgel in SS. Peter und Paul in Bergedorf erfuhr 1932 eine klangliche Umgestaltung und Erweiterung im Sinne der Orgelbewegung. Der von **Hans Henny Jahnn** ausgearbeitete Entwurf wurde von der in Hannover ansässigen Orgelbaufirma P. Furtwängler & Hammer realisiert.[34]

---

34 Frdl. Mittl. Emil Hammer Orgelbau, Hemmingen-Arnum

1962 errichtete die Orgelwerkstatt Alfred Führer, Wilhelmshaven, einen völligen Orgelneubau. Walter Supper (1908–1984) zeichnete für die Prospektgestaltung verantwortlich.
Die Disposition von 1932 sah wie folgt aus:

I. Hauptwerk	II. Schwellwerk	Pedalwerk
Quintatön 16'	Gedackt 16'	Subbaß 16'
Prinzipal 8'	Prinzipal 8'	Prinzipal 8'
Gedackt 8'	Violflöte 4'	Gedacktpommer 4'
Oktave 4'	Zimbelflöte 1/2'	Bauernflöte 2f.
Ital. Prinzipal 2'	Kornett 5f.	Sifflöte 2'
Rauschpfeife 2f.	(Rohrflöte 8'	Oktave 1'
Mixtur 5f.	Gemshorn 4'	Posaune 16'
	Quinte 2 2/3'	
	Oktave 2'	
	Terz 1 3/5)'	
	Sordun 8'	

(Abb. 10) *Bergedorf (Hamburg), SS. Peter und Paul, Pfeifenwerk im neuen Schwellkasten 1932*

Düsseldorf, Minoritenkirche St. Maximilian

Der an St. Maximilian amtierende Organist Clemens Ingenhoven hatte zwecks Wiederherstellung der aus dem Jahr 1755 stammenden Orgel des bedeutenden rheinischen Orgelbauers Christian Ludwig König mit Jahnn Kontakt aufgenommen.[35] Aus den handschriftlichen Aufzeichnungen Jahnns geht hervor, daß im Laufe des 19. Jahrhunderts offenbar mehr klangliche Veränderungen vorgenommen worden sind, als bisher angenommen wurde. Im Ersten Weltkrieg mußten auch hier die wertvollen Prospektpfeifen zu Kriegszwecken abgeliefert werden, was als zusätzlich gravierender Eingriff in die originale Substanz zu interpretieren ist.

Da anscheinend erhebliche Probleme im Hinblick auf eine Restaurierung mit rekonstruktivem Charakter existierten, worüber die Quellen keine bzw. nur indirekte Auskunft geben, kam es 1934/1935 zu einem völligen Neubau der Orgel durch E. F. Walcker & Cie., Ludwigsburg. Einige alte Register sowie das Gehäuse in veränderter Form im Bereich des Orgelstuhls (Orgelfuß) wurden übernommen.

1977 erfolgte durch die Orgelwerkstatt Gebr. Oberlinger, Windesheim, ein weiterer Orgelneubau mit der Übernahme einiger alter Register und des Prospektes.

Die 1934/35 verwirklichte Disposition zeigte nachstehendes Bild:

I. Positiv
Holzprinzipal 8'
Rohrflöte 8'
Salizet 8'
Oktave 4'
Schweizerpfeife 4'
Oktave 2'
Zimbelflöte 1/2'
Scharf 5f.
Krummhorn 8'

II. Hauptwerk
Prinzipal 16'
Bordun 16'
Oktave 8'
Rohrflöte 8'
Oktave 4'
Spitzflöte 4'
Quinte 2 2/3'

III. Schwellwerk
Prinzipal 8'
Pansbordun 8'
Quintadena 8'
Gemshorn 4'
Violflöte 4'
Nachthorn 2'
Sifflöte 1'
Hintersatz 3f.
Dulzian 16'
Regal (Vox humana) 8'

Pedalwerk
Bordun 16'
Gedacktpommer 16'
Prinzipal 16'
Quinte 5 1/3'
Oktave 4'
Sifflöte 2'

---

35 Hans Peter Reiners: Hans Henny Jahnn und die Orgel der St. Maximilian-Kirche in Düsseldorf. In: *Ars organi*, 1980, Heft 1, S. 4. Vgl. in diesem Band S. 73ff.

Oktave 2'
Kornett 4f.
Mixtur 5f.
Trompete 8'

Posaune 16'
Trompete 8'
Klarine 4'

(Abb. 11) *Düsseldorf, St. Maximilian, Orgelprospekt nach Umbau 1934*

Malmö, Museum

Für den Vortrags- und Konzertsaal im Museum in Malmö war im Jahr 1937 der Rest der ehemaligen Orgel der Malmöer Petrikirche, die zum Ende des 18. Jahrhunderts ohne das dazugehörige Rückpositiv nach Genarp verkauft worden war, erworben worden. Es handelt sich um die älteste erhalten gebliebene Orgel Schwedens, deren Entstehung auf etwa 1500 zu datieren ist. Das 1597 hinzugefügte Rückpositiv ging verlustig. Unter Jahnns Anleitung fand 1939–1941 die Wiederherstellung einschließlich der Rekonstruktion des Rückpositivs (keine Stilkopie) durch die dänische Werkstatt Theodor Frobenius & Sønner, Kongens Lyngby, statt.[36] Für das Rückpositiv wurden dabei die bisher ersten nachweisbaren zugelöteten Gedacktpfeifen im 20. Jahrhundert gebaut.[37]

Die Disposition seit 1941 lautet:

I. Rückpositiv	II. Hauptwerk	Pedalwerk
Gedackt 8'	Bordun 16'	(mit Hauptwerk als
Prinzipal 4'	Prinzipal 8'	durchschonene
Blockflöte 4'	Gedackt 8'	Schleiflade)
Oktave 2'	Oktave 4'	Dulzian 16'
Quinte 1 1/3'	Spitzflöte 4'	Trompete 8'
Sesquialtera 2f.	Quinte 2 2/3'	Kornett 2'
Regal 8'	Rohrnasat 2 2/3'	
	Oktave 2'	
	Mixtur 4f.	
	Scharf 4f.	
	Trompete 8'	

---

36 Frdl. Mittl. Theodor Frobenius & Sønner, Orgelbyggeri, Kongens Lyngby
37 Frdl. Mittl. Harald Vogel, Ottersberg

(Abb. 12) *Malmö, Museum*

Hamburg-Winterhude, Heinrich-Hertz-Schule (vormals Lichtwarkschule)

Mit diesem Projekt erschloß sich für Hans Henny Jahnn die Möglichkeit, außerhalb des sakralen Bereichs eine Orgel nach seinen Vorstellungen im Sinne einer zeitgenössischen Ästhetik zu entwerfen und zu realisieren. In Zusammenarbeit mit dem verantwortlich zeichnenden Architekten der ehemaligen Lichtwarkschule, dem Oberbaurat Hamburgs, Fritz Schumacher, der die von Theodor Bülau wieder eingeführte Bauweise unverputzter Backsteinfassaden[38] fortführte und neue Akzente setzte, entstand ein Instrument, das kammerkonzertanten Intentionen folgt. Zweifelsohne sind als Vorbilder die Holzpfeifenorgel auf Schloß Frederiksborg in Hillerød von Esaias Compenius, sowie diejenigen in der Silbernen Kapelle zu Innsbruck und auf Schloß Wilhelmsburg in Schmalkalden zu nennen, obwohl hier nur der Unterbaß 16' im Pedalwerk aus amerikanischem Amarantholz besteht.

Dieser Orgelbau, den die Firma Kemper ausführte, zog sich wegen sehr knapper finanzieller Mittel über einen Zeitraum von etwa sechs Jahren, 1925–1931, hin. Wie die Kemper-Orgeln in Brieg und Ottensen erhielt auch die Orgel in der ehemaligen Lichtwarkschule den mit Doppeltrittkombinationen ausgestatteten Spieltisch, wo zusätzlich maskuline und feminine Register unterschieden wurden. 1957 kam es unter Jahnns Leitung zu einem grundlegenden Umbau durch Ernst Brandt, Quickborn. 1991 konnten Wiederherstellungsmaßnahmen, die G. Christian Lobback, Neuenedeich bei Hamburg, ausführte, mit bestem Erfolg abgeschlossen werden. Der klangliche Zustand nach 1957 wurde dabei berücksichtigt.[39]

Die Disposition von 1931 zeigte folgendes Bild in konventioneller Darstellungsweise:

I. Positiv
Quintadena 8'
Prinzipal 4'
Nasat 2 2/3'
Oktave 2'
Gemshorn 2'
Terzian 2f.

II. Hauptwerk
Gedacktpommer 16'
Rohrflöte 8'
Nachthorn 4'
Rauschpfeife 2f.

III. Brustwerk
Gedackt 8'
Koppelflöte 4'
Blockflöte 2'
Sifflöte 1'
Krummhorn 8'

Pedalwerk
Unterbaß 16'
Rohrflöte 8' Transmission HW
Quinte 5 1/3'
Nachthorn 4' Transmission HW
Nachthorn 2'

---

38 Erinnert sei an Theodor Bülaus berühmtes Gebäude der Patriotischen Gesellschaft in Hamburg.
39 Förderverein Hans-Henny-Jahnn-Orgel (Hg.): *Die Hans-Henny-Jahnn-Orgel in der ehemaligen Lichtwarkschule jetzt Heinrich-Hertz-Schule*. Hamburg 1991

Rauschflöte 2f. Transmission HW
Dulzian 16'
Schleifladen, mechanische Spieltraktur, elektropneumatische Registertraktur, Hauptwerk und Pedalwerk durchschobene Schleifladen

Es folgt die Disposition nach Anordnung der Manubrien des alten Spieltisches, 1931:[40]

MÄNNLICHE STIMMEN		WEIBLICHE STIMMEN	
Pedalwerk/C-a^1/Baß: C-dis^0, Diskant: e^0-a^1			
1. Dulzian 16'	Baß	23. Unterbaß 16'	Baß
2. Dulzian 16'	Diskant	24. Unterbaß 16'	Diskant
3. Rohrflöte 8'	Baß *	25. Rohrflöte 8'	Baß *
4. Rohrflöte 8'	Diskant *	26. Rohrflöte 8'	Diskant *
5. Quinte 5 1/3'	Baß	27. Nachthorn 4'	Baß
6. Quinte 5 1/3'	Diskant	28. Nachthorn 4'	Diskant *
7. Rauschflöte 2f.	Baß *	29. Nachthorn 2'	Baß
8. Rauschflöte 2f.	Diskant *	30. Nachthorn 2'	Diskant
II. Manual – Hauptwerk/C-f^3			
9. Gedacktpommer 16'			
10. Rohrflöte 8'		31. Rohrflöte 8'	
11. Rauschpfeife 2f.		32. Nachthorn 2'	
I. Manual – Positiv/C-f^3			
12. Quintadena 8		33. Quintadena 8'	
13. Prinzipal 4'		34. Gemshorn 4'	
14. Oktave 2'		35. Nasat 2 2/3'	
15. Terzian 2f.			
III. Manual – Brustwerk/C-f^3			
16. Krummhorn 8'		36. Gedackt 8'	
17. Koppelflöte 4'	*	37. Koppelflöte 4'	*
18. Sifflöte 1'		38. Blockflöte 2'	
Hilfszüge, die nur auf einer Registerreihe wirken			
19. Koppel III/I		39. Koppel III/I	
20. Koppel I/II		40. Koppelflöte I/II	
21. frei (Koppel?)		41. frei (Koppel?)	
22. Tutti		42. Tutti	

Bei den mit * bezeichneten Registern handelt es sich jeweils um ein und dasselbe.

Spielhilfen[41]

Handregister = 1. Kombinationsreihe
2. Kombinationsreihe
3. Kombinationsreihe – werkgetrennt

Doppeltritt: Gruppe männlich – Gruppe weiblich ab, Auslöser (wirkt auf alle klingenden Register)

---

40 Hermann Keller: Der Spieltisch. In: *Bericht über die dritte Tagung für deutsche Orgelkunst in Freiberg i. Sa. vom 2. bis 7. Oktober 1927*, hg. von Christhard Mahrenholz. Kassel 1928, S. 201
41 Ebd.

Doppeltritt: Kombination 1, Gruppe männlich – Gruppe weiblich, fest, gleichzeitig Tutti männlich, Tutti weiblich an, Auslöser
2 Doppeltritte: sich gegenseitig auslösend für die Kombinationsreihen 1 und 2 männlich und weiblich, Auslöser,
die einzelnen Klaviaturen abhängig von:
4 Einzeltritten mit 4 Einzelauslösern für die 4 Klaviaturen der Orgel wirkend, auf die 3. Kombinationsreihe, gleichzeitig ausschaltend, falls gezogen, die 1. und 2. Kombinationsreihe auf den einzelnen Klaviaturen
3 Einzeltritte mit 3 Auslösern für Koppeln

System
Schleifladen
mechanische Spieltraktur
pneumatische Registertraktur mit 220 mm WS
Winddruck für die Pfeifen 70 mm WS

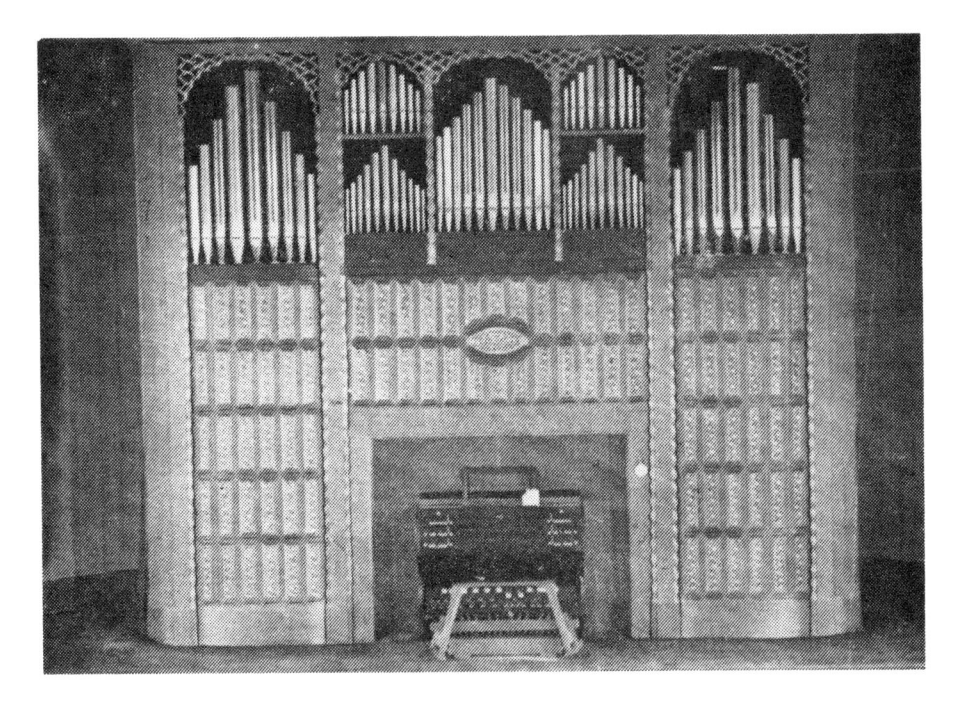

(Abb. 13) *Hamburg, Lichtwarkschule, Kemper-Orgel, Zustand 1931*

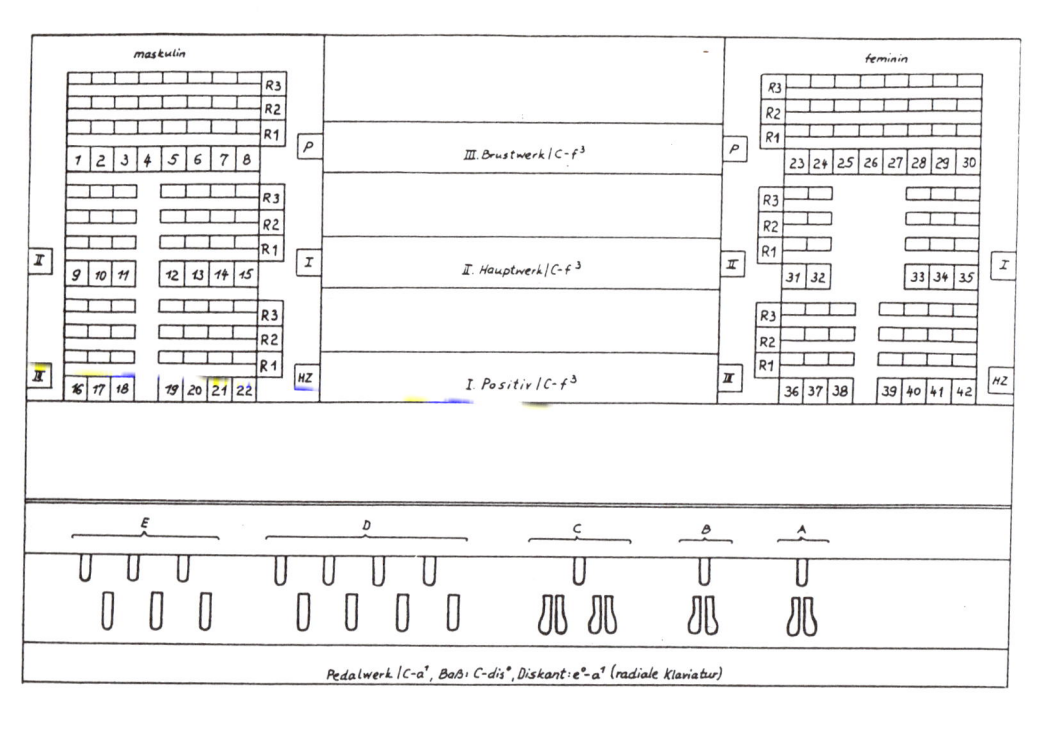

Hamburg-Winterhude, Heinrich-Hertz-Schule (vorm. Lichtwarkschule):
Schema des Spieltisches, Jahnn/Kemper, Versuch einer Rekonstruktion

1. Dulzian	16' Baß	12. Quintadena 8'	23. Unterbaß 16' Baß	33. Quintadena 8'
2. Dulzian	16' Diskant	13. Prinzipal 4'	24. Unterbaß 16' Diskant	34. Gemshorn 4'
3. Rohrflöte	8' Baß	14. Oktave 2'	25. Rohrflöte 8' Baß	35. Nasat 2 2/3'
4. Rohrflöte	8' Diskant	15. Terzian 2f.	26. Rohrflöte 8' Diskant	
5. Quinte	5 1/3' Baß	16. Krummhorn 8'	27. Nachthorn 4' Baß	36. Gedackt 8'
6. Quinte	5 1/3' Diskant	17. Koppelflöte 4'	28. Nachthorn 4' Diskant	37. Koppelflöte 4'
7. Rauschflöte	2f. Baß	18. Sifflöte 1'	29. Nachthorn 2' Baß	38. Blockflöte 2'
8. Rauschflöte	2f. Diskant	19. Koppel III/I	30. Nachthorn 2' Diskant	39. Koppel III/I
9. Gedacktpommer	16'	20. Koppel I/II		40. Koppel I/II
10. Rohrflöte	8'	21. frei (Koppel?)	31. Rohrflöte 8'	41. frei (Koppel?)
11. Rauschpfeife	2f.	22. Tutti	32. Nachthorn 4'	42. Tutti

A) Doppeltritt, Gruppe männlich, Gruppe weiblich ab, - Auslöser - wirkt auf das gesamte klingende Material sämtlicher Züge

B) Doppeltritt, Kombination 1, Gruppe männlich, Gruppe weiblich, fest, gleichzeitig Tutti männlich, Tutti weiblich an, - Auslöser -

C) 2 Doppeltritte, sich gegenseitig auslösend für die Kombinationsreihen 1 und 2 männlich und weiblich, - Auslöser -

D) die einzelnen Klaviaturen abhängig von 4 Einzeltritten mit 4 Einzelauslösern für die 4 Klaviaturen der Orgel wirkend, auf die 3. Kombinationsreihe, gleichzeitig ausschaltend, falls gezogen, die 1. und 2. Kombinationsreihe auf den einzelnen Klaviaturen

E) 3 Einzeltritte mit 3 Einzelauslösern für Koppeln

Abb. 14

Hamburg-Berne, Grabkapelle

Die um 1925 auf dem Gut Berne errichtete Grabkapelle erhielt 1926 von der Orgelwerkstatt E. Kemper & Sohn, Lübeck, eine von Hans Henny Jahnn entworfene Orgel mit nachfolgender Disposition:[42]

Manual
Flautado 8'
Gedackt 8'
Prinzipal 4'
Nasat 2 2/3'
Nachthorn 2'
Glöckleinton 2f. 2'+1'

Pedal
Rankett 16'

mechanische Schleifladen
Das Instrument existiert nicht mehr.

Hamburg-Altona, Pauluskirche

Die Orgelwerkstatt Klaßmeyer, Kirchheide bei Lemgo, baute nach Jahnns Plänen für die Pauluskirche in Altona eine Orgel im Jahr 1926 mit nachstehender Disposition.[43] Drei Jahre später erfolgte ein Austausch bzw. Umbau mit den Registern nach Jahnns und Harms' Mensuren.[44]

1926	1929
I. Manual	**I. Manual**
Flautado 8'	Flautado 8'
Ital. Prinzipal 4'	Ital. Prinzipal 4'
Rauschpfeife 2f. 2 2/3'+2'	Rauschpfeife 3f. 2 2/3'+2'+1 1/3'
II. Manual	**II. Manual**
Gedackt 8'	Gedackt 8'
Rohrflöte 8'	Kupfergedackt 8'
Blockflöte 4'	Blockflöte 4'
Violflöte 4'	Violflöte 4'
Glöckleinton 2f. 2'+1'	Glöckleinton 2f. 2'+1'

---

42 Carl Elis: *Neuere Orgeldispositionen*. Kassel 1930, S. 7
43 Ebd., S. 10
44 Gotthold Frotscher: Orgelkartei, Musikwissenschaftliches Seminar der Westfälischen Wilhelm-Universität, Münster

Pedal
Gedacktpommer 16'
Nachthorn 2'
Dulzian 16'

Pedal
Unterbaß 16'
Rohrquintadena 4'
Sifflöte 1'
Rauschflöte 2f.
Dulzian 16'

Das Instrument existiert nicht mehr.

Hamburg-Langenhorn, Ansgarkirche

1931 erhielt die Langenhorner Ansgarkirche von der Orgelbaufirma P. Furtwängler & Hammer, Hannover, eine Orgel nach dem Entwurf von Hans Henny Jahnn. Wie in der Lichtwarkschule in Winterhude wird auch hier im Spieltisch in maskulin und feminin unterschieden.[45]

Zunächst folgt die Disposition in konventioneller Art:

Hauptwerk/C-f^3
Prinzipal 16' *
Gedacktpommer 16' *
Prinzipal 8'
Rohrflöte 8' *
Prinzipal 4'
Bauernflöte 2f. 2 2/3'+2'
Glöckleinton 2f. 2'+1'
Mixtur 5f. 1'

Kronpositiv/C-f^3
Quintadena 8'
Koppelflöte 4'
Nasat 2 2/3'
Flûte octaviante 2'
Blockflöte 2'
Kleinflöte 1'
Terzian 2f. 1 3/5'+1 1/3'

Schwellwerk/C-f^3
Gedackt 8'
Nachthorn 8'
Hornaliquot 5 1/3'
Flûte octaviante 4'
Ital. Prinzipal 4'
Hornaliquot 3 1/5'
Flachflöte 2'
Sesquialtera 2f. 2 2/3'+1 3/5'
Scharf 5f. 1'
Zimbel 2f.
Dulzian 8'

Pedalwerk/C-g^1
Prinzipal 16'*
Gedacktpommer 16' *
Prinzipal 8'
Rohrflöte 8' *
Rohrquinte 5 1/3'
Prinzipal 4'
Nachthorn 2'
Flûte octaviante 1'
Rauschpfeife 3f. 4'+2 2/3'+2'
Dulzian 16'

Die mit * bezeichneten Register stehen auf Wechselschleifen. Es handelt sich also um jeweils eine Pfeifenreihe.

Werden die Register nach maskulin und feminin gegliedert, so ergibt sich daraus folgendes Bild:

---

45 Günter Seggermann: Die Jahnn-Hammer-Orgel der Ansgarkirche Hamburg-Langenhorn. In: *Acta Organologica*, Bd. 23. Kassel 1993, S. 173-196

| FEMININE REGISTER | MASKULINE REGISTER |

Pedalwerk/C-g^1

Gedacktpommer 16' *

Rohrflöte 8' *
Rohrquinte 5 1/3'

Nachthorn 2'

Dulzian 16'

Hauptwerk/C-f^3

Gedacktpommer 16' *

Rohrflöte 8'

Bauernflöte 2f.
Glöckleinton 2f.

Schwellwerk/C-f^3 im Schwellkasten

Nachthorn 8'
Hornaliquot 5 1/3' *

Ital. Prinzipal 4'
Hornaliquot 3 1/5' *
Flachflöte 2' *
Sesquialtera 2f.

Dulzian 8'

Kronpositiv/C-f^3
Quintadena 8' *
Koppelflöte 4'
Nasat 2 2/3' *

Blockflöte 2'
Kleinflöte 1'
Terzian 2f. *

Maskuline column:

Prinzipal 16' *
Gedacktpommer 16' *
Prinzipal 8'

Prinzipal 4'

Flûte octaviante 1'
Rauschpfeife 3f.

Prinzipal 16' *

Prinzipal 8'

Prinzipal 4'

Mixtur 5f.

Gedackt 8'

Hornaliquot 5 1/3' *
Flûte octaviante 4'

Hornaliquot 3 1/5' *
Flachflöte 2' *

Scharf 5f.
Zimbel 2f.

Quintadena 8' *

Nasat 2 2/3' *
Flûte octaviante 2'

Terzian 2f. *

Es handelt sich bei den mit * bezeichneten Registern um jeweils dieselbe Pfeifenreihe.

Spielhilfen
Koppeln: SW/HW, SW/PW
Registratur 1
Registratur 2
Registratur 3 – werkgetrennt

feminine Register mit Auslöser
maskuline Register mit Auslöser
Balanciertritt für den Jalousieschweller
System
Schleifladen, Pedal- und Hauptwerk durchschoben
mechanische Spieltraktur
elektropneumatische Registertraktur

(Abb. 15) *Hamburg-Langenhorn, Ansgarkirche, Montage der Orgel 1931*

Kiel, Pädagogische Akademie

Die Orgelfirma E. F. Walcker & Cie. baute als ihr Opus 2321 für die Pädagogische Akademie in Kiel eine Orgel nach einem Entwurf von Hans Henny Jahnn. 1931 erfolgte die Fertigstellung.[46]
Die Disposition lautet:

I. Unterwerk/C-g^3
Quintadena 8'
Koppelflöte 4'
Violflöte 4'
Nasat 2 2/3'
Flûte octaviante 2'
Violflöte 2'
Terzian 2f.
Zimbelflöte 1/2'
Scharf 8'
Sordun

II. Hauptwerk/C-g^3
Kupfergedackt 16'
Prinzipal 8'
Kupfergedackt 8'
Prinzipal 4'
Rohrflöte 4'
Bauernflöte 2f.
Mixtur 5f.

III. Schwellwerk/C-g^3/im Schwellkasten
Rohrflöte 8'
Gemshorn 4'
Kornett 3f.
Flûte octaviante 4'
Sifflöte 1'
Trompete 8'

Pedalwerk/C-g^1
Unterbaß 16
Pommer 16
Prinzipal 8'
Rohrflöte 8'
Oktave 4'
Sifflöte 2'
Oktave 1'
Rauschpfeife 3f.
Trompete 4'

System
Schleifladen
elektrische Spiel- und Registertraktur
Das Instrument existiert nicht mehr.

---

46 Frdl. Mittl. E. F. Walcker & Cie., Kleinbittersdorf

(Abb. 16) *Kiel, Pädagogische Akademie, Walcker-Orgel 1931*

Hamburg, St.-Pauli-Kirche

1932 baute die Orgelfirma Wilhelm Sauer, Frankfurt/O., in der St.-Pauli-Kirche eine neue Orgel. Jahnn hatte dafür den Entwurf geliefert.[47] Die Disposition zeigt folgendes Bild:

Hauptwerk/C-g^3
Quintadena 16'
Prinzipal 8'
Rohrflöte 8'
Oktave 4'
Blockflöte 4'
Quinte 2 2/3'
Oktave 2'
Mixtur 5f. 1'

Oberwerk/C-g^3 /im Schwellkasten
Lieblich Gedackt 16'
Holzprinzipal 8'
Kupfergedackt 8'
Salizional 8'
Prinzipal 4'
Rohrflöte 4'
Nasat 2 2/3'
Nachthorn 2'

---

47 Frdl. Mittl. Wilhelm Sauer Orgelbau, Frankfurt/O.

Trompete 8'

Positiv/C-g³
Holzgedackt 8'
Quintadena 8'
Ital. Prinzipal 4'
Gedackt 4'
Schweizerpfeife 2'
Terzian 2f. 1 3/5'
Akuta 4f. 2/3'
Krummhorn 8'

Terz 1 3/5'
Sifflöte 1'
Scharf 5f. 1'
Regal (Vox humana) 8'

Pedalwerk/C-f¹
Subbaß 16'
Pommer 16'
Prinzipal 8'
Rohrflöte 8'
Choralbaß 4'
Portunal 2'
Mixtur 4f. 1 1/3'
Posaune 16'
Trompete 4'

Spielhilfen
Normalkoppeln
Jalousieschweller
Registercrescendo (Walze) – vorbereitet
3 freie Kombinationen

System
Schleifladen
elektrische Spiel- und Registertraktur

(Abb. 17) *Hamburg, St. Pauli, Sauer-Orgel, 1932*

Kammerorgel

Zusammen mit Oscar Walcker hatte Hans Henny Jahnn eine zweimanualige Kammerorgel entwickelt, die 1932 der Öffentlichkeit vorgestellt wurde. Jahnn hat sich sehr präzise zu diesem Instrument geäußert.[48] Drei Dispositionen bildeten den Grundstock:

A) Unterklavier /C-f^3	Oberklavier/C-f^3
Gedackt 8'	Holzprinzipal 4'
Flöte 4'	Quinte 2 2/3'
	Zimbelflöte 1/2'
B) Gedackt 8'	Krummhorn 8'
Prinzipal 4'	Flöte 4'
	Scharf 3f.
	oder Zimbel 1/2'
	oder Rauschpfeife 2f. 1 1/3'
C) Gedackt 8'	Prinzipal 4'
Grundstimme 4'	Quinte 2 2/3'
	Scharf 3f.

Pedal/C-d^1
an das Unterklavier gekoppelt
bzw. mit selbständigem Rohrwerk zu 8' ausgestattet
System
Schleifladen, mechanische Spiel- und Registertraktur
Länge: 2,10 m, Breite: 0,96 m, Höhe: 1,00 m

---

[48] Hans Henny Jahnn: *Die Orgel als Haus- und Kammerinstrument*. Typoskript Nachlaß Nr. 408, S. 4, Nachlaß H. H. Jahnn SUB Hamburg – jetzt in: *Schriften I*, (Anm. 13) S. 1054ff.

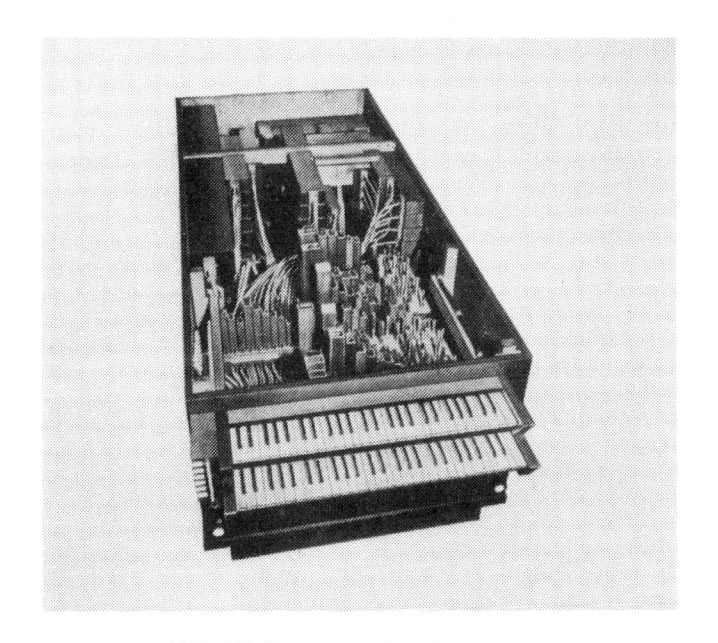

(Abb. 18) *Kammerorgel, Jahnn-Walcker*

(Abb. 19) *Kammerorgel, Jahnn-Walcker, mit Pedalklaviatur*

Berlin, Staatliches Komitee für Rundfunk

Hans Henny Jahnns letztes Orgelprojekt, das zur Ausführung gelangte, war auch zugleich sein größtes. Hier kulminiert die Summe seiner Erfahrungen. 1957 war der Orgelbau im Sendesaal des Rundfunks der ehemaligen Deutschen Demokratischen Republik von der Firma Sauer, Frankfurt/O., abgeschlossen worden. Jahnn hatte den Entwurf erstellt und, wie seinem Nachlaß entnommen werden kann, eine detaillierte Bauanleitung erstellt. Sein letzter großer organologischer Beitrag *Das schriftliche Bild der Orgel*[49] steht in engem Zusammenhang mit diesem Orgelbau. 1985 begann die Demontage der Orgel, wovon ein erheblicher Teil einem neuen Instrument im Volkshaus zu Jena einverleibt wurde.[50]

Die ausgeführte Disposition nach der Anordnung im Spielschrank sah wie folgt aus:

linke Seite	rechte Seite
A)	D)
II. Hauptwerk/C-a^3	IV. Solowerk/C-a^3/im Schwellkasten
1. L 3 Prinzipal 32'	55. L 2 Gedackt 8'
2. L 1 Prinzipal 16'	56. L 1 Quintadena 8'
3. L 1 Prinzipal 8'	57. L 1 Prinzipal 4'
4. L 1 Oktave 4'	58. L 2 Gemshorn 4'
5. L 1 Quinte 2 2/3'	59. L 1 Flachflöte 2'
6. L 1 Mixtur 6-7f.	60. L 2 Sifflöte 1'
7. L 2 Gedackt 16'	61. L 2 Terz 1 3/5'
8. L 2 Rohrflöte 8'	62. L 2 Quinte 2/3'
9. L 2 Violflöte 2'	63. L 1 Akuta 4f.
10. L 2 Quarte 2f.	64. L 2 Vox humana 8'
11. L 2 Quarte 2f.	65. L 1 Bärenpfeife 8'
12. L 2 Dulzian 8'	66. L 1 Schalmei 4'
13. L 2 Corno 4'	67. Tremulant
14. Handregister fest	68. Handregister fest
15. Hauptwerk L 1 ab	69. Solowerk L 1 ab
16. Hauptwerk L 2 ab	70. Solowerk L 2 ab
17. Positiv L 1 ab	71. Bombarden L 1 ab
18. Positiv L 2 ab	72. Bombarden L 2 ab

---

49 Hans Henny Jahnn: Das schriftliche Bild der Orgel. In: *Abhandlungen der Braunschweigischen Wissenschaftlichen Gesellschaft*, hg. v. H. H. Inhoffen und H. Poser, Bd. VII. Braunschweig 1955, S. 132-170
50 Frdl. Mittl. Wilhelm Sauer Orgelbau, Frankfurt/O.

linke Seite
B)
I. Positiv/C-a^3

19. L 1 Violflöte 8'
20. L 1 Prinzipal 4'
21. L 1 Oktave 2'
22. L 1 Oktave 1'
23. L 1 Scharf 5f.
24. L 2 Bordun 8'
25. L 2 Gedackt 4'
26. L 1 Pommer 4'
27. L 2 Flöten 2'
28. L 2 Zimbelflöten 2f.
29. L 2 Terzian 2f.
30. L 1 Dulzian 16'
31. L 2 Messingregal 16'
32. L 1 Krummhorn 8'
33. L 2 Messingregal 8'
34. L 2 Messingregal 4'
35. Tremulant
36. Handregister fest

C)
Pedalwerk/C-g^1
37. L 3 Prinzipal 32'
38. L 1 Prinzipal 16'
39. L 1 Oktave 8'
40. L 1 Oktave 4'
41. L 1 Oktave 1'
42. L 2 Mixtur 6f.
43. L 2 Pansbordun 16'
44. L 2 Gedackt 8'
45. L 2 Quintadena 4'
46. L 2 Nachthorn 2'
47. L 2 Rohrschellen 2f.
48. L 1 Posaune 16'
49. L 1 Trompete 8'
50. L 1 Trompete 4'
51. L 2 Kornett 2'
52. L 2 Dulzian 16'
53. L 3 Posaune 32'
54. Handregister fest

rechte Seite
E)
III. Bombardenwerk/C-a^3/2 Schwellkästen
73. L 1 Prinzipal 8'
74. L 1 Hornaliquot 5 1/3'
75. L 1 Oktave 4'
76. L 1 Salizional 8'
77. L 1 Flötenschwebung 8'
78. L 1 Salizet 4'
79. L 1 Blockflöte 2'
80. L 1 Großmixtur 5-8f.
81. L 2 Quintadena 16'
82. L 2 Spitzflöte 4'
83. L 2 Pansbordun 8'
84. L 2 Rohrflöte 4'
85. L 2 Nasat 2 2/3'
86. L 2 Quinte 1 1/3'
87. L 2 Terz 4/5'
88. L 2 Glöckleinton 2f.
89. L 2 Gedackzimbel 2f.
90. L 2 Kornett 1-5f.

F)
Hilfszüge und Bombarden
91. Koppel I/P
92. Koppel II/P
93. Koppel III/P
94. Koppel I/II
95. Koppel III/II
96. Koppel IV/III
97. Koppel IV/I
98. Koppel I/III
99. Schwelltrittkoppel 1/2
100. Schwelltrittkoppel 3/2
101. L 1 Bombarde 16'
102. L 1 Trompete 8'
103. L 2 Oboe 8'
104. L 1 Klarine 4'
105. Tremulant
106. Handregister fest
107. Pedal L 1 ab
108. Pedal L 2 ab

Spielhilfen
Handregistratur 1
Freie Kombination 2
Freie Kombination 3
Freie Kombination A4 Hauptwerk
Freie Kombination B4 Positiv
Freie Kombination C4 Pedalwerk
Freie Kombination C5 Pedalwerk
Freie Kombination C6 Solowerk
Freie Kombination D4 Solowerk
Freie Kombination E4 Bombardenwerk

(Abb. 20) *Berlin, Staatliches Komitee für Rundfunk, Sauer-Orgel, 1957*

Freie Kombination E5 Bombardenwerk
Freie Kombination F4 Hilfszüge
Freie Kombination F5 Hilfszüge
Freie Kombination F6 Hilfszüge
Solowerk in einem Schwellkasten
Bombardenwerk in zwei Schwellkästen
Registercrescendo als Walze wirkt nur auf Haupt-, Pedal- und Bombardenwerk
System
Schleifladen
elektrische Spieltraktur mit pneumatischen Balanciers
elektropneumatische Registertraktur

Aachen, Dom

Zu den nicht ausgeführten Orgelprojekten Jahnns zählt u. a. ein Entwurf für den Aachener Dom aus dem Jahre 1932.[51] Die Konzeption ist äußerst bemerkenswert, da es zu einem Orgelneubau noch 1939 durch die Bonner Firma Johannes Klais kam. Als Sachverständiger fungierte Ernst Kaller.[52] Die von Jahnn entwickelte Disposition lautete:

I. Positiv/C-g^3
Quintadena 16'
Violflöte 8'
Quintadena 8'
Prinzipal 4'
Labialer Dulzian 4'
Offen Blockflöte 2'
Flûte octaviante 2'
Kleinflöte 1'
Zimbelflöte 1/2'
Terzian 2f.
Quintzimbel 4f.
Dulzian 8'
Sordun 8'

II. Hauptwerk/C-g^3
Prinzipal 16'
Holzgedackt 16'
Oktave 8'
Flûte octaviante 8'
Rohrflöte 8'
Holzgedackt 8'

III. Schwellwerk/C-g^3
Deutsches Prinzipal 8'
Italienisches Prinzipal 8'
Holzflöte 8'
Labialer Dulzian 8'
Schweizerpfeife 8'
Hornaliquot 5 1/3'
Oktave 4'
Gemshorn 4'
Holzgedackt 4'
Violflöte 4'
Pansflöte 4'
Hornaliquot 3 1/5'
Nasat 2 2/3'
Flachflöte 2'
Labialer Dulzian 2'
Terz 1 3/5'
Quinte 1 1/3'
Oktave 1'
Glöckleinton 2f.
Rauschpfeife 2f.
Scharf 7f.

---

51 Nachlaß H. H. Jahnn, SUB Hamburg
52 Frdl. Mittl. Johannes Klais Orgelbau, Bonn

Oktave 4'
Flûte octaviante 4'
Bauernflöten 2f.
Mixtur 6f.
Zimbel 2f.
Sordun 16'

Pedalwerk/C-g¹
Prinzipal 32'
Ital. Prinzipal 16'
Unterbaß 16'
Kupfergedackt 16'
Labialer Dulzian 16'
Oktave 8'

Dulzian 16'
Trompete 8'
Musette 8'

Pedalwerk (Fortsetzung)
Rohrflöte 8'
Rohrquinte 5 1/3'
Oktave 4'
Gedacktpommer 4'
Sifflöte 2'
Oktave 1'
Rauschpfeife 3f.
Mixtur 5f.
Posaune 16'
Trompete 8'
Clarine 4'

Berlin, Philharmonie

Hans Henny Jahnns letzter Orgelentwurf war für die von dem Architekten Hans Scharoun geplante neue Philharmonie in Berlin bestimmt. Die Disposition orientiert sich an derjenigen für das Staatliche Komitee für Rundfunk im ehemaligen Ostsektor Berlins.[53] Jahnns Entwurf gelangte nicht zur Ausführung. Erst 1965 baute die Berliner Orgelwerkstatt, Prof. Karl Schuke, ohne das Jahnnsche Konzept aufzugreifen, eine große Konzertorgel.

Jahnns Disposition lautete:

Pedalwerk
1. L 1 Prinzipal 16'
2. L 1 Prinzipal 8'
3. L 1 Prinzipal 4'
4. L 1 Prinzipal 1'
5. L 1 Prinzipal 5f.
7. L 1 Posaune 16'
8. L 1 Trompete 8'

9. L 2 Trompete 4'
10. L 2 Kornett 2'
11. L 2 Dulzian 16'
12. L 2 Pansbordun 16'
13. L 2 Kupfergedackt 8'
14. L 2 Quintadena 4'
15. L 2 Nachthorn 2'

6. L 3 Posaune 32'

I. Positiv
16. L 1 Prinzipal 4'
17. L 1 Prinzipal 2'
18. L 1 Prinzipal 1
19. L 1 Scharf

20. L 2 Holzdulzian 16'
23. L 2 Krummhorn 8'
25 L 2 Bordun 8'
26. L 2 Gedackt 4'

– Tremulant –

---

[53] Walter Muschg (Hg.): *Hans Henny Jahnn. Eine Auswahl aus seinem Werk.* Freiburg/Br. 1959, S. 586-590

21. L 1 Messingregal 16'
22. L 1 Messingregal 8'
23. L 1 Messingregal 4'
27. L 2 Flöten 2'
28. L 2 Zimbelflöten 2f.
29. L 2 Terzian 2f.

II. Hauptwerk
30. L 1 Prinzipal 16'
31. L 1 Prinzipal 8'
32. L 1 Hornaliquot 5 1/3'
33. L 1 Oktave 4'
34. L 1 Violflöte 4'
35. L 1 Mixtur 6-7f.
36. L 2 Dulzian 16'
37. L 2 Dulzian 8'
38. L 2 Gedackt 16'
39. L 2 Rohrflöte 8'
40. L 2 Pansbordun 4'
41. L 2 Rohrschellen 2f.

III. Bombardenwerk/in 2 Schwellkästen
42. L 1 Prinzipal 8'
43. L 1 Prinzipal 4'
44. L 1 Prinzipal 2'
45. L 1 Großmixtur 5-8f.
46. L 1 Bombarde 16'
47. L 1 Trompete 8'
51. L 1 Flûte octaviante 4'
59. L 1 Gedacktzimbel 2f.
48. L 2 Klarine 4'
49. L 2 Oboe 8'
50. L 2 Salizet 8'
52. L 2 Nasat 2 2/3'
53. L 2 Terz 4/5'
55. L 2 Bordun 16'
56. L 2 Pansbordun 8'
57. L 2 Rohrflöte 4'
58. L 2 Blockflöte 2'
54. L 3 Gedackt 32'
– Tremulant –

IV. Solowerk/im Schwellkasten
60. L 1 Quintadena 16'
61. L 1 Quintadena 8'
62. L 1 Prinzipal 4'
63. L 1 Flachflöte 2'
64. L 1 Sifflöte 1'
65. L 2 Kornett 1-5f.
66. L 2 Vox humana 8'
67. L 2 Schalmei 4'
68. L 2 Vacat
(Bärpfeife 8')
69. L 2 Vacat
(Flötenschwebung 8')
– Tremulant –

Schlußbetrachtung

Man möchte geneigt sein, auch auf der organologischen Ebene Jahnn als gescheiterte Existenz anzusehen. Doch dies ist ein fundamentaler Trugschluß. Die große Leistung Hans Henny Jahnns besteht in der wissenschaftlich fundierten Auseinandersetzung mit dem industriellen Orgelbau, die zur großen Umorientierung auf dem europäischen Kontinent und inzwischen auch in der Neuen Welt führte. Anhand des von ihm geschaffenen Begriffsapparates sowie der Abgrenzung von bisher benutzten Termini – man denke nur an die drei Ausdrücke Schärfe, Kraft und Fülle, insbesondere den letzteren, was sich in der Tat als eine hervorzuhebende Leistung organologischer Hermeneutik darstellt – bildete sich der Ausgangspunkt für die Konzeption und Realisierung von Orgelneubauten nach 1945. Unbestreitbar ist Jahnns Dilemma, daß er als expressionistischer Dramatiker in Zeiten restaurativen Denkens und Handelns nach 1945 auch von Orgelkreisen weitgehend gemieden wurde. Das führte dazu, daß etliche Orgelexperten Jahnns Ideen für die ihrigen ausgaben. Jedoch hat es auch namhafte Fachleute gegeben, die Jahnns Ideen als Grundlage betrachteten, dies öffentlich machten und zu eigenständigen Lösungen fanden.

Weil sich Jahnn nicht als Kopist von historisch abgeschlossenen Orgelbaustilen verstand, sondern, ohne das Fundament in Frage zu stellen, stets die Gegenwart im Blick hatte und auf die Zukunft hin orientiert war, hat er uns Nachkommenden ein wichtiges und wertvolles Instrumentarium hinterlassen, das von unserer und den nachfolgenden Generationen erst noch zur vollen Entfaltung gebracht werden muß.

Rüdiger Wagner

HANS HENNY JAHNN UND DIE ORGELBEWEGUNG

Geistesgeschichtlich kann man die Orgelbewegung zu den vielseitigen Erneuerungsbestrebungen um die Jahrhundertwende rechnen, die auch im bildnerischen und literarischen Expressionismus ihren Ausdruck fanden.

Der Begriff „Orgelbewegung" erscheint zum ersten Mal bei Karl Hasse[1], der über die Freiburger Tagung für deutsche Orgelkunst berichtet. Diese Bewegung stellt sich ganz bewußt in Gegensatz zum seit der Jahrhundertwende modern geltenden Orgeltypus mit seinem grundstimmigen, hochdrucksättigten Klang, den differenzierten Spielhilfen, dynamischen Ausdrucksmitteln wie Schweller und Walze, engen streichenden Registern, konstanten Mensuren und Fernwerken. Ankerpunkt der Erneuerung waren die Orgelbauten aus dem 16., 17. und 18. Jahrhundert mit ihren technischen und klanglichen Möglichkeiten.

Als Vorläufer der Orgelbewegung der zwanziger Jahre kann man die Bestrebungen von A. Schweitzer und E. Rupp in der sogenannten Elsässischen Orgelreform ansehen, die wertvolle Orgeln aus dem 18. Jahrhundert, insbesondere die Orgeln A. Silbermanns erhalten wollte und sich gegen Serieninstrumente und Riesenorgeln wandte.

Geprägt wurde die Orgelbewegung der zwanziger Jahre von Persönlichkeiten wie Hans Henny Jahnn, Wilibald Gurlitt, Christhard Mahrenholz und mitgetragen von Teilen der Singbewegung und der liturgischen Bewegung innerhalb der evangelischen Kirche (besonders des Berneuchener Kreises).

Parallel zur Orgelbewegung regte sich der Widerstand auf Seiten der deutschen Orgelbauer, die ihre ökonomischen Interessen oftmals gefährdet sahen. Der seit der Hamburg-Lübecker Tagung schwelende Konflikt führte 1927, als die Orgelbauer sich bei der Bildung des „Deutschen Orgelrates" in Freiburg zu unrecht ausgeschlossen fühlten, zur Bildung einer Opposition, die sich auf der Berliner Tagung für Orgelbau 1928 formierte und drei Jahre darauf mit der Gründung der

---

1 Freiburger Tagung für deutsche Orgelkunst. In: *Zeitschrift für evangelische Kirchenmusik* IV, 1926, S. 260

„Technisch-wissenschaftlichen Arbeitsgemeinschaft und Gesellschaft für Orgelbau" (TAGO) auch ihre organisatorische Grundlage fand. Zu einer direkten Konfrontation zwischen Orgelbewegung und der „Orgel-Gegenbewegung" kam es 1933, als sich nach der nationalsozialistischen Machtergreifung innerhalb der evangelischen Kirche gegensätzliche Positionen herausbildeten und die TAGO zusammen mit den „Deutschen Christen" gegen die Orgelbewegung eine ideologische Abwehrfront bildete.[2]

Was die Bewegungen um die Orgel in der Weimarer Republik gemein hatten, war die Behauptung und Findung eines Begriffes der Orgel schlechthin; was sie trennte, waren die Auffassungen über die Orgel, nämlich über das, was die Bewegung selbst als „Wesen der Orgel", als „Norm" oder als „Idealsinn" bezeichneten. Weitgehend einer Meinung war man sich in der Ablehnung der „Orgelbastarde" wie der Kino-Orgel, dem Oskalyd[3] und der Wurlitzer-Orgel; ebenso einig war man sich über den historischen Wert der alten Orgeln, aber völlig zerstritten in der Forderung, die moderne Orgel auf der Grundlage der alten zu erneuern. Hinter allen Positionen standen ideologische Auffassungen, die an die Orgel herangetragen wurden und sich in einer Terminologie zur Benennung verschiedener Orgeltypen niederschlugen, deren Konnotationen den Streit der Positionen und Meinungen dokumentierten.[4]

Seinen frühesten Eindruck von Orgelmusik empfing Jahnn in der alten Hamburger Konzerthalle, als er einmal als Sängerknabe direkt unter dem Orgelwerk gestanden hatte und vom Fauchen des geheimnisvollen Mechanismus und den donnernden Klängen überwältigt wurde.[5] Jahnns letzte Orgelschrift aus dem Jahre 1955 endet mit der Erwähnung der Orgel, die sein gesamtes Schaffen bestimmt und deren Klang ihn sein ganzes Leben begleitet hat: die Orgel der Stiftskirche im mecklenburgischen Bützow: „Ein Zufall, daß ich dort als Zwölfjähriger war und die Wirkung von Pfeifenklängen ins Ohr gestreut bekam, die noch nicht gänzlich verbraucht ist."[6]

---

2 Nach: Jörg Fischer: Geschichtlichkeit – Kulturkritik – Autonomieverlust. In: *Orgel und Ideologie*, hg. von Hans Heinrich Eggebrecht. Murrhardt 1984, S. 134f.
3 Das Oskalyd (von H. Luedke und Oscar Walcker konzipiert), dessen Klang von Orgelpfeifen erzeugt wurde, war eigentlich zur musikalischen Illustration des Stummfilms vorgesehen.
4 Jörg Fischer [Anm. 2], S. 135
5 Hans Henny Jahnn: St. Pauli anders und ehemals. In: *Herrliches Hamburg*, hg. von Rolf Italiaander. Hamburg 1957, S. 60
6 Hans Henny Jahnn: Das schriftliche Bild der Orgel. In: *Abhandlungen der Braunschweigischen Wiss. Gesellschaft*. Bd. VII. Braunschweig 1955, S. 168

Während seines Aufenthaltes in Norwegen in den Jahren des Ersten Weltkrieges beschäftigt sich Jahnn im Rahmen seiner Utopie von Ugrino mit der theoretischen Konstruktion von Orgeln für die geplanten Kultbauten. Vielfältig dokumentiert er seine Auseinandersetzung mit der Orgel und der Orgelmusik in seinen literarischen Arbeiten, die in dieser Zeit entstehen. Ein Beleg zeigt diese Parallele von Architektur und Orgel:

> Das Gefühl, das etwas schön sei, wird in uns dadurch hervorgerufen, daß wir gewisse Verhältnisse bewußt oder unbewußt als schön empfinden. [...] So begann ich mir eine große Sammlung von Materialien über geschichtliche Bauten anzulegen und zu studieren. Ich prüfte die Grundrisse, Schnitte nach ihren rhythmischen Eigenschaften und ordnete sie in große Systeme. Hand in Hand damit ging die Übertragung meiner Erkenntnisse auf die Orgel.[7]

Ganzzahlige Proportionen, die er in ägyptischen und babylonischen Bauten erkannt zu haben glaubte, sind ihm „Rhythmen" und „Takte", die er auch zur Verwirrung seiner Zeitgenossen als „heilige Zahlen" bezeichnete.

Dieselben Grundgedanken, die Jahnn in seinen Ugrino-Kultbauten gestalten wollte, die er in seinen Dichtungen und theoretischen Schriften verkündete, überträgt er auf den Orgelbau. Die Orgel gilt ihm als Kultinstrument für Sakralbauten, wobei beide Verwirklichungen seines proportionsbestimmten mythischen Weltbildes sein sollen.

Folgt man Jahnns Aussagen, so kamen er und sein Freund Gottlieb Harms 1919 zufällig auf einem Spaziergang in die St. Jacobi-Kirche in Hamburg und fanden dort eine „trostlos abgetakelte" Orgel, die abgerissen werden sollte. Der erste überwältigende Eindruck der Klangfülle eines schon halb zerstörten Orgelwerkes gibt den Anstoß dazu, daß Jahnn sich an die Öffentlichkeit wendet, wobei er sein Orgelideal propagiert. Wahrscheinlich handelt es sich bei dieser Darstellung Jahnns um eine späte Korrektur des Geschehens: Danach hatte Jahn mit dem Organisten der Hamburger Petrikirche, Knak, Verbindung aufgenommen, um eine Konzertreihe mit alter Orgelmusik zu veranstalten, die Harms im Ugrino-Verlag herausgegeben hatte. Durch diesen Kontakt „entdeckte" er dann die Jacobi-Orgel. Die Kirchenbehörden standen der Restauration der Orgel anfänglich skeptisch gegenüber. 1923 kam es zwischen der Kirchenverwaltung zu St. Jacobi und der „Sachwaltung Bauütte Ugrino" zur „Verständigung", „das in seiner Bedeutung nicht

---

7 Walter Muschg: *Gespräche mit Hans Henny Jahnn*. Frankfurt/M. 1967, S. 131

leicht zu überschätzende Orgelwerk des Meisters *Arp Schnitger* kompromißlos wieder in seinen ursprünglichen Zustand zu versetzen."[8]

Die Jacobi-Orgel erwies sich nicht nur als ein Werk Arp Schnitgers, sondern die beiden orgelbesessenen Freunde fanden Pfeifengruppen aus den Jahren 1610, 1512 und 1486, die von einer Vielzahl von Orgelbaumeistern und Umgestaltern stammten. Aufgrund seiner theoretischen Kenntnisse kommt Jahnn während der Forschung an der Jacobi-Orgel zu dem Ergebnis, daß schon das 15. Jahrhundert die höchste Methode der Mensurierung besessen hatte.

In die Phase der Restauration der Jacobi-Orgel fällt auch Jahnns Interesse an der Praetorius-Orgel, die 1921/22 von Wilibald Gurlitt und Oscar Walcker nach Plänen von Michael Praetorius im musikwissenschaftlichen Seminar der Universität Freiburg im Breisgau errichtet worden war. Am 28. Juli 1922 hörte Jahnn Karl Straube an dieser Orgel den Hymnus „A solis ortus" von Michael Praetorius spielen.

In unterschiedlicher Weise sieht Jahnn in der Praetorius-Orgel seine eigenen Ansichten bestätigt: Zum einen begrüßt er die Praetorius-Orgel als ein wiedererstandenes, historisches Instrument, das erlaubt, vorbachsche Musik in angemessener Form zu spielen. Zum zweiten sieht er in dieser Orgel, seinen eigenen Intentionen entsprechend, einen Anstoß und eine Anregung für den Orgelbau der Gegenwart.

Obwohl in der Sekundärliteratur immer wieder behauptet wird, Jahnn wolle im Sinne des Historismus zur frühbarocken Orgel zurückkehren, nimmt Jahnn die Arp-Schnitger- und die Praetorius-Orgel nur als Muster für einen Neuansatz im modernen Orgelbau. Seine Konzeption, die an die uns bekannten Quellen europäischen Orgelbaus zurückkehrt, impliziert den Kampf gegen die romantische, gefühlvolle Orgel des 19. Jahrhunderts.

Jedem Reformator ist es eigen, zu den Quellen seiner Überzeugung hinabzusteigen, um bei ihnen für die Gegenwart reinstes Wasser zu schöpfen. Die Nachfahren eines jeden Reformators mußten jedoch erkennen, daß durch die Reform selbst dem Lauf der Geschichte etwas Neues und Eigenständiges zugefügt worden war. Renaissance und Reformation sind Beweis genug.

Der Reformer Jahnn sieht in der Praetorius-Orgel eine Bestätigung des Gesamtzusammenhangs, den wir als Mythos bezeichnen. Durch

---

8 Hans Henny Jahnn: Die Orgel zu St. Jacobi, Hamburg. (Der mit „Ugrino. Sachwaltung Bauhütte" unterzeichnete Artikel stammt wohl von Jahnn selbst.) Faltblatt im Oktav o. J. (1923) – vgl. den Abdruck in diesem Band, S. 179ff.

seinen Bezug zum Mythos grenzt Jahnn sich grundlegend von jeder ihm unterstellten Ideologie ab. Mythos gründet sich wie Religion auf ein Numinoses; er hat seinen Bezugspunkt außerhalb des geschlossenen geistesgeschichtlichen Systems, während die Ideologie ein geschlossenes innerweltliches System darstellt, das Allgemeingültigkeitsanspruch erhebt. Zum Mythos kommt noch das numinose Zeichen als Bestätigung hinzu, daß sich das Gesamtsystem nicht nur aus Elementen dieser Welt zusammensetzt. Als ein solches Zeichen entfaltet sich die Orgel, wenn sie in Übereinstimmung mit „Weltgesetzen" geschaffen worden ist. Die Praetorius- und die Jacobi-Orgel galten Jahnn als ein derartiges mythisches Zeichen; deshalb begrüßte er die Praetorius-Orgel, und deshalb renovierte er die Jacobi-Orgel.

Der Mythos kennt keine geschichtliche Entwicklung. Das mythische Geschehen wiederholt sich mit gleicher Wirksamkeit in der Zeit. Die Olympischen Spiele in Elis sind die Manifestation eines uranfänglichen Geschehens um Pelops und Hippodameia; im Heiligen Hain zu Delphi ist Apollo stets anwesend, in der Kommunion verwirklicht sich die Gegenwart Christi in Brot und Wein. In diesem Sinne hat Jahnns Wendung „ad fontes" nichts mit Historismus zu tun, der ja nur Zitat eines geschichtlich Vergangenen in der Gegenwart ist.

Das historische Klangideal, das W. Gurlitt mit der von ihm und Oscar Walcker geschaffenen Orgel demonstrieren wollte, erkennt Jahnn nicht nur als epochentypisches Zeichen, sondern sieht auch in den unterschiedlichen Klangbildern der Orgel- und Musikepochen den Grundtenor einer religiösen Idee. Im Gegensatz zu den historischen Orgeln hat die moderne romantische Orgel durch die Zertrümmerung des Kultischen alle Brücken zur Vergangenheit abgebrochen. Die Praetorius-Orgel macht diese „Brücke" wieder bewußt.

Jahnns Architekturauffassung wird von „heiligen Zahlen" bestimmt. Die Praetorius-Orgel und die Musik Dietrich Buxtehudes (die sieben Sonaten über die Eigenschaften der Planeten) inspirieren ihn dazu, diese Vorstellung auf die Orgel zu übertragen. Prinzipiell befindet sich Jahnn schon auf harmonikalem Boden, wenn er Baurhythmen mit spezifisch musikalischen Proportionen auf den Orgelbau überträgt. Das Werk Hans Kaysers[9] bestätigt später seine Anschauungen, die er selbst aus der Literatur über Architektur, Musik und Orgelbau vor dem Hintergrund

---

9 Insbesondere: Hans Kayser: *Orpheus. Vom Klang der Welt.* Potsdam 1926 und *Der hörende Mensch.* Berlin o. J. (1932)

einer jahrtausendealten pythagoreisch-platonischen Tradition gewonnen hatte.

Vor diesem Hintergrund entwickelt sich Jahnns literarische und orgelreformerische Tätigkeit fast gleichzeitig. 1924 finden die Ugrino-Konzerte mit dem jungen Thomasorganisten Günter Ramin statt, die den Boden für Jahnns Bestrebungen um die Orgel und für die Herausgabe der Werke Arnolt Schlicks und Dietrich Buxtehudes im Ugrino-Verlag bereiten wollten. Jahnns literarisches Werk gibt Neidern und Verleumdern immer wieder billigen Sprengstoff in die Hand. So muß sich 1925 Karl Straube auf einer Sitzung im kleinen Gemeindesaal zu St. Jacobi wegen „ungünstiger Gerüchte" über Jahnn und die Restauration der Jacobi-Orgel äußern: „Ich halte Herrn Jahnn für den schlechthin besten Kenner des klassischen Orgelbaus, den wir haben."[10]

Vom 6. – 8. Juli 1925 findet auf Initiative von Jahnn, Harms, Ramin und Erwin Zillinger die erste deutsche Organistentagung in Hamburg und Lübeck statt. Im gleichen Jahr erhält Jahnn den Auftrag, eine Orgel für die Lichtwark-Schule in Hamburg zu entwerfen. Ihr Architekt, der Hamburger Oberbaudirektor, läßt die Pfeifen in leuchtenden Farben, die dem Charakter des jeweiligen Tones angepaßt sind, bemalen.

Auf der Tagung für deutsche Orgelkunst in Freiburg/Breisgau vom 27. – 30. Juli 1926 propagiert Jahnn seine Grundeinstellung der Orgel gegenüber:

Nicht dies [gemeint: das Technische] ist die Hauptsache, sondern das Metaphysische: Endziel aller Orgelbaukunst muß sein, ein Instrument zu schaffen, das uns höchste Offenbarung vermittelt.[11]

Die dritte Tagung für deutsche Orgelkunst in Freiberg in Sachsen wurde vom 2. – 7. Oktober 1927 abgehalten. Auf dieser Tagung wurde der deutsche Orgelrat gegründet, dessen Orgelbausektion in eine technische und eine experimentelle Abteilung gegliedert wurde. Die Verantwortung für die experimentelle Sektion wurde Jahnn übertragen. Über diese Tagungen, die den Höhepunkt und auch schon das nahende Ende der Orgelreform markieren, resümiert Jahnn:

Es schlossen sich die Tagungen in Freiburg, Freiberg usw. an. Sie alle waren für mich im wesentlichen schon Verteidigung, Abwehr von Angriffen. Positives wurde auf ihnen kaum mehr geleistet, sie liefen nur darauf hinaus, daß die Dinge breitgetreten und zerre-

---

10 Protokoll der Sitzung im Archiv der Hauptkirche St. Jacobi
11 Max Drischner: Die Freiburger Tagung für deutsche Orgelkunst vom 27. – 30. Juli. In: *Zeitschrift für Musik*. 93. Jg., H. 10., Leipzig, Oktober 1926, S. 557

det wurden. In Freiburg hatte ich die große Kontroverse mit Walcker, der mir die heiligen Zahlen seiner Geschäftsbücher entgegenhielt. Nur einer hatte diesen schon auf der Tagung von 1925 auf die Seite genommen: der Direktor der Firma Sauer, sein Untergebener, und ihm erklärt: alles sei offenbar einfach richtig, was ich sage: er solle das Gebot der Stunde anerkennen und mir nicht opponieren, sondern die Zusammenarbeit antragen.[12]

Die Jahre bis 1933 bedeuten für Jahnn ein stetes Auf und Ab, Erfolge und Mißerfolge lösen sich ab, die Wirtschaftskrise hinterläßt auch im Orgelbau ihre Spuren. Als Schriftsteller wird Jahnn immer bekannter und anerkannt. 1929 erscheint sein großer Roman „Perrudja".

Die Opposition gegen Jahnn und die Orgelbewegung, die sich schon seit Jahren formiert hat, glaubt bald nach der Machtergreifung der Nationalsozialisten mit Jahnn und seinen Bestrebungen abrechnen zu können. Persönliche Diffamierungen werden jetzt als politische Verdächtigungen verpackt. Kleingeister und Philister glauben, ihre Stunde sei gekommen. Einer von ihnen war Johannes Biehle, Professor an der Technischen Hochschule Berlin und Mitglied des 1927 gegründeten deutschen Orgelrats, seit 1932 Vorsitzender der TAGO. Im Februar 1933 glaubte er, die Zeit sei reif, um Jahnn endgültig kaltstellen zu können. Er verteilte unter den Mitgliedern der TAGO und ausgewählten evangelischen Landeskirchen ein Schreiben, in dem er sich pauschal gegen die Barockorgel aussprach. Christhard Mahrenholz, zu jener Zeit Landeskirchenrat in Hannover, beurteilt in einem Brief vom 6. März 1933 an Jahnn diesen Vorstoß Biehles folgendermaßen:

Die ganze Sache ist so unsagbar lächerlich, daß man zu normalen Zeiten etwas derartiges mit Gelächter aufgenommen hätte. Leider hat es Biehle ja wieder einmal verstanden, sich politisch ins rechte Licht zu setzen, scheinbar will er seinen Verband „der Bekämpfung der Gottlosenbewegung" dienstbar machen. Jedenfalls fühlt er sich augenblicklich obenauf und glaubt, mit Hilfe dieser Rundschreiben der Orgelbewegung den Todesstoß versetzen zu können.

Wesentlich gravierender waren für Jahnn und die Verfechter der Orgelbewegung die Angriffe von Hans-Georg Görner und Theodor Herzberg im April 1933. Der Berliner Organist Hans-Georg Görner war Fachberater für Kirchenmusik im Kampfbund für Deutsche Kultur und Fachleiter für Kirchenmusik bei der Reichsleitung der „Deutschen Christen". Der Berliner Oberingenieur Theodor Herzberg wirkte als Kassierer und Archivar bei der TAGO. Die Unsäglichkeit dieses Artikels verrät den philiströsen Kleingeist, der in der politischen Situation seinen Mantel in

---

12 Walter Muschg [Anm. 7], S. 153

den richtigen Wind zu hängen versteht, zeigt aber auch auf der anderen Seite, welchen Einfluß Jahnn und seine Freunde wie Christhard Mahrenholz, Oscar Walcker, Erwin Zillinger, Günter Ramin u. a. diesem Pamphlet als Äußerung des Zeitgeistes zubilligten. Da dieser Angriff entscheidend dazu beigetragen hat, nicht nur Jahnns Integrität zu unterminieren, sondern auch seine Wirkungsmöglichkeit als Orgelsachberater in Deutschland zu beenden, zitiere ich ausführlicher, als es eigentlich diese Herzbergische Attacke verdient hätte.[13] Die Orgelbewegung wird pauschal diskreditiert:

Die Orgelbewegung ist ein würdiges Seitenstück zu gleichgerichteten Entartungserscheinungen auf anderen Gebieten der Kunst. Wie hier an ganz abwegigen, um nicht zu sagen, perversen Kunstwerken „herumästhetisiert" wurde, hat auch die Orgelbewegung etwas als „schön" hingestellt, was in Wirklichkeit dem gesunden deutschen Empfinden und einem normalen Gehör vollends widerspricht.

Jahnn wird als Urheber der Orgelbewegung bezeichnet und selbst als entartet gebrandmarkt. Sein schriftstellerisches Werk dient als Beweis für die Entartung seines Orgelbaus. Jahnn

entzog sich der Einziehung zum Kriegsdienst dadurch, daß er mit seinem Freund Harms nach Norwegen fuhr und dort bis zum Ausbruch der Revolution verblieb. Dort schrieb er ein Drama *Pastor Ephraim Magnus*, das 1919 im jüdischen Verlag S. Fischer erschien und – mit dem Kleistpreis ausgezeichnet wurde. Diese Tatsache ist bezeichnend für den damaligen Tiefstand der deutschen Kultur. Zu dieser wüsten Schmiererei bekennt sich Jahnn heute noch. [...] Es gibt wohl kaum eine sexuelle Verirrung, die der ‚Dichter' in seinem Drama nicht gestaltete, einschließlich der scheußlichen Perversität der sexuellen Leichenschändung.

Nach Pauschalverdikten gegen die literarische Arbeit Jahnns nimmt Herzberg den Orgelbau aufs Korn:

Der gesamte deutsche Orgelbau und der größte Teil der deutschen Organisten setzte sich gegen die verheerenden Einflüsse dieses Hamburger Gernegroß zur Wehr. Einige Firmen, die glaubten, aus dieser Sache Kapital schlagen zu müssen, [...] wurden ihren bisherigen Auffassungen über Jahnn untreu, ja, er wurde für sie der große Orgelreformator Deutschlands, und sie versäumten keine Gelegenheit, um mit ihm zu renommieren. [...] Seine Bemühungen mußten aber vergeblich bleiben, da ihm ja jede musikalische, wissenschaftliche und technische Bildung fehlte. Seine mangelhaften Kenntnisse verbarg er hinter undefinierbaren neu erfundenen Fachausdrücken. Sein affektiertes Außenseitertum befähigte ihn nicht, dieses umfassende Gebiet wirklich zu beherrschen. Er redete von heiligen Zahlen und stellte die Lehre von femininen und maskulinen Registern auf. Im Zusammenhang mit seinem literarischen Wirken wird diese letzte Lehre verständlich.

---

13 Theodor Herzberg: Wer ist Hans Henny Jahnn. In: *Kirchenmusik im Dritten Reich, Anregungen und Richtlinien,* hg. von Hans-Georg Görner, Berlin o. J. (1933)

Sie mag aber allen eine Deutung dafür geben, wozu Jahnn dieses heilige Instrument herabwürdigte. Der Teufel brachte Jahnns heilige Zahlen immer wieder durcheinander und die Register beiderlei Geschlechts feierten Orgien, wenn das volle Werk ertönte. [...] In Deutschland wird Neues! Unrat, der sich in den letzten Jahren allenthalben in erschreckender Weise gehäuft hatte, wird hinweggefegt. Auch im Orgelbau muß Neues werden. Im kommenden Deutschland hat die ehrwürdige, um nicht zu sagen, heilige Kunst des Orgelbaues nur von solchen Männern ausgeübt zu werden, die Christentum und Nation als oberste Gesetze unseres Denkens und Handelns anerkennen und künstlerisch, wissenschaftlich und technisch vollwertige Fachleute sind. Wer diese Bedingungen nicht erfüllt, ja sogar christlichem Wesen und deutscher Sitte höhnt, der hat kein Recht, in einer edlen deutschen Kunst Führerrolle zu spielen.

Die Angriffe Herzbergs, die auch von einem überwiegenden Teil der „Deutschen Christen" geteilt wurden, trugen zur Gleichschaltung aller Vebände, die sich mit Orgel und Orgelbau befaßt hatten, bei.

Im Mai 1933 wird der „Reichsverband für Orgelwesen e. V." gegründet:

Die Orgelbaumeister, Orgelsachverständigen und -ingenieure haben sich soeben zu einem Reichsverband für Orgelwesen zusammengeschlossen. Das Ehrenprotektorat des Reichsverbandes wurde dem Reichskulturreferenten der Glaubensbewegung „Deutsche Christen" Alfred *Bierschwale*, Berlin, übertragen.
Zu Vorsitzenden wurden Ober-Ing. *Herzberg*, Berlin, und Orgelbaumeister Hans *Steinmeyer*, Oettingen, gewählt.
Der Reichsverband stellt sich die Aufgabe, alle an der Orgel und am Orgelbau Beteiligten auf dem Boden des Volkstums und christlicher Weltanschauung zusammenzufassen und vertritt hauptsächlich folgende Forderungen:
1. Künstlerische, technische und wirtschaftliche Förderung des Orgelbaues mit allen hierzu notwendigen Mitteln.
2. Bekämpfung aller kulturwidrigen Auswüchse im Orgelbau, wie sie sich in den Bestrebungen eines Hans Henny Jahnns zeigen.
3. Bekämpfung und Beseitigung des Pfuschertums und des unlauteren Wettbewerbs.
Um die Enge dieser Verbundenheit des Reichsverbandes mit den kirchenmusikalischen Bestrebungen zu bekunden, wurde der Präsident des Reichsverbandes Evangelischer Kirchenmusiker, Organist *Görner*, in den Vorstand berufen. Im Reichsverband sind zusammenfassend die Fachgruppen: TAGO, Orgelbauer, Orgelsachverständige. Alle an den Bestrebungen des Reichsverbandes Interessierten werden aufgefordert, sich umgehend bei der Geschäftsstelle Berlin SW. 11, Stresemannstr. 12 (Bergmann 1892) zu melden.

Oscar Walcker reagiert Jahnn gegenüber auf die Angriffe Herzbergs und die Gründung des Reichsverbandes für Orgelwesen:

Sie sehen also auch aus dieser Notiz, wie schwierig diese ganze Situation wird. Alles dies zusammengenommen, glaube ich, daß es für Sie in nächster Zeit ganz unmöglich ist, auf dem Gebiet des Orgelbaues irgendwie tätig zu sein (Brief O. Walckers an Jahnn vom 20. Mai 1933).

In den folgenden Monaten glaubt Jahnn, durch Vermittlung einflußreicher nationalsozialistischer Kreise seine Stellung als Orgelsachberater retten zu können, obwohl seine Position nicht nur in Deutschland, sondern auch im Ausland ins Wanken geraten ist:

> Zur Zeit bearbeite ich in Schweden insgesamt vier Aufträge, von denen im Augenblick keiner fest in Aussicht steht. Durch diese Schrift *Kirchenmusik im Dritten Reich* [der Herzberg-Artikel, R. W.] ist mir sogar in Skandinavien geschadet worden. Geschäfte werden ja bekanntlich auch von der politischen Ansicht abhängig gemacht. So ist mir der Auftrag in Göteborg deshalb durch die Binsen gegangen, weil die Auftraggeber Juden waren, und mir unterstellt wurde, daß ich als Arier antisemitisch eingestellt sein müßte, und umgekehrt hat besagtes Pamphlet von Herzberg in Kirchenkreisen gewirkt (Brief Jahnns an Oscar Walcker vom 2. August 1933).

Während die Hetzkampagne noch andauert, bekennt Jahnn abschließend, den Grundgedanken seiner Orgelreform hervorhebend:

> Ich habe mich dazu durchgerungen, den Weltenbau harmonikal aufzufassen und stehe damit jenseits des Christentums und ohne Anklage gegen Gott und ohne Forderung gegen ihn, auf dem Boden einer Naturbetrachtung, die den Anspruch auf die Bezeichnung Religion hat. Ich will auch mit den Dingen nichts zu tun haben, für die es in mir keinen Raum gibt. Und was in diesem Zusammenhang die Orgel angeht, die Orgel ist ein vollkommenes Werk auf harmonikaler Grundlage. Sie ist so heidnisch, wie etwas nur heidnisch sein kann. (Brief Jahnns an Hilmar Trede vom 20. Juni 1933)

Hans Peter Reiners

Hans Henny Jahnn und die Orgel der St.-Maximilian-Kirche in Düsseldorf[1]

Christian Ludwig König aus Köln (1717–1789), der namhafteste Vertreter der großen rheinischen Orgelbauerfamilie, baute 1753–1755 für die barocke Franziskanerkirche in Düsseldorf – die jetzige „Max"-Kirche – eine dreimanualige Orgel mit 39 Registern.[2] Im 19. Jahrhundert wurde das Instrument leicht verändert, es behielt jedoch seinen barocken Klangcharakter bei, wie aus der enthusiastischen Schilderung des Organisten Wilhelm Sauer hervorgeht, der von 1901 bis 1928 an St. Maximilian tätig war:

Oktave 8', mit ausgiebig weichem, einzigartigem Ton, man glaubt ganz zart die Quinte mitzuhören.
Rohrflöte 8', repräsentiert in sich so was Wunderbares, daß von einer verlorenen Kunst gesprochen werden kann, mit sanftem, klarem nach oben hin hellem Flötenton. Viola di Gamba 8', in ihr paart sich Streicher- und Flötencharakter zu jenem, einzigartigen, wunderbaren Klang, welcher den heutigen Gamben mit ihrem scharfen Strich fehlt.
Kornett, in höchster Vollendung des Tones, eignet sich vorzüglich zur Melodieführung eines Chorals Cantus firmus, als Solostimme und zur Begleitung des Volksgesangs. Dasselbe steht auf einem sogenannten Windstock, ca. 1½ m über der Windlade, direkt hinter den Prospektpfeifen, was viel mit zu der glänzenden Frische des Tones beiträgt. Man hört bei diesem Kornett tatsächlich nur »einen« Ton, eine vornehmste Verschmelzung der verschiedenen Töne, kein Auseinanderfallen derselben, wie man es vielfach antrifft, wodurch der Ton etwas Blökendes, Gewöhnliches erhält.
Hohlpfeife 8'. Der Name Hohlpfeife ist allgemeiner, der auch nicht im geringsten auf den Sinn der Stimme hinweist, also etymologisch nicht begründet ist. In Wirklichkeit ist diese Hohlpfeife eine Gedakte, und zwar eine Gedakte von solcher Schönheit und Weichheit, wie sie nur von Orgelbauern einer vergangenen Blütezeit des Orgelbaues hergestellt wurde, heute nur noch von wenigen Gottbegnadeten erreicht wird. Unwillkürlich taucht da die Frage auf: Ist es nicht Pflicht der deutschen Orgelkunst, des deutschen Orgelbaues, in einer so anderen Weise die Kunst der Alten festzuhalten zu suchen? Was nutzen Tagungen, viele Reden, was nutzt ein Orgelrat, wenn man nicht weiß, das Beweisende zu fesseln und die ausgleichende Logik praktisch anzuwenden.
Die Rohrwerke wie Trompete 8', Clairon 4', Posaune 16' besitzen einen Ton von so einzigartiger Charakteristik, den man kurzerhand nicht beschreiben kann. Einer unserer

---

1 Der Aufsatz erschien erstmals in der Zeitschrift *ars organi*, 1980, Nr. 1, S. 3-10
2 Die Disposition bei Hans Klotz: *Das Buch von der Orgel*, Kassel [5]1955, S. 125

größten deutschen Orgelbauer, als hervorragender Intoneur bekannt, äußert sich über denselben: „Diese Rohrwerke sind ein Meisterwerk unserer Altvordern und darf an denselben tonlich nicht das Geringste geändert werden."
Die Mixtur ist ein Meisterwerk, wird durch eine einzige 8'- und 4'-Stimme vollständig gedeckt. Wo bleibt da so manche Mixtur unserer heutigen Zeit?
Quinte 5 1/3' im Pedal, verleiht demselben eine ungemeine Klarheit und einen vollen, bestimmten durchdringenden Ton. Die Flöten sind vornehme Vertreter ihres Geschlechts mit leichtem, elegantem Flötenton.
Alle Stimmen tragen den selbständigen Charakter des Orgeltons, sie sind keine Nachäffung irgendeines Orchesterinstrumentes. Das Urteil aller wirklichen Sachverständigen, welche die Orgel gehört haben – nicht alle Orgelbauer, Wissenschaftler und Organisten kann man als solche ansehen, da manchem das Tonvorstellungs- und Tonaufnahmevermögen fehlt –, ist eins darin, daß Klangfarbe, Klangcharakter und Tonschönheit dieser Orgel von eigenartiger, wunderbarer, geradezu hinreißender Qualität sind.[3]

Mit dem Dienstantritt von Auers Nachfolger Clemens Ingenhoven im Juli 1928 traten Pläne zu einer Restaurierung der Orgel, die auch unter der Prospektpfeifenablieferung 1917 gelitten hatte, in ein konkretes Stadium.

Da man sich des besonderen Wertes der historischen Orgel bewußt war, suchte man einen Orgelsachverständigen, der die Renovierung leiten sollte. Man entschied sich dann für Hanns Henny Jahnn, der durch die Restaurierung der Hamburger St.-Jacobi-Orgel und die Organistentagung in Hamburg und Lübeck im Juli 1925 bekannt geworden war.

Schon einen Monat nach seiner Einstellung nahm Clemens Ingenhoven Verbindung mit Jahnn auf. Zwei Jahre lang kam man dann in der Orgelfrage nicht weiter. Vom Jahre 1930 an bis zum Abschluß der Renovierungsarbeiten stand Clemens Ingenhoven mit H. H. Jahnn in einem regen Briefwechsel.[4]

Nach Jahnns Entwurf sollte die Orgel der Maxkirche neue Windladen (gebaut nach seinem eigenen Patent) und ein neues Gebläse erhalten. 18 neue Register und 10 Register aus der alten Orgel sollten auf zwei Manuale und Pedal verteilt werden. Von einer wirklichen Restaurierung, bei der man versucht, die historischen Teile zu erhalten, konnte hier keine Rede sein. Es wurde eine neue Orgel in das alte Gehäuse, das

---

3 In: *Zeitschrift für Instrumentenbau* v. 1.10.1928
4 Alle zitierten Briefe stammen aus dem Nachlaß von Hans Henny Jahnn, der in der Staats- und Universitätsbibliothek Hamburg aufbewahrt wird. Für die freundliche Hilfe bei der Durchsicht sagt der Verfasser Herrn Dr. R. Burmeister herzlichen Dank.

man einige Meter zurücksetzte, gebaut. Der entscheidendste Eingriff war aber wohl die Beseitigung der mechanischen Traktur. Jahnn, der sich in seinen wissenschaftlichen Veröffentlichungen und Vorträgen gegen die Elektropneumatik wandte und sich für die Schleiflade mit mechanischer Traktur einsetzte, verlangte erstaunlicherweise, daß die Max-Orgel eine elektropneumatische Spiel- und Registertraktur erhalten sollte.

Da in Düsseldorf der Wunsch bestand, die Orgel mechanisch bauen zu lassen, schrieb Jahnn am 7. August 1931 an Pfarrer Dr. Wahlen: „Die elektrische Steuerung der Schleiflade ist so vollkommen geworden, daß sie ohne Übertreibung in erfolgreiche Konkurrenz zur mechanischen Traktur treten kann."

Clemens Ingenhoven, der die Vorteile der mechanischen Traktur zu schätzen wußte, versuchte immer wieder Jahnn zu bewegen, die Orgel doch mit mechanischer Traktur bauen zu lassen. So schrieb er im Jahre 1931 an Jahnn: „[...] ich möchte nochmals fragen, ob mechanisch durchaus ausgeschlossen ist?"

Auf diese Frage antwortete Jahnn am 8. August 1931:

Trotz Ihrer Postkarte und eifriger Überlegung habe ich mich zur mechanischen Traktur nicht entschließen können. Zweierlei Gründe haben mich dabei beeinflußt. Finanzielle Erwägungen und technische. So wie die Gehäuseverhältnisse liegen, würde einer mechanischen Traktur stets etwas Unvollkommenes anhaften. Die mechanische Traktur verlangt sozusagen andere Klangtendenzen, als sie in der Maximiliankirche gegeben sind. Gewiß, ich würde eine Hausorgel für mich stets mit mechanischer Traktur bauen; aber ich würde auch auf große Kraft, sagen wir auf die dynamischen Erschütterungen der Orgel zu verzichten wissen. Überall wo ich große Ventile und weit voneinander liegende Laden anzuwenden gezwungen bin, würde ich die elektrische Traktur vorziehen. Ich bin, damit Sie mich nicht mißverstehen, keinesfalls gewillt, die Überlegenheit der mechanischen Traktur, was die Applikatur betrifft, abzustreiten; aber sie verlangt, das ist die Erfahrung, die ich gemacht habe, eine andere geistige Welt, als die unsrige es ist. Und ich habe offen gesagt keine Lust, eine der geistvollsten Erfindungen der Menschheit, die bereits einige Jahrtausende alt ist, mit höchst relativen technischen Leistungen zu verhöhnen. Die elektrische Traktur ist uns gemäßer, und es ist deshalb möglich gewesen, an ihrer Vervollkommnung mit Erfolg zu arbeiten. Die Vervollkommnung der elektrischen Traktur ist auf dem Wege der Spekulation zu erreichen, die der mechanischen Traktur einzig und allein mittels des Materials. Nun, ich habe den Ausdruck gefunden, der die Grenze deutlich zeigt.

Obwohl Ingenhoven immer wieder den Wunsch nach einer mechanischen Orgel äußerte, erhielt die Max-Orgel, wie Jahnn es vorgesehen hatte, Schleifladen mit elektropneumatischer Spiel- und Registertraktur.

Warum Jahnn nun entgegen seiner sonstigen Einstellung die Max-Orgel mit elektropneumatischer Traktur erbauen ließ, läßt sich nicht klären. Von den drei Orgelbaufirmen Fabritius (Kaiserswerth), Stahlhuth (Aachen) und Walcker (Ludwigsburg) wurden Angebote aufgrund der Ausschreibungsunterlagen von Hans Henny Jahnn angefordert. Stahlhuth hielt die Pläne Jahnns für nicht ausführbar. Er war auch der einzige Orgelbauer, der für die Beibehaltung der historischen Windladen plädierte. Jahnn war aber darauf aus, neue Windladen nach eigenen Plänen bauen zu lassen.

In einem Brief teilt Jahnn der Firma Stahlhuth auch seine Honorarforderung mit: „Meine Honorarforderung beträgt 5 6 % der Bausumme."

Auch an die Firma Walcker schreibt er am 9. April 1932 einen Honorarwunsch: „Das Honorar für meine Bemühungen muß in dem Kostenanschlage mitenthalten sein, und zwar, wie schon früher einmal mitgeteilt, muß es RM 1000,- für mich abwerfen."

Der Kirchenvorstand neigte dazu, der ortsansässigen Firma Fabritius den Orgelneubau zu übertragen. Durch geschickte Verhandlungsführung gelang es H. H. Jahnn, daß Fabritius den Auftrag unter gewissen Vorbehalten erhielt. Jahnn (nicht der Kirchenvorstand) erteilte der Firma Fabritius am 11. Mai 1932 mit folgenden Worten den Auftrag:

[...] als Sachberater und Bevollmächtigter [!] des Kirchenvorstandes der St.-Maximilians-Kirche zu Düsseldorf erteile ich Ihnen hiermit den Auftrag auf Lieferung resp. Umbau der Orgel in der Kirche daselbst. Und zwar unter folgenden Bedingungen.

Unter Punkt 8 folgt dann:

Für die Anfertigung von Orgelteilen, die nicht in ihrem eigenen Betriebe hergestellt werden, dürfen nur solche Firmen gewählt werden, die durch den Sachbearbeiter gebilligt worden sind.

Unter Punkt 9 wird diese Anweisung noch präzisiert: „Die Heranziehung erstklassiger Firmen ist vorgesehen für die Schleifladen, das Pfeifwerk, Kabel und Spieltisch."

Damit hatte Jahnn erreicht, was er schon in seinem Brief vom 4. März 1932 an den Inhaber der Firma Walcker angedeutet hatte:

Sie kennen meinen Standpunkt, ich halte es für höchst wünschenswert, daß Sie entweder direkt oder über den Umweg Fabritius die Orgel in der Max-Kirche in Auftrag erhalten.

Wie groß das Vertauen des Kirchenvorstandes in H. H. Jahnn war, geht aus Punkt 9 der Auftragserteilung an Fabritius hervor: „Alle Zahlungen gehen über das Konto des Sachberaters oder werden durch ihn angewiesen."

Jedenfalls hatte Jahnn erreicht, was er wollte: Die Firma Walcker baute die Orgel, und Fabritius „durfte" sie in der Kirche zusammenbauen. Auch die Änderungen am Orgelgehäuse führte die Firma Fabritius aus. Aber auch beim Aufbau der Orgel gelang es Jahnn, die Firma Walcker einzuschalten. Am 30. August 1932 teilte er der Firma Fabritius mit:

> Die Firma Walcker [...] wird ihr übriges tun und für die Lagerung und Montage ihre Monteure zusammen mit den Orgelteilen schicken. Auch der Chefintonateur, Herr Wiedermuth, wird auf alle Fälle einige Tage in Düsseldorf sein, um mit mir gemeinsam die Grundsätze der Intonation festzulegen.

Nach der Fertigstellung des ersten Bauabschnitts bedankte sich Pfarrer Dr. Wahlen am 16. Januar 1933 mit folgenden Worten bei H. H. Jahnn:

> Die Orgel macht uns viel Freude. Wir mußten uns allerdings etwas daran gewöhnen. Zuerst hatten wir den Eindruck, daß das Spiel nicht laut und festlich genug sei, wohl darum, weil wir sie mit andern modernen Orgeln vergleichen. Wir haben aber jetzt doch eingesehen, daß der alte Charakter trefflich gewahrt sei und daß der Klang durchaus fein und ansprechend sei. Für ihre Beratung sind wir Ihnen sehr dankbar. Der Kirchenvorstand und ich sind davon überzeugt, daß Sie uns die besten Dienste geleistet haben.

Nachdem Clemens Ingenhoven einige Monate auf der neuen Orgel gespielt hatte, teilte er seine Erfahrungen mit dem Instrument am 11. März 1933 Hans Henny Jahnn mit:

> [...] Als Nachteile möchte ich bezeichnen:
> 1. Die Zusammenführung der Töne C-F in Rohrflöte und Okt. 8'. Der Übergang wirkt in Okt 8' zu auffällig. Das Stärker-Intonieren der Rohrflöte hat die betreffenden Töne häßlich und unrein gemacht. Wenn ich im Pedal (Clairon 4') die Choralmelodie lege, so habe ich im Manual keinen vernünftigen Baß, da, wie gesagt, der Okt. 8' in der Tiefe versagt. Ähnlich steht es um die beiden 16' im Pedal. Der Subbaß ist so leise gehalten, damit er bei dem cis des Gedacktpommer nicht abfällt. Nun ist weder der Subbaß noch der Ged. Pommer befriedigend.
> 2. Die Zungen sind in der Ansprache gut, aber im Klang noch immer unausgeglichen, trotzdem der Chef-Intonateur von Walcker zwei Tage sich bemühte. Zudem haben die meisten Töne der Posaune 16' den Fehler, daß sie unruhig vibrierend ansprechen. Merkwürdigerweise sprechen einige Töne ganz ruhig an.
> 3. Das Hauptwerk ist als solches weiblich zurückhaltend im Ton. Wir waren [...] der Ansicht, daß ein Stärker-Intonieren die Stimmen verschlechtern würde, und kamen auf den Gedanken, später auf das II. und I. Manual einen größeren 8' und 4' zu stellen, der auf dem Hauptwerk spielbar sein müßte.

Sowohl Pfarrer Dr. Wahlen als auch Clemens Ingenhoven stellten übereinstimmend fest, daß der Klang der Orgel, besonders bei besetzter Kirche, nicht ausreichte, um den Kirchenraum zu füllen. Dies lag wohl an den zu weiten Mensuren, die Jahnn hier angewandt hatte.

Obwohl Jahnn die Zungenstimmen, die die Firma Walcker nach seinen Angaben baute, besonders empfohlen hatte, befriedigten sie hier in der Max-Orgel nicht. Jahnn hatte am 3. März 1932 der Firma Stahlhuth empfohlen, die Zungenstimmen bei Walcker zu beziehen.

Falls Sie den Auftrag erhalten sollten, bitte ich Sie, die Rohrwerke nicht bei der Fa. Giesecke & Sohn zu bestellen, weil die Zungen, die von dort bezogen werden, auch wenn sie nach einer Sondermensur gemacht werden, meist einen dicken und plärronden Ton haben. Ich empfehle Ihnen die Firma Walcker & Cie., Ludwigshafen, die in letzter Zeit hervorragende Mensuren gemacht hat.

Bis zum April 1934 zogen sich nun die Verhandlungen über den Weiterbau der Max-Orgel. Jahnn schrieb am 20. April 1934: „Das Verhältnis zur Firma Fabritius ist in der Form geordnet, daß die Firma gemeinschaftlich mit der Firma Walcker arbeitet." Wie es scheint, war dem Kirchenvorstand dann doch wohl daran gelegen, daß der Ausbau der Orgel nur von einer Firma durchgeführt würde. Pfarrer Dr. Wahlen teilt H. H. Jahnn am 14. Juni 1934 mit: „Die Orgel ist bei der Firma Walcker endgültig in Auftrag gegeben mit der Bedingung, daß sie bis Ende September fertiggestellt ist."

Die Max-Orgel erhielt damals folgende Disposition:

Hauptwerk C-g³ (II)
Prinzipal 16'
Bordun 16'
Oktave 8'
Rohrflöte 8'
Oktave 4'
Spitzflöte 4'
Quint 3'
Oktave 2'
Cornett 4fach
Mixtur 5fach
Trompete 8'

Positiv C-g³ (I)
Holzprinzipal 8'
Rohrflöte 8'
Salizet 8'
Oktave 4'
Schweizerpfeife 4'
Oktave 2'
Zimbelflöte 1/2'
Scharf 5fach
Krummhorn 8'

Pedal C-g¹
Bordun 16'
Gedackt-Pommer 16'
Prinzipal 8'
Quinte 5 1/3'

Schwellwerk C-g³ (III)
Prinzipal 8'
Pansbordun 8'
Quintadena 8'
Gemshorn 4'

Oktave 4'	Violflöte 4'
Sifflöte 2'	Nachthorn 2'
Posaune 16'	Sifflöte 1'
Trompete 8'	Hintersatz 3fach
Klarine 4'	Dulzian 16'
	Regal 8'

Über die nun voll ausgebaute Orgel gab Hans Henny Jahnn am 15. November 1934 das folgende Gutachten ab:

Die Arbeiten an der St.-Maximilian-Orgel sollten sich ursprünglich auf eine historische Wiederherstellung beschränken. Die Brüchigkeit, Unzuverlässigkeit und Unvollständigkeit des vorhandenen Materials ließ diese Absicht bei fortschreitender Entwicklung der Aufgabe als abwegig erscheinen, zumal auch am Orgelstuhl bedeutende Veränderungen unvermeidbar waren.

Die Dynamik der Orgel ist von klassischem Aufbau; das Tutti stützt sich ausschließlich auf Rohrwerke und Mixturen, die durch prächtige Kupferprinzipale unterbaut sind. Die Disposition ist gleichzeitig reich und ungekünstelt, hinter jedem Registernamen steht ein volles Individuum, indessen keines, das nicht dem Ganzen zu dienen befähigt wäre. Die Prinzipalstimmen sind untereinander so abgestuft, daß nirgendwo gleiche Weiten auf gleiche Tonhöhen fallen. Zudem schwanken die Aufschnittsbreiten zwischen 0,24 und 0,28 des Umfangs. – Wenn als Ergebnis der Abnahmeprüfung der Beschluß gefaßt wurde, die alten Pfeifen von Oktave 4' und Oktave 2' durch neue zu ersetzen und dem Pedal eine selbständige Mixtur zu geben, so entspricht er dem Wunsch der Erbauer, den Prinzipalchor mit möglichster Reinheit und Festigkeit zu gestalten, die Orgel in vollkommener Form abzuliefern. Die alten Pfeifen finden ihre frühere Ausdrucksgrenze aufgrund schwacher Metallwandungen. Sie ertragen den Vergleich mit den neuen nicht.

Die Orgel ist mit neuen elektrisch gesteuerten Schleifladen ausgestattet. Die alten Laden Königs, die noch für Pedal und Hauptwerk bestanden, erwiesen sich bei genauerer Untersuchung als in einem bedenklichen Zustand; zudem war die Windführung in den Kanzellen mangelhaft.

Im 19. Jahrhundert hatte die Tendenz bestanden, die Windführung der Schleifladen strömungstechnisch dadurch befriedigend zu gestalten, daß man einer Taste mehrere Ventile zuwies. Bei einer elektrisch gesteuerten Orgel hätte die Anwendung dieser Konstruktion keinerlei Schwierigkeiten bereitet. Sie wurde dennoch verworfen, um die Konstruktion der beweglichen Ladenteile einfacher, zuverlässiger und in der Wirkung präziser zu lösen. – Das Bemerkenswerte bei den neuen Laden der Maximilian-Orgel ist, daß der Schritt vorwärts zur Einventiligkeit getan worden ist.

Auch die Baßlagen besitzen nur ein Ventil. So speist eine Kanzelle des Hauptwerkes nicht weniger als 18 Pfeifen, darunter zwei 16füßige Register von bedeutendem Windverbrauch. Die größte Kanzellenbreite ist nur 20 mm. Die Genauigkeit der An- und Absprache ist gemäß der Konstruktion eine äußerst befriedigende. Die tiefen Töne repetieren perlend. Die Windführung in den Laden ist durch den Einbau von sogenannten kupfernen Registerschieden so ökonomisch gestaltet, daß die Druckdifferenz in der Kanzelle zwischen Solospiel und Tutti noch nicht einmal 7 mm WS erreicht. – Die Methode der Einventiligkeit hat bei der Orgel der Maximilian-Kirche ihre Probe bestanden. Die

Laden können als ein Vorbild für den heutigen Schleifenladenbau bezeichnet werden. Die Tonbildung der Orgel, soweit sie von der Tonkanzelle abhängig oder beeinflußt ist, wird durch das Vorhandensein nur einer Kanzelle für sämtliche Stimmen eines Klavieres gefördert.

Die Haupteigenschaft der Klangfarben ist dank der Konstruktion, der Intonation und der Mensuren-Würde eine lebendige Eindringlichkeit. Die Rohrwerke rauschend, nicht hart und bollernd, sondern von einer Erschauern vermittelnden Durchsichtigkeit. Es finden sich keine lästigen Wiederholungen einzelner Klangträger: nicht zwei Trompeten gleichen einander, die Rohrflöten sind gegensätzlich, die Prinzipale an strenge Stufungen gebunden. Wenn es ein Wort gäbe, das Kraft und Mystik in einen Begriff zusammenfaßte, so müßte er als Bezeichnung des Gesamtklanges verwandt werden. Es ist ein kirchliches Instrument, in dessen funkelnde Zinnen und Abgründe der Ungeübte sich erst hineinhören muß, gewiß. Es ist gleichzeitig ein geeignetes Werkzeug, den Inhalt aller echten Orgelmusik ohne Verzerrung zu vermitteln.

Als nebenprinzipale Metallstimmen seien wegen ihrer eigenartigen Schönheit hervorgehoben: Salicet und Quintadena, beide in 8'-Tonlage; Schweizerpfeife, Spitzflöte, Violflöte und Gemshorn als Vertreter der 4'-Tonlage.

Als Material wurde für das Pfeifenwerk Eichenholz, Kupfer und Zinn verschiedener Legierungen gewählt. Die Holzpfeifen sind von kaum zu überbietender Qualität, festlich schön in der Ausführung. Bordun 16' des Pedals und des Hauptwerkes von schwerer dunkler Fülle, Holzprinzipal 8' des Positives und Pansbordun 8' des Schwellwerkes still, samten einfältig, vergleichbar dem Holzflötenklang eines Compenius; die Zimbelflöte frech und geschmeidig. Alle Holzpfeifen geben einen Ansatzton, sind niedrig und gerade geschnitten, also sprechend intoniert, sie deklamieren – ohne doch zu spucken. Diese Flöten, gemeinsam mit den tiefen Kupferpfeifen, erwecken beim Hörer den Eindruck, als ob sich inmitten der Klangfarben Schatten bilden.

Die Kupferprinzipalpfeifen stehen zumeist im Gesicht der Orgel. Ihre strenge Gliederung, ihren harmonikalen Aufbau habe ich schon hervorgehoben. Hier nur ein paar Bemerkungen über ihre Klangerzeugung: Je tiefer und weiter die einzelnen Tonerzeuger sind, desto mehr ist die Eigenakkumulation der Pfeifen in den Dienst der Intonation gestellt worden, um den Gesamtklang wohltuend und tragend zu machen, den Baß auch in gefüllter Kirche durchzusetzen. In der 2'-Tonlage und in den Mixturen erst entwickelt sich die Klangqualität zu einer gewissen Härte und Sprödigkeit, die dann den Anschluß an die Rohrwerke findet.

Das stille enge prickelnde Krummhorn ist von so meisterlichem Obertonbau, daß es noch das gesamte Flötentutti färbt. Dulzian 16' dagegen ist kühl, untergründig, im Anlaut breiter. Die Trompeten (das Regal 8' muß man hier nennen) geben dem klingenden Werk die Krönung. Sie erzeugen einen schmetternden Klang mit etwas leerem Grundton; die vollkommene Rundung erhalten sie durch das Hinzuziehen der beiden herrlichen Labialkornette. – Der eine, der alten Orgel entnommene, geht nur durchs halbe Klavier, der des Schwellwerks ist in allen Reihen bis zum tiefsten Ton ausgebaut. –

Ich habe eine Dankespflicht abzustatten. Einmal an den Kirchenvorstand und seinen Vorsitzenden, Herrn Pfarrer Dr. Wahlen, sowie an den Herrn Organisten Ingenhoven, die mir mit äußerster Bereitwilligkeit gestatteten, meine klanglichen und konstruktiven Absichten ganz zu verwirklichen; zum andern an die Firma Walcker & Cie., die ihre Erfahrung und eine ungewöhnlich schöne Arbeit in den Dienst dieser Orgel stellte. In einer mustergültigen Zusammenarbeit ist ein Werk entstanden, das nicht zu den allgemeinen zählt. Gewiß ist von dem, was Menschen tun, keine Vollkommenheit zu erwarten; aber auf dem Wege zur Vollkommenheit ist diese Orgel eine herzhafte Strecke. Sie ist eines der besten modernen Instrumente. Sie ist zukunftsweisend.

Möglicherweise wird es eine Zeit geben, die das hier vertretene Klangprinzip ablehnt. Aber sie wird den holden und festen Prinzipalklang nicht im Eigentümlichen überbieten, nicht diese unerregten, nur blasenden Flöten. Und der Gesamtaufbau ist etwas harmonisch Gefügtes.

Zum Schluß möchte ich noch einige Angaben über die Lebensdauer der Orgel machen, weil darüber im allgemeinen nur höchst unklare Vorstellungen bestehen. Die einzelnen Teile haben gemäß dem Material, aus dem sie hergestellt sind, und der Funktion, die sie ausüben, unterschiedliche Beständigkeit.

1. Die Eichenholzladen, mit Ausschluß der beweglichen Teile, Eichenholz- und Kupferpfeifen können unvermindert ein Alter von mehreren Jahrhunderten erreichen, wenn sie pflegerisch behandelt werden und die Holzteile nicht zu schlimmer Witterung ausgesetzt werden, etwa daß der Leim verdirbt oder das Holz sich wirft und verquillt.
2. Das Alter der Zinnpfeifen hängt von ihrer Größe, danach von der Festigkeit der Wandungen ab. Gute Pfeifen, und um die handelt es sich bei dieser Orgel, erreichen ebenfalls eine Lebensdauer von mehr als hundert Jahren.
3. Anders verhält es sich mit den beweglichen Teilen. Die elektrischen Kontakte sind nach drei Millionen Stromschlüssen soweit abgenutzt, daß Störungen auftreten. Die Schaltungen im Spieltisch sind leicht auszuwechseln. Elektromagnete und feine Lederteile, etwa die pneumatischen Balanciers, haben, je nach der Beanspruchung, eine Lebensdauer von 10–25 Jahren; auch diese Teile sind leicht und ohne große Kosten auswechselbar.
4. Die Magazinbälge können ein Alter von 20–40 Jahren erreichen.
5. Die Schleifen und das Leder, zwischen dem sie verwahrt sind, nutzen sich im allgemeinen nicht vor 50 Jahren ab.
6. Unerläßlich ist die dauernde gewissenhafte Pflege des Instrumentes, weil es sonst frühzeitig verfällt wie ein Haus, durch dessen Dach Regen dringt.

Wahrscheinlich hatte sich das Klangbild der Orgel so grundlegend verändert, daß die historischen Register als Fremdkörper erscheinen mußten. Im Februar 1935 wurden dann auch auf Empfehlung von H. H. Jahnn die beiden historischen Prinzipalstimmen zu 4' und 2' im Hauptwerk ausgetauscht gegen neue Register. Außerdem erhielt das Pedal eine 5fache Mixtur.

Die von Jahnn in seinem Gutachten genannte Lebensdauer von 10–25 Jahren für die Elektromagnete, Lederteile und die pneumatischen Balanciers hat sich bestätigt. Denn im Laufe der Jahre traten Störungen auf, so daß die Orgel im Jahre 1961 generell überholt werden mußte. Hierbei erhielt die Orgel dann auch wieder eine mechanische Spieltraktur.

Aber auch diese fast einem Neubau gleichkommenden Arbeiten[5] brachten keine befriedigende Lösung. 1977 stellte die Fa. Gebr. Oberlinger eine neue Orgel mit III/51 auf, dabei wurden 30 Register aus den vorangehenden Bauepochen übernommen, ebenso die mit einem neuen Unterbau versehene Gehäusefassade Königs.

---

5 Walcker-Hausmittelung Nr. 30, Januar 1963, S. 26f.

2. Abteilung

Gerd Zacher

DIE ERDICHTUNG DER ORGEL[1]

> *In dieser Zeit hat die Kunst, und die das Wort gebrauchende Dichtkunst vor allem, nur die eine Aufgabe, an der Zusammenfassung, am Blick auf das Ganze und in die Tiefe zu arbeiten.*[2]

Der Name Hans Henny Jahnn fehlt bei den Unterzeichnern der Erklärung der Deutschen Orgelbewegung vom Mai 1933. Vielleicht wurde er gar nicht gefragt, obwohl er doch als „Amtlicher Orgelsachberater" der Stadt Hamburg arbeitete. Denn in diesem Manifest heißt es:

[...] Wir lehnen es ab, daß unserem Volk eine nicht bodenständige, kosmopolitische Kunst als deutsche evangelische Kirchenmusik dargeboten wird. Wir lehnen es weiter ab, daß die [...] deutsche Orgelbaukunst durch unnatürliche Angleichung an fremdländische Erzeugnisse und Kunstanschauungen verfälscht wird [...].

Unterschrieben haben: Straube, Ramin, Mahrenholz, Söhngen, Hamel, Walcker, Schwarz, Kraft, Frotscher, Gölz, Grote, Kemper, Klotz, Distler und viele andere.[3]

Das Fehlen von Jahnns Namen ist eine Aussage auch über seine Kunst. Denn er erwähnte gerne italienische, spanische, französische, englische und niederländische Komponisten, nicht nur deutsche; so wie schon Bach sich die Mühe gemacht hatte, Abschriften von Frescobaldi, Grigny, Vivaldi und anderen anzufertigen, um daraus zu lernen.

Das Auftauchen von Namen aber, die Personen gehören, mit denen Jahnn zusammengearbeitet hatte, nun plötzlich als Unterzeichner dieses chauvinistischen Pamphlets, beweist zugleich die Isolation dessen, der weiter voraussah. Es ging ihm um das Gewinnen einer Perspektive („Blick auf das Ganze"), eben nicht um eine nationale Verengung des

---

1 Der Text wurde im Mai 1994 verfaßt. Jahnns Briefe an Walcker vom 18.4.1936 und an die Reichsschrifttumskammer vom 5.4. und vom 23.11.1938 waren mir noch nicht zugänglich. Als Dokument einer Jahn-Rezeption bleibt mein Text gültig; auch als Anregung zur fälligen Diskussion über Exil und Nürnberger Parteitags-Orgel.
2 Hans Henny Jahnn: *Aufgabe des Dichters in dieser Zeit*, 1932 – *Schriften I*, S. 801f.
3 *Musik und Musikpolitik im faschistischen Deutschland*. Hg. Heister und Klein, Frankfurt/M. 1984, S. 177 und S. 182

Blickwinkels. Und es ging ihm um die Formulierung von Grundlagen („und in die Tiefe zu arbeiten"). Das würde für die Musik heißen, daß allein das Hörbare bestimmend wirkt, die Töne, die Klänge, die Dauern, und nicht eine Ideologie.

In welchem Maße Jahnn ordnend und anregend für die Orgelmusik wirkte, läßt sich nur abschätzen, wenn man bedenkt, welche Menge an koordinierten Details überhaupt erforderlich ist, um eine gute Orgel, eben ein System, entstehen zu lassen. Er ging dabei vom gegebenen Raum aus. Streng genommen ist die Orgel nicht ein Möbel, das in den Raum gestellt wird, sondern sie ist ein Eingriff in den Charakter des Raumes, indem sie ihn zum Resonanzkörper, also zum Bestandteil der Orgel selbst, erhebt.

Es ergeben sich selbstverständliche Forderungen. Die Bauakustik sollte nicht nebensächlich behandelt werden. Bei der Planung neuer Gebäude sollten Architekt und Orgelsachberater zusammenarbeiten.[4]

Was die Zusammenstellung der Pfeifenreihen in den verschiedenen Werken der Orgel betrifft, die Disposition, so gilt heute wie vor sechzig Jahren:

Ich selbst, als einer der Urheber dieser Reform, habe sehr früh mich gegen die historische Betrachtungsweise gewendet, weil durch Nachahmen unmöglich Gesetzmäßiges sich ableiten läßt.[5]

Mit diesem Satz ist dem Orgelbau ein Horizont eröffnet, der erst heute, nach dem Abklingen einer historisierenden Epoche (worunter auch noch der moderne „romantische" Orgelbau zu rechnen ist) Unvorstellbares verheißt: nicht experimentelle Orgeln, sondern in sich stimmige, ihrem je eigenen Gesetz gehorsame Orgeln sind das Ziel, Orgeln aus einem Wurf.

Die Anwendung von Mathematik und Physik war für Jahnn selbstverständlich. Er beobachtete, daß zwischen Klängen sich etwas ereignen kann wie Trennung und Anziehung, und er sprach daraufhin von maskulinen und femininen Klängen. Diese „biologische Mathematik"[6] ist – in einer nicht bis ins Detail gehenden Entsprechung im französischen Orgelbau nie vergessen gewesen und war mit den Begriffen „plein jeu" (Prinzipale und Mixturen) gegenüber „grand jeu" (Zungen, Flöten und

---

4 Hans Henny Jahnn: Der Einfluß der Schleifenwindlade auf die Tonbildung der Orgel, In: *Schriften I*, S. 1038
5 Ebd., S. 1039
6 Ebd.

Aliquoten) benannt. Es sind die zwei sich ergänzenden Hälften der Orgel.

Die Orgel in der Hamburger Heinrich-Hertz-Schule zeigt in ihrer Trittanlage über der Pedalklaviatur die vielfältigen Möglichkeiten des Ineinandergreifens beider Chöre und ihrer Auswahlbesetzungen. In den Schaltungen widerspiegelt sich ein ganzes Denksystem synthetischer Klangerzeugung dermaßen klar und zwingend, daß viele Organisten davor ausweichend kapitulieren, weil sie sich nie Gedanken über dergleichen gemacht haben. Eine überzeugende Ordnung der Klangfarben ist aber ein Kunstwerk, welches sich zwischen der Notenvorlage und dem Instrument im Zusammentreffen beider ereignet und eben auch für sich allein gültig sein kann und seine eigene Schönheit hat.

Eine weitere Dimension tut sich auf, wenn an die Maße der Pfeifenreihen gedacht wird, die Mensuren und ihre Verläufe.

Die einer Pfeifenreihe zugedachten Maße sollen die Emissionswerte des von ihr erzeugten Klanges regulieren. Die Größen von Schärfe, Kraft und Fülle. Dazu die Lagerung der Obertöne.[7]

Jahnn erfindet auf diesem Gebiet sensible Kurven, die in polyphoner Musik ein interessantes unerwartetes Resultat hervorbringen: in jeder einzelnen Stimme – Sopran, Alt, Tenor, Baß – wird erkennbar, wann sie sich in ihrer Mittellage befindet oder sich in höhere oder tiefere Lagen begibt. So verwandelt sich ein Tenor häufig in einen Alt oder auch in einen Baß, sei es sprungweise, sei es schrittweise. Daß diese Stimmführung so gehört werden kann, ist ein Verdienst der Kurvenmensur, vor allem aber der sinnvollen Beziehungen, welche alle Höhenlagen miteinander aufrecht erhalten. Die letzte Auswirkung des Phänomens ist diese, daß lange Zeit auf einer und derselben Registrierung gespielt werden kann, ohne daß ein Wunsch nach Abwechslung in der Registrierung auftaucht. Denn die Klangfarbe wechselt ja in der Tat andauernd nach Maßgabe der sich bewegenden Stimmen. Diese Zeitkomponente aber ist eine eminent musikalische Errungenschaft, die viel zu wenig bewußt geworden ist. Sie hat mit Proportionen zu tun: mit klangräumlichen und zeitlichen an jenem Punkt, wo Tonhöhe und Tondauer untrennbar sind im fertigen Kunstwerk. Was Jahnn entdeckte, beruht auf einer intimen Kenntnis polyphoner Musik – mit einer prophetischen Komponente bis weit in die serielle Technik hinein.

---

7 Ebd., S. 1040

Hans Henny Jahnn 1931 bei der Prüfung einer Orgelpfeife. Süddeutscher Verlag, Bilderdienst.

Wie die Tätigkeit der Blasebälge Beziehungen zum Atmen aufweist, so findet sich leicht für das Zentralorgan der Orgel (das sind die Laden) die Bezeichnung Herz. Sie sind regulierend und ausscheidend, ein Konstruktionsglied, das vollkommen intakt sein muß. Von diesen gewaltigen Werkzeugen hängt der Klang der Pfeife in viel weitgehenderem Maße ab als man gemeinhin einräumen will.[8]

Die Windversorgung der Orgel und die davon abhängigen Ansprachevorgänge der Pfeifen hat Jahnn durch seine Arbeit überhaupt erst wieder zum Thema gemacht.

Hier ist deutlich geworden, daß die Orgel ein Blasinstrument ist und nicht nur ein mit Händen und Füßen traktiertes Klavier, welches verlängerte Töne besitzt. Wenn in der Orgelmusik nach dem Tode Jahnns die Ansprachevorgänge der Pfeifen und der Windverlauf im Inneren der Orgel vom Gebiet des Instrumentenbaues (für das der „Orgelmacher" zuständig ist, wie Arnolt Schlick ihn 1511 im *Spiegel der Orgelmacher und Organisten* nennt) auf dem Gebiet der Interpretation (das heute dem „Organisten", der anderen Hälfte des ursprünglichen Berufs, gehört) hinüberwechseln, wie es in Stücken von Allende-Blin, Cage, Kagel, Ligeti, Schnebel und anderen zu finden ist, so wäre auch dies ohne seine Vorarbeit undenkbar geblieben. Das Entstehen und Vergehen der Töne wird jetzt vernommen und erlebt.

Bei vielen Errungenschaften des heutigen Orgelbaues sind seine klaren Anregungen – oftmals ohne Namensnennung und erst nach jener geraumen Zeit, welche ein Verstehensprozeß beansprucht – aufgenommen worden. „Es war nicht als Lehre genommen worden, daß ein so großer Meister wie Cavaillé-Coll an der Schleifenwindlade festhielt".[9] Mit diesem Satz vom Jahre 1931 drückt Jahnn das Gegenteil dessen aus, was die Deutsche Orgelbewegung in ihrer Erklärung vom Jahre 1933 unterschrieb. Exil drohte und nicht bloß, wie im Werbeprospekt von Hoffmann und Campe, Herbst '94, zu lesen steht: „März 1934 Umzug nach Bornholm, 1950 Rückkehr nach Hamburg".

Es kam so weit, daß 1935 Mensuren von Jahnn auf dem Reichsparteitag in Nürnberg (auf dem die Rassegesetze verkündet wurden) erklangen, weil der Orgelbaumeister Walcker schnellstens eine Orgel liefern wollte und einfach eine nahm, die er gerade fertig dastehen hatte: die Orgel für die Martin-Luther-Gedächtnis-Kirche in Berlin-Mariendorf. In den Kopien aus dem zugehörigen Walckerschen Opus-

---

8 Ebd., S. 1040
9 Ebd., S. 1042

buch/AW steht an die zehnmal der Vermerk (und die jeweilige Kurvennotiz): „Mensur Jahnn".[10]

---

10 Matthias W. Dworzack: *Eine Orgel auf Reisen*. Staatsexamensarbeit Folkwang-Hochschule, Essen 1989, S. 129

Wolfgang Stockmeier

JAHNN-MARGINALIEN

Was mir zuerst in die Augen sprang, als ich die Hans-Henny-Jahnn-Orgel der Heinrich-Hertz-Schule kennenlernte, war die Einteilung der Register in männliche und weibliche. Ein Anlaß zur Verwunderung war dies freilich nicht, eher eine Bestätigung der Folgerichtigkeit des Jahnnschen Denkens: er hatte die Orgel in sein weitgehend erotisch bestimmtes Weltbild einbezogen.

Orgelbau ist etwas Komplexes, zugleich Kunst und Handwerk. Für den künstlerischen Parameter in ihm gilt, was Jahnn in der *Niederschrift des Gustav Anias Horn* so formulierte: „Kunst wächst auf dem Felde des Eros; darum einzig haftet ihr die Schönheit an." Und wenn er in der Einleitung zur *Spur des dunklen Engels* von der Liebe als der „einzigen echten Macht dieser Welt" spricht, so sieht man ihn in naher Verwandtschaft mit Hamsun, Gustafsson, Lo-Johansson, Lawrence, von denen ihn zwar der Stil unterscheidet, mit denen er aber die Besessenheit teilt.

Doch zurück zu den männlichen und weiblichen, den Manao- und Sofia-Registern. Männlich sind die Prinzipale. Ihnen gesellen sich innerhalb der eigenen Gruppe

Quintaden, harte Rohrflöten, überblasende Register, Rohrwerke bestimmter Artung. Dieser Klangwelt, die in sich schon reich und wandlungsfähig ist, gehören vor allem auch die vielchörigen Mixturen an, die engmensurierten, zimbelartigen, das Klirrende, Schellenartige. Der männlichen Gruppe gegenüber steht die weibliche, mit diesem Prädikat bezeichnet auf Grund assoziativer Vorstellungen (*Das moderne Instrument*).

Dem Begriff „weiblich" assoziiert Jahnn Duft, Milde, Weichheit, Fülle, – Eigenschaften, die er bei weitmensurierten Nachthörnern, Gemshörnern, Blockflöten, Sifflöten, Koppelflöten findet.

*

Daß das Neuartige ein relativer Begriff ist, wird dadurch evident, daß eine Disposition wie die der Jahnn-Orgel in der Heinrich-Hertz-Schule heute nicht ungewöhnlich ist. Die hier disponierten Register (nicht die Mensuren!) sind mit geringen Abweichungen und Umstellungen in fast jeder mittelgroßen Orgel seit der Orgelbewegung vorhanden. Für die Zeit Jahnns war allerdings eine solche an alten Vorbildern orientierte

Orgel schockierend neu. Mit Recht nennt Rüdiger Wagner in seinem Jahnn-Buch ihn deshalb einen „Revolutionär der Umkehr".

Die Klassifizierung in männliche und weibliche Register ist zeit- und kulturraumbedingt und subjektiv. Sie sagt über den Registerbestand nichts aus, nur über eine Möglichkeit der Registergruppenbildung. Gewiß gibt es viele Frauen (und Männer), die das Weiche, Milde, Füllige als Charakteristikum des Weiblichen scharf ablehnen und infolgedessen Register mit ganz anderen Klangqualitäten weiblich nennen würden. Oder: in einer Gesellschaft, in der das Matriarchat herrscht – gesetzt den Fall, es gäbe dort Orgeln –, wären zweifellos die Prinzipale keine männlichen Register.

Eine kleine Unstimmigkeit macht mir zu schaffen: die von Jahn als weiblich bezeichnete Sifflöte ist zwar weit, aber nicht weich, milde und duftig. Er selbst nennt sie an anderer Stelle (*Registernamen und ihr Inhalt*) „etwas frech"; und wieder an anderer Stelle (*Monographie der Rohrflöte*) gilt Frechheit als männlich.

Und noch etwas: leider weicht Jahn die ansonsten recht klare Unterscheidung männlich – weiblich dadurch auf, daß er bestimmte Register „androgyn" nennt (Rohrflöte, Quintade und Koppelflöte) und sie sowohl für den männlichen wie auch für den weiblichen Bereich reklamiert. –

Was das Pedal betrifft, so hat die von Jahn wiederholt empfohlene Teilung in eine Baß- und eine Diskanthälfte so gut wie keine Folgen gehabt. Der Grund hierfür liegt in dem Mangel an Literatur, für die ein geteiltes Pedal unverzichtbar wäre. Was sich für das Improvisieren als reizvoll erweisen könnte, ist angesichts der vorhandenen Kompositionen unrealistisch.

*

Eine Besonderheit der Hamburger Jahn-Orgel sind die berühmten und meist mit einem Gruselgefühl vom Spieler zur Kenntnis genommenen „18 Tritte". Es handelt sich hierbei um kühn erdachte komplizierte Spielhilfen im Sinne von sehr speziell weiterentwickelten Festen Kombinationen. In ihrer Art repräsentieren diese Tritte einen für ihre Entstehungszeit hochbedeutsamen Versuch, die Orgel registriertechnisch „in den Griff" zu bekommen. In unserer Computerzeit könnte freilich an die Stelle des ausgeklügelten und schwer zu handhabenden Jahnnschen Systems eine leicht zu bedienende Setzeranlage treten, die alle Funktionen der 18 Tritte und noch unzählige andere zu übernehmen imstande wäre. Immerhin will es mir wie ein technisches Wunder erscheinen, daß es gelungen ist, die 18 Tritte zu rekonstruieren und sowohl funktionsfähig wie auch durch geeignete Signale kontrollierbar zu machen.

*

Für welche Musik baute Jahnn seine Orgeln? In erster Linie offensichtlich für die alten Meister, unter denen Vincent Lübeck für ihn an erster Stelle steht („der unbestechlichste, der reinste Vertreter einer abstrakten Musik"), gefolgt von Scheidt, Buxtehude, Sweelinck. Zu Bach hatte er ein gespaltenes Verhältnis. Seine Musik „ist fast nur schwarz, so dicht voll Schwärze, so voller Mühe, daß sie manchmal nicht ertragbar scheint."

Dabei verwundert indessen, daß die von Jahnn zutiefst geliebten Fugen von Yngve Jan Trede sich mehrfach an der „*Kunst der Fuge*" orientieren. Und immerhin kann Jahnn es nicht ertragen, „daß man über ihn (Bach) spricht, als käme er nicht weiter in Betracht."

Von Musikern nach Buxtehude finden nur Mozart und Carl Nielsen seine Bewunderung. Zwei Nicht-Orgelkomponisten werden von ihm gelegentlich erwähnt: Beethoven und Wagner. Beethoven ist „in manchen Werken banal und merkwürdig unecht"; Wagner stößt bei ihm auf völlige Ablehnung.

Jahnns Äußerungen über Musik sind die eines konservativ eingestellten Menschen. (Auch seine Sprache meidet ja das Experiment, wiewohl ihre Inhalte an Kühnheit nicht überboten werden können.)

Die Musik seit Bach nun hat nicht viel Besseres getan als die Sprachmittel der Musik zu verwirren, ihre kultische Handlung (Haltung?) zu zerschlagen, sie gleichzustellen mit der babylonischen Verwirrung, die bereits in der Wortsprache, in den Gedanken der anderen Künste herrschte (*Bemerkungen zur kultischen Musik*). Das Unsinnige hat sogar den Reiz der Neuheit [...] Die Tradition allein kann die plumpesten Torheiten verhindern. [...] Am Ende kommt es in der Musik, wie überall in der Kunst, auf die Einfachheit, auf die Einfalt an. (*Niederschrift*)

*

Einer besonderen Untersuchung wert wären die verstreuten Registrierangaben Jahnns. So liest man beispielsweise im *Pastor Ephraim Magnus* diese Regieanweisung (2. Teil, 6. Szene):

Abenddämmerung. Die Tür zum Dom steht offen. Es wird Orgelmusik gehört. J. S. Bach: Konzert aus C-Dur, Solo. (Flauto major 16', Prinzipal 8', doppelchörige Flöte 8', Zinken 4'.)

So hat zu gewissen Zeiten Straube registriert, dessen Orgelspiel Jahnn schätzte...

*

Orgel und Orgelmusik stellen die Verbindung zwischen Gott und Mensch her, Orgelmusik macht das Numinose sinnlich erfahrbar. Das ist der offenbar vom Pietismus beeinflußte „neue Glaube", von dem in dem Jugenddrama *Revolution* die Rede ist. „Aus dem Empfinden heraus soll man den Glauben bauen", heißt es da. Und: „Man hört die vollen Klänge der Orgel, die wie von Engeln getragen werden, man fühlt das Walten des Lebens."

Eine merkwürdige Übereinstimmung besteht zwischen solchen jugendlichen Formulierungen und einem der Grundgedanken der 1953 posthum erschienenen Ästhetik des Philosophen Nicolai Hartmann: in den tiefsten Tiefenschichten wahrhaft großer Kunst wird Weltanschaulich-Transzendentes vernehmbar – freilich nur für den, der die Voraussetzungen für solches Vernehmen mitbringt. – Und noch ein weiterer Autor sei hier zitiert: Albert Schweitzer, der in seinem Bach-Buch schreibt:

Die musikalische Empfänglichkeit ist bis zu einem gewissen Grade ein Vermögen der Tonvision, welcher Art sie nun sei [...] Man bringe die Hörer doch einmal dazu, sich Rechenschaft davon zu geben, worin das Weihevolle bestand, das sie bei den Klängen eines Werkes von Palestrina überfiel [...] Jedes künstlerische Empfangen ist ein Tun. Das künstlerische Schaffen ist nur ein besonderer Fall des künstlerischen Verhaltens dem Sein gegenüber.

*

Der folgende Satz aus dem Drama *Die Trümmer des Gewissens* mit allen seinen denkbaren Perspektiven ist nach meinem Verständnis der Schlüssel zum gesamten Wirken Hans Henny Jahnns: „Das Variantenbedürfnis, eingezwängt durch konservative Gesetze – das ist die Idee aller Formen."

Uwe Schweikert

„ORGELBAUER BIN ICH AUCH"

Die Bedeutung der Orgel für die Ästhetik und das literarische Werk Hans Henny Jahnns[1]

Orgelbauer bin ich auch[2] Mit dieser Überschriftsfanfare präsentierte sich Hans Henny Jahnn im Juni 1927 seinen Lesern, die ihn nur als Schriftsteller, als Verfasser skandalträchtiger Dramen wie *Pastor Ephraim Magnus, Die Krönung Richards III.* oder *Medea* kannten. Es ist dies die erste von zahlreichen selbstbiographischen Inszenierungen, in denen er mit melancholischem Nachdruck auf der schöpferischen Einheit von scheinbar so entgegengesetzten Tätigkeiten wie Literatur und Orgelbau beharrte. Seine Gegner handhaben den tabuverletzenden Schriftsteller Jahnn als brauchbare Waffe gegen den Orgelbauer Jahnn, so daß selbst der ihm durchaus gewogene, einflußreiche Leipziger Thomaskantor Karl Straube einmal schreiben konnte: „Der Schriftsteller Jahnn schmeißt dem Orgelbauer Jahnn allerdings Knüppel zwischen die Beine."[3] Über die Motivation dieser für einen Dichter der Moderne jedenfalls einzigartigen Doppelbegabung lesen wir in der schon erwähnten autobiographischen Skizze: „Der metaphysische Realismus der Orgel hat mich angetrieben, Orgelbauer zu sein."[4] Zwei einander sich ausschließende Richtungen der Weltbewältigung, Metaphysik und Realismus faßt Jahnn hier zu einem schlagenden Begriff zusammen. Leib und

---

1 Bei diesem Text handelt es sich um eine für den Druck durchgesehene Fassung des Festvortrags, der am 25.9.1991 in der Heinrich-Hertz-Schule Hamburg aus Anlaß der Wiedereinweihung der restaurierten Hans-Henny-Jahnn-Orgel in der ehemaligen Lichtwarkschule gehalten wurde. Ich danke Ulrich Bitz und Sandra Hiemer für wesentliche Anregungen. Jahnn wird nach der Hamburger Ausgabe seiner Werke in Einzelbänden zitiert. Dabei bedeuten: *„Essays I/II"* = Hans Henny Jahnn: *Schriften zur Kunst, Literatur und Politik*. Erster Teil/Zweiter Teil. Hg. v. Ulrich Bitz und Uwe Schweikert. Hamburg 1991. *„Perrudja"* = Hans Henny Jahnn: *Perrudja*. Hg. v. Gerd Rupprecht. Hamburg 1985.
2 Essays I, S. 577: *Orgelbauer bin ich auch*
3 Essays II, S. 1149 (Anmerkungen zu *Monographie der Rohrflöte*)
4 Essays I, S. 578: *Orgelbauer bin ich auch*

Seele, Handwerk und Kunst, Tat und Gedanke wiederzuvereinigen und damit, die Arbeitsteilung zwischen Geist und Körper überwindend, der Schöpfung zu dienen: darauf zielte sein Denken und Handeln seit seiner Rückkehr aus dem norwegischen Exil im Winter 1918.

Die um die Niederelbe gelegene Landschaft, in der Jahnn aufwuchs, ist Orgelland. Es gibt wenige Landstriche in Deutschland, die, übervoll gedrängt bis in die kleinsten Dörfer, so viele Orgelwerke von hervorragendem Klang beherbergen wie die Gegend zwischen Hamburg und Cuxhaven. Namen wie Altenbruch, Langenwarden, Lüdingworth, Neuenfelde und Stade mögen die Fülle andeuten. Ob schon der heranwachsende Jahnn sich zu diesen Orgeln hingezogen fühlte – wir wissen es nicht. Als Orgelbauer ist er Autodidakt, weder familiär belastet noch handwerklich vorgebildet. Nach eigener Auskunft hat er sich seine Kenntnisse während des norwegischen Exils anhand einschlägiger Fachliteratur selbst beigebracht. Wahrscheinlich wurde sein Interesse an dem königlichen Instrument durch jene Bauphantasien geweckt, die dann 1919 in die Gründung der neuheidnischen Glaubensgemeinde Ugrino mündeten. Ihr Ziel war die Wiederheiligung des Daseins: „eine Kultur neu zu schaffen, einen Glauben aufzurichten", wie es in der Ugrino-„Verfassung" heißt.[5]

Die überlieferten Bauzeichnungen und Beschreibungen dieser megalomanen Sepulkralarchitektur, die nach Jahnns und seiner Mitverschworenen Willen am Nordrand der Lüneburger Heide errichtet werden sollte, lassen früh die herausgehobene Bedeutung der Orgel erkennen. Nicht weniger als elf Orgeln, dazu zahlreiche Hilfsorgeln und Positive waren allein für die zentrale Kultstätte Ugrinos vorgesehen[6] und bereits über Disposition und Mensurierung bis zum Entwurf der Spieltische und Prospekte in der Planung gediehen.

„Als ein fernes Symbol für den Orgelbau" – so schließt Jahnns erste, 1922 veröffentlichte Orgelschrift –

steht mir die Stufenpyramide des Imhotep zu Sakkara. Was dort Stein ist, was in den Knaben der sixtinischen Kapelle Leib und Leiber, was in den Glasmosaiken mittelalterlicher Dome Farbe und Farben sind, das soll am Instrument der Orgel der irdische Körper von Klang und Klängen sein – Stimmen wie die Stimmen der Gebärde aus einem Menschen, und dann doch ein Chor, wie hundert Gebärden ein Ziel werden [...][7]

---

5 Essays I, S. 54: *Verfassung und Satzung der Glaubensgemeinde Ugrino*
6 Essays I, S. 454: *Die Orgel und die Mixtur ihres Klanges*
7 Ebd., S. 469f.

Jahnns Vorstellung von der Orgel und ihrer Disposition erwächst aus dem Ugrino-Gedanken, dessen reinste, vollkommenste Verwirklichung sie darstellt. Der soeben zitierten Aufsatz aus dem Jahre 1922 eröffnet das programmatische, auch später niemals zurückgenomme, gar revidierte Bekenntnis:

> Ich fasse die Orgel als ein Instrument zur Hervorbringung musikalischer Klänge auf, die als irdischer Leib die Seele ewiger Musiken aufnehmen sollen. Die Musik, der ich sie untergeordnet fühle, ist sich Selbstzweck, ist kultisch; deshalb ist der Platz einer Orgel an einer Kultstätte zu denken.[8]

Die Orgel als irdischer Leib göttlicher Musiken – auch dieses Bild beschwört die Faltnaht von Mensch und Kosmos, von Realismus und Metaphysik. Erklingen auf diesem Kultinstrument sollte nicht länger der Orgelschwulst des spätromantischen Subjektivismus – Widor, César Franck, Reger –, gar dem Gemeindegesang nachklappende Gebetsübungen, sondern die strenge, tiefsinnige abstrakte Polyphonie: Musik von Sweelinck, Scheidt, Lübeck, Buxtehude, aber auch der geistesverwandten Cabézon, Merulo, Frescobaldi und, nicht zuletzt, Johann Sebastian Bach – der „schwarze" Bach der Toccaten und Fugen. Es sind jene von der Ugrino-„Verfassung" für kanonisch, für zeitlos gültig erklärten Meister. Ihre Werke ins Bewußtsein der Öffentlichkeit zu tragen, hatte sich der Ugrino-Verlag seit 1921 zur Aufgabe gesetzt; dem gleichen Zweck dienten auch die in den Jahren 1922 bis 1925 veranstalteten Ugrino-Konzerte, zumeist mit Günther Ramin an der Hamburger Jacobi-Orgel Arp Schnitgers. Nach Jahnns Überzeugung war der industrialisierte Orgelbau für musikalische Zwecke unbrauchbar und einzig die Erhaltung der alten, frühbarocken Orgeln im Verein mit einer Reform des Orgelbaus ließ für die Zukunft eine Änderung erhoffen. Jahnns Ziel war aber nicht die sklavische Nachahmung, sondern der schöpferische Weiterbau: „Anknüpfen an Höhepunkte, an eine Entwicklung, die nie zu Ende kam, um fortzuschreiten, im Gegensatz zum Sichverlieren an Schwächlichem" – wie er 1928 forderte.[9]

Jahnns Vorliebe für die Polyphonie – und hier wieder die der wortlosen Orgel – entspricht keiner arbiträren Geschmackswillkür. Sie fügt sich vielmehr ein in ein archaisches Denken im Spannungsfeld von magischer Kosmologie, kultischer Resakralisierung und einer unbeschönigten Anatomie des Leibes. Nicht zufällig steht im Mittelpunkt des Ugri-

---

8 Ebd., S. 437 u. ä. S. 550: *Die Orgel*
9 Essays I, S. 975f.: *Neue Wege der Orgel*

no-Ritus neben der Grablegung das Orgelspiel. Nicht im Wort – „Das Wort kann den Menschen nicht trösten, nicht einen", lesen wir in einem Text[10] aus dem Jahre 1924 –: Nicht im Wort, sondern in der wortlosen Tröstung, in der Gebärde der Musik hätte sich die religiöse Handlung der Glaubensgemeinde Ugrino verwirklichen sollen. Daß Jahnn auf heftigen Widerstand stieß, als er diese Kunstreligion mit seiner Orgeltheorie in die evangelische Kirche hineintrug, kann kaum verwundern.

Zwei Richtungen stoßen in Jahnns Bild von der Orgel, wie er es bis 1925 entfaltet, zusammen: die Metaphysik einer Weltanschauung und das Vorhandensein real erklingender kultisch-gegenchristlicher Musik. Die Metaphysik suchte nach einer irdischen Verkörperung, einem geheiligten Beispiel ihrer Verwandlung in Materie; die musikalische Polyphonie suchte nach der Möglichkeit ihrer klingenden Realisierung. Beides fand Jahnn in der Arp Schnitger-Orgel der Hamburger Jacobi-Kirche. Er setzte sich für die Restaurierung dieses kostbaren Orgelwerks ein – nicht um es museal zu verklären, sondern um die hier gewonnenen handwerklich-praktischen Erkenntnisse für eine umfassende Orgelreform fruchtbar zu machen. „Erinnerung reicht bis in die Zukunft", war seine Überzeugung.

Im selben Jahr 1922 lernte er die Freiburger Praetorius-Orgel kennen. Mit dieser von Wilibald Gurlitt und Oscar Walcker nach den schriftlichen Vorstellungen von Michael Praetorius' *Syntagma Musicum* entworfenen Orgel war die Lebensfähigkeit der frühbarocken Orgel bewiesen. Jahnn ist auf den bereits in voller Fahrt befindlichen Zug der Orgelreformbewegung aufgesprungen. Aber er hat sich – um im Bild zu bleiben – nicht lange mit der Rolle des Passagiers begnügt, sondern bald das Kommando übernommen. Die Restaurierung der Jacobi-Orgel seit 1923, die Hamburg-Lübecker-Orgeltagung 1925, die experimentellen Versuche im Rahmen des deutschen Orgelrats und die Bestallung zum amtlichen Orgelsachverständigen der Freien- und Hansestadt Hamburg, beides seit 1931, bezeichnen dabei nur die äußerlichen Stationen einer inneren Karriere, an deren Ende Jahnn über hundert Orgeln im In- und Ausland renoviert oder neukonstruiert hatte. 1933, mit der Machtübernahme des Nationalsozialismus, wurde dieses Wirken in Deutschland abgeschnitten. Damit war die eigentliche Orgelbauperiode im Leben Jahnns zu Ende, auch wenn er auf Bornholm als Berater weiter in den Diensten der Kopenhagener Firma Frobenius stand und sogar nach

---

10 Essays I, S. 124: *Ugrino*

seiner Rückkehr nach Hamburg noch in den fünfziger Jahren gelegentlich wieder als Orgelbauer in Tätigkeit trat. Die Orgelreform – so lautet das bittere Fazit seines letzten, 1955 erschienenen Orgelaufsatzes – hielt er für gescheitert.

Woher nun bezog dieser Außenseiter ohne handwerkliche Schulung oder Vorbildung die Kraft und die Überzeugung seines Wirkens? Er bezog sie aus denselben Vorstellungen, die auch seiner Theorie einer „monumentalen Baukunst"[11] zugrundeliegen, die das tragende Fundament des Ugrino-Gedankens bildet. Jahnn war Metaphysiker durch den Stoff. Sein kosmologisches Weltbild ist dem magischen Denken der alten Kulturen des Zweistromlandes und Ägyptens und damit einer sakralen Mathematik verpflichtet. Die „heiligen Zahlen", so lesen wir in einem Aufsatz aus dem Jahre 1925,

> sind lebendige Faktoren, Gesetze, die tief in nahezu alle Erscheinungen eingreifen, die also aus dem Kontur der Schöpfung herausgelesen, abgeleitet wurden. Sie sind der kürzeste Ausdruck eines ästhetischen Geheimnisses.[12]

Jahnn übertrug die aus der Zahl als Symbol des Schöpfungsprinzips abgeleitete mathematische Proportionenlehre von der Baukunst auf die Orgel. Sowohl in der Disposition der Orgel wie in der technischen Berechnung der Mensuren folgte er den Maßeinheiten von 3, 5 und 7. In diesen rhythmischen, ganzzahligen Verhältnissen sah er den Schlüssel zur Orgelreform – eine Überzeugung, die ihm nicht zuletzt den entschiedensten Widerstand, den schärfsten Spott seiner Gegner eintrug.

Zusammenfassend läßt sich sagen, daß die Orgel zunächst nur ein allerdings wesentlicher Baustein im Gebäude der Ugrino-Idee gewesen ist. Erst mit dem faktischen Ende der überdimensionierten Bau-Pläne, das durch die Inflation nur beschleunigt, nicht ursächlich herbeigeführt wurde, beginnt der Orgelpublizist, der Orgelbauer Jahnn in den traditionellen Orgelbereich, die Kirchen, hineinzuwirken. Den Wendepunkt brachte die erste deutsche Organistentagung, die im Juli 1925 auf Einladung Jahnns und seines Weggefährten Gottlieb Harms in Hamburg und Lübeck stattfand. Schlag auf Schlag setzte er jetzt in die Tat um, was in den Jahren zuvor, vorbereitet durch die in Zusammenarbeit mit Harms durchgeführten akustischen Studien, in der Stille theoretisch herangereift war. Technisch gesprochen heißen die Stichworte von Jahnns neuem Klangideal: nicht-barocke Manualtypisierung, natürliche Men-

---

11 Essays I, S. 213f.: *Einige Elementarsätze der monumentalen Baukunst*
12 Essays I, S. 543: *Die Orgel*

surierung, Schleifenwindlade, mechanische Traktur, Unterscheidung männlicher und weiblicher Stimmregister. Sein Ziel: eine Dispositionsreform nicht allein auf der Grundlage technischer Voraussetzungen, sondern aufgrund ästhetischer und das meint musikalischer Wirkungsabsichten und ewiger Gesetze im Kosmos. Jahnn hat diesen Gestaltzusammenhang der Schöpfungstotalität in der Nachfolge Keplers als „harmonikal" bezeichnet. „Es gibt", schreibt er 1933,

> für die Orgelreform aus dem Geist der Harmonik keine Brücke hinüber zur rationalen Befassung mit der Orgel, deren Ziele eine außerhalb der Kunst liegende Ökonomie ist. Denn auf der Seite der Reform, wir wollen es gewiß nur selten aussprechen, handelt es sich um so etwas wie die Restitution der Seele. Und damit um einen Antrag an die schaffenden und nicht abhandelbaren Kräfte in der Vergangenheit, im Jetzt und in der Zukunft.[13]

Die Faltnaht von Metaphysik und Realismus in Jahnns Orgeltheorie möchte ich wenigstens an einem technischen Detail verdeutlichen. Die von Jahnn bekämpfte moderne Orgel seiner Zeit bediente sich zur Auslösung des Tons der automatischen Traktur. Jahnn hingegen beharrte mit missionarischem Eifer auf der alten, mechanischen Traktur. Dieser Rückgriff geschah aus klanglichen Erwägungen, aber auch aus einer grundsätzlichen Überzeugung. Die Traktur, also die Verbindung der Taste zum Ton, ist gewissermaßen die Schnittstelle von Mensch und Maschine, von Leib und Ton. Die Hand überträgt den die Musik auslösenden seelischen Impuls auf das akustische Ereignis ‚Ton'. Auf dieses haptische Tasterlebnis, in seinen Worten: „den Kontakt der Seele mit Tonstoff und Sinnlichkeit", aber kam es Jahnn gerade an: „Der intakte Finger fühlt, will fühlen, was das Ventil tut. Das Gefühl geht erst verloren, wenn die Leitung zum Gehirn vergröbert ist."[14]

Welche Rolle nun spielt die Orgel im literarischen Schaffen Jahnns? Statt einer glossierenden Aufzählung orgeltypischer Details oder gar der allegorisierenden Deutung etwa der Romane *Perrudja* und *Fluß ohne Ufer* als einem Orgelbau möchte ich den Blick exemplarisch auf einen überschaubaren Textausschnitt richten. Es handelt sich um das Kapitel „Ein Knabe weint" aus dem 1929 erschienenen *Perrudja*, das Rüdiger Wagner als Jahnns „Parabel von der Orgel" bezeichnet hat.[15]

---

13 Essays I, S. 1071: *Probleme der Orgelbewegung*
14 Essays I, S. 997: *Die Orgelreform und ihre Annexe*
15 *Perrudja*, S. 98-110: „Ein Knabe weint" – Wenigstens darauf hingewiesen sei, daß dieser Text noch eine weitere Dimension im Werk Jahnns vertritt, den Humor. Als Ernst Kreuder ihm diesen absprechen wollte, entgegnete Jahnn in seinem Brief vom

Wir befinden uns auf einem Rummelplatz in Oslo. In dessen Zentrum steht „ein Prachtbau, eine Art Wunderwerk der Ingenieurkunst": nämlich ein Karussell. Auf seiner Vorderseite – und darauf lenkt Jahnn die Leserinnen und Leser –

> stand ein Orchestrion, eine mechanische Orgel von auffallender Größe. Sie füllte die Höhlung des hölzernen Berges eigentlich aus. Sie tönte. War verpackt in einem eigens für ihre Ausmaße zugeschnittenen geschlossenen Wagen, von dem man eine Längswand fortgenommen, daß man das Werk sehen und hören konnte.

‚Sehen' und ‚hören' – die beiden scheinbar so selbstverständlichen Sinneswahrnehmungen strukturieren im weiteren Bewegung und Perspektive des Textes. Aus dem bunten Treiben der Jahrmarktsbesucher, der frommen Familien wie der frivolen Burschen und Mädchen, läßt Jahnn einen Knaben „im Alter zwischen zwölf und dreizehn Jahren" hervortreten. Magisch – „unberührt, recht allein", sagt der Text – wird er von der automatischen Orgel angezogen:

> Und er sah: Daß ein Mechanismus von sinnverwirrender Kompliziertheit Kraft unbegreiflicher Mittel sich zu gewissen Betätigungen und Verrichtungen herbeiließ, die dazu angetan waren, höchste Bewunderung, darüber hinaus ergreifende Gedanken zu erwecken.

Der Text nun versucht, mit den Augen und Ohren des Knaben das Geheimnis des Instruments zu enthüllen. Erst sehend, dann hörend will dieser Halbwüchsige in den Leib der Töne eindringen. Dabei werden seine stets erneuten Um- und Einkreisungen jedesmal durch das Verb „sehen"[16] signalisiert. Als er das Wunderwerk mit den Augen gleichsam abgetastet hat, ohne dessen Sinn zu begreifen, gibt er sich ganz den Vorgängen des Klanges hin. Nun beginnt er in mehrfachen Ansätzen zu „hören". Und

> (Hörbar) wurde: Was ausdrückt, daß er die Gegenwart der vorausgegangenen Funktion in ihrer Übersetzung durch die Töne, hervorgerufen durch das perforierte Pappband, bedingt durch die Mittel (den Wind, was er nicht wußte), angestellt durch das Innerste

---

20.12.1949: „Zwar – mein letztes Werk, die *Niederschrift des Gustav Anias Horn*, ist so sehr durch Auswegslosigkeit beeinflußt, daß der Humor gestorben scheint. Im *Holzschiff* fließt er noch reichlich, und weniger Literaturbeflissene habe ich herzhaft über Paul Raffzahn lachen hören, dessen Gehalt an Humor nicht mit dem Namen erschöpft ist. – Blättert man indessen einmal im ‚Perrudja', so findet man ohne große Schwierigkeiten das Kapitel *Marmaladenesser* und den Schluß von *Ein Knabe weint*. Es ist doch wohl nicht gut möglich, alle die aufmarschierenden Heiligen bierernst zu nehmen. Oder sollte ich mich so schlecht, so unvollkommen ausgedrückt haben?"

16 Vgl. auch Essays I, S. 734f.: *Glossen zum Schicksal gegenwärtiger Dichtkunst*

(Herz), gegründet auf etwas noch Höheres (Geist des Menschen, des Erfinders), angetrieben durch ein Weltgesetz (das neidlos in Gott gesucht werden konnte) hörte.

(Auch hier, in Parenthese gesagt, wirkt die Pyramidenstruktur des Orgelbaus.) Die Musik bringt den Knaben schließlich zum Weinen. Und auf die Frage eines Vorübergehenden: „Worüber weinst du?" kann er nur antworten: „Ich weiß es nicht." Der abschließende Text löst das Fragezeichen nicht auf. Er inszeniert nur das bunte Gewirr der Menschen und ihrer Irritationen, die Fragen der Vorübergehenden und ihre banal abgleitenden Erklärungen.

Warum weint der Knabe? In dem Knaben und dem automatischen Orchestrion begegnen sich das jugendliche Genie und die Maschine. Erinnern wir uns, welche Bedeutung Jahn der mechanischen Traktur, d. h. der Schnittstelle von Mensch und Technik in seiner Orgeltheorie gegeben hat. Musik entsteht aus den Fingerspitzen des Spielers. Der Körper vermittelt zwischen der akustischen Technik – das griechische techné bedeutet: Handwerk – und dem Leib des Tones. Als konservativer Revolutionär lehnte Jahn jede fabrikmäßige Elektrifizierung des Orgeltones ab. „Die unbeherrschte Kraft eines Orchestrions" – schreibt er 1927 in dem Aufsatz „Betrachtungen über alte Orgeldispositionen" – „ist eines Instruments für die Hände nicht nur unwürdig, sondern ihm auch ungemäß."[17] Die automatische Orgel besitzt keine Tastatur und damit wird auch der Körper überflüssig, der sie anschlägt; der Ton wird allein von der seelenlosen Mechanik erzeugt. Die Verführungskraft, die Verführungsmacht der Töne bleibt aber dennoch bestehen. In einem erst aus dem Nachlaß veröffentlichten Aufsatz aus den früheren dreißiger Jahren über die automatische Orgel erwähnt Jahn den melancholischen Reiz, der von dieser Jahrmarktsmusik ausgeht, so daß „das gefestigste Gemüt von Schwermut und Sehnsucht befallen wird."[18] Die Wirkung der Musik läßt sich mit Worten nicht fassen; sie fließt in eine Gebärde – das Weinen. Hin- und hergerissen zwischen der prometheischen Scham über die Erniedrigung der göttlichen Musik zur Maschine und dem tönenden Abglanz eines Schöpfungsbildes ergreift den Knaben eine namenlose Empfindung: er weint. Jahn, ganz in den Spuren des Harmonikers Hans Kayser, der den Vorrang des Hörens als letzte, höchste Stufe vor die Erkenntnis gesetzt hat[19], gestaltet in seiner Parabel von der

---

17 Essays I, S. 957: *Betrachtungen über alte Orgeldispositionen*
18 Essays I, S. 1065: *Die automatische Orgel – und das Tasteninstrument*
19 Essays II, S. 1170 (Anmerkungen zu *Probleme der Orgelbewegung*)

Orgel eine Vermenschlichung des Abstrakten. Der hörende Mensch aber ist der Harmoniker. Er ist – und mit diesem Zitat Hans Kaysers möchte ich schließen –

ergriffen von dem Gedanken, daß Mensch und Weltall in tönender Beziehung stehen, daß alles einen klanglichen, also seelisch faßbaren Sinn habe, daß Freude und Schmerz, mit dem uns das Schicksal nun einmal behaftet hat, auch aus dem Stein, der Pflanze, dem Tier und jenem wunderbaren Melos spricht, welches wir in unserer eigenen Brust empfinden. Es ist dies ein Gedanke, der nur ein einziges Mal festen Fuß gefaßt haben muß, um uns einen vollen Strom jener inneren Gewißheit, jener sinnhaften Ordnung zu schenken, mit der die Schöpfung von Anfang an begabt wurde.[20]

---

20 Essays I, S. 1069: *Probleme der Orgelbewegung*

3. Abteilung

Uwe Schweikert

„ICH HATTE EINE GENAUE VORSTELLUNG VON ‚MEINER' MUSIK"

Jahnn als Komponist[1]

Am 4.8.1940 schreibt Jahnn an die damals auf Bornholm lebende und mit ihm befreundete ungarische Jüdin Judit Kárász:

> Ich habe soeben drei Sätze eines Kammerkonzertes von Stravinski gehört. Etwas sehr Schönes. Sehr viel Lehrmeister Bach darin, Anklänge an Themen von ihm, nur natürlicher im Tonfall, zeitgemäßer. Ich verfiel in eine Art Trübsinn. Das hätte ich auch erreichen können, wenn ich statt Schreiberei + Orgelbau den Kontrapunkt zu meinem Tummelplatz gemacht hätte. Noch in Norwegen hätte ich jenen Schritt tun können. Zu spät, zu spät. – Ich hätte nie die Einfalt eines Nielsen bekommen können, nichts jenes unermeßliches Nehmens aus der Schöpfung, das ihm, Mozart, Buxtehude, und wenn Du so willst, unendlich verdichtet, auch Josquin gegeben war. Es würde nur etwas kristallisches, etwas Konstruktives, Eisiges geworden sein, nur wenige warme Strecken, eher klangliche Wunder der Farben, kühne Instrumentierungen. – Das, was ich dem Orgelbau gegeben habe. Den unbekannten und unerkannten Irrgarten geblasener Tonfarben. – Das einzige, was ich gekonnt habe, was ich, vor ein paar Jahrzehnten, mir so genau, so beharrlich vorgestellt habe, daß ich es in Zahlen, wie in einer Notenschrift einfangen konnte.

Mit diesem Bekenntnis äußert Jahnn sich zum erstenmal in solcher Ausführlichkeit über seine jugendlichen Kompositionsversuche. Einerseits spricht aus den Zeilen der Stolz, es Strawinsky und seinem Kammerkonzert *Dumbarton Oaks* gleichgetan haben zu können. Andererseits die weise Selbsterkenntnis, daß Musik sich für ihn in Zahlenverhältnissen, in Dispositionsanordnungen und Mensurberechnungen abstrakt erdachter Orgeln ausdrückt, die dann die Notenschrift der schöpferischen Genies zum Klingen bringen. Später sollte er oftmals in Briefen und dann immer im Tonfall melancholischer Depressivität auf diese verpaßte, ja verspielte Chance zurückkommen. So heißt es etwa am 27.7.1949 in

---

[1] Jahnns kompositorische Hinterlassenschaft befindet sich im Besitz von Yngve Jan Trede, dem ich für Einblick, Kopien und Diskussion danke. – Jahnns Werke sind nach den Bänden der *Hamburger Ausgabe*, die Briefe jedoch nur mit Angabe des Adressaten und Datums zitiert.

einem Brief an Hasso von Veltheim-Ostrau: „Ich bin Schriftsteller und mißtraue dem Wort in so hohem Maße, daß ich mich noch immer verfluche, daß ich in meiner Jugend das Komponieren aufgegeben habe." Und am 7.5.1958 gesteht Jahnn Peter Suhrkamp: „Ich hätte Musiker, soll heißen: Komponist werden können. Meine erste Emigration versetzte meine Absichten."

Als Jahnn im Sommer 1940 die Zeilen an Judit Kárász schrieb, war er gerade dabei, eine Arbeit wiederaufzunehmen, die er um die Jahreswende 1936/1937 begonnen hatte und an der er seit Anfang 1939 so gut wie nicht mehr vorangekommen war: *Die Niederschrift des Gustav Anias Horn nachdem er neunundvierzig Jahre alt geworden war*, den gewaltigen Mittelteil der Romantrilogie *Fluß ohne Ufer*. Horn ist Komponist, und in seinen Heften läßt er den Leser nicht nur an seiner musikalischen Bildungsgeschichte und an seinen ästhetischen Überzeugungen, sondern auch an der Entstehungsgeschichte seiner Werke, vor allem der Ode-Symphonie *Das Unausweichliche*, teilnehmen. Jahnns Erinnerung an seine eigenen jugendlichen Kompositionsversuche fällt nicht zufällig mit der literarischen Arbeit zusammen. Der Ton, in dem er hier an Judit Kárász schreibt, scheint geradezu der Vorstellungswelt seines Romans, ja dem sprachlichen Gestus seines schreibenden Romanhelden entlehnt.

Zahlreiche Quellenfunde und Recherchen, die im Rahmen der Vorbereitung der *Hamburger Ausgabe* in den letzten Jahren gemacht wurden, haben die Vermutung bestätigt, daß in Jahnns Hauptwerk *Fluß ohne Ufer* so gut wie nichts erfunden ist. Alle personalen Konstellationen, alle Realien sind aus dem Leben gegriffen oder aus literarischen Quellen gezogen, und die Musik, die Horn komponiert, ja die Tatsache, daß er überhaupt komponiert, macht davon keine Ausnahme.

Mit Musik-, mit Notenzitaten arbeitete Jahnn seit seiner Jugend. In den Dramen *Pastor Ephraim Magnus, Die Krönung Richards III.* und *Der Arzt/Sein Weib/Sein Sohn* erklingt, sei es durch Regieanweisung oder als Notenzitat, Musik von Bach, Arnolt Schlick, Francesco da Milano und Jan Pieterszoon Sweelinck. Bei dem in *Anne Wolter*[2] zitierten „Adagio" handelt es sich um einen kleinen Satz für Flöte und Laute, den Gottlieb Harms in Aurland komponiert hat und der dem Brief an Friedrich Lorenz Jürgensen vom 12.12.1915 beilag: „Man kann es gut

---

2 *Frühe Schriften*, S. 841f.

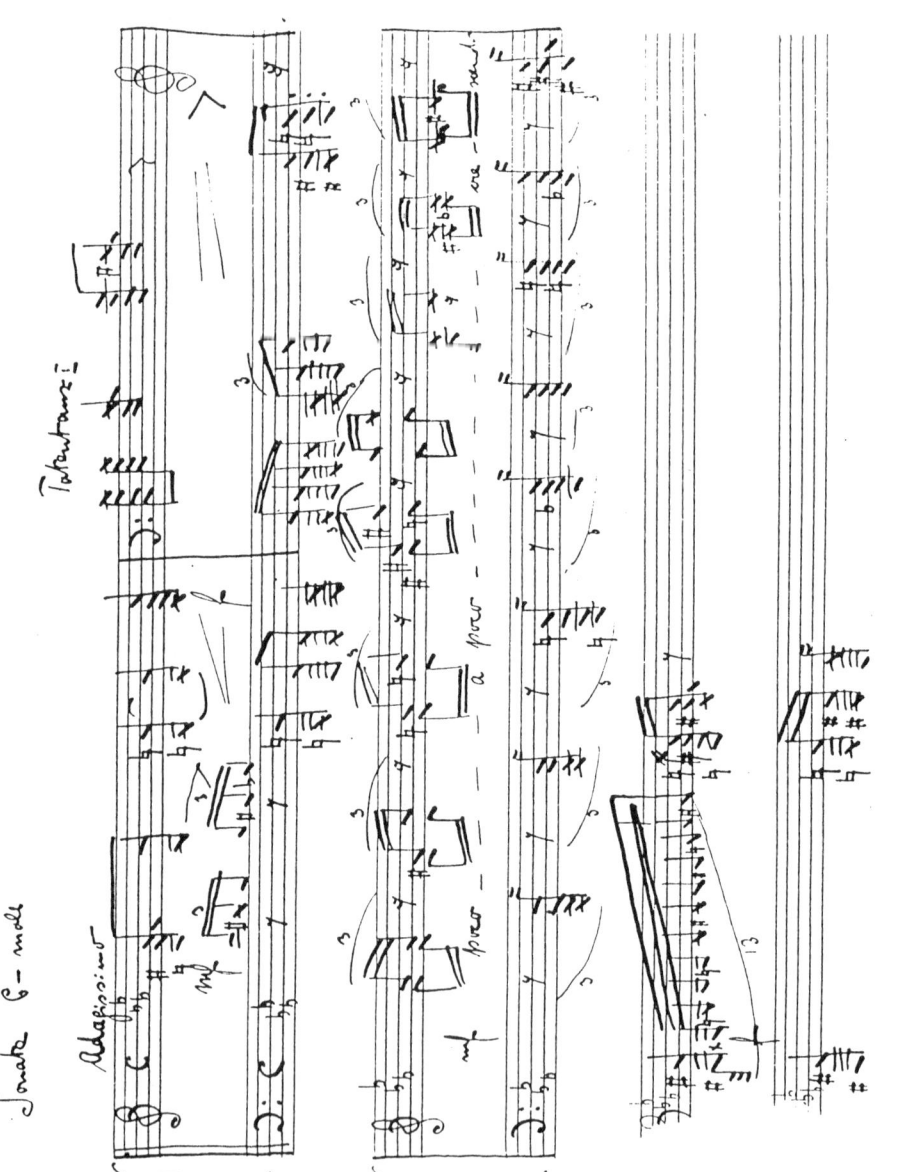

Faksimile einer Komposition Jahnns

zu Weihnachten spielen." Notenzitate eigener oder fremder Kompositionen – Milano, Janequin, Scheidt, Mozart, Yngve Jan Trede – enthalten auch die Romane *Perrudja* und *Fluß ohne Ufer*. Die zahlreichen Noteneinsprengsel in dem Drama *Straßenecke* evozieren einerseits Alltagsgeräusche, dienen andererseits aber auch der rhythmischen Akzentuierung der in diesem Stück praktizierten Montagetechnik. Und die volksliedhaften, wohl von Jahnn selbst herrührenden Strophen in *Armut Reichtum Mensch und Tier* besitzen quasidialogische Funktion. Für das Jugenddrama *Hans Heinrich* schließlich hat er ein eigenes Orgelstück komponiert, dem sich ein kurzer vierstimmiger Chorsatz anschließt.[3]

Am bedeutungsvollsten in ihrem Verweischarakter sind die Notenzitate in der *Niederschrift*. Jahnn läßt den Tagebuch schreibenden Horn dort aus seinen eigenen jugendlichen Kompositionsversuchen zitieren. Die jugendlichen Tagebücher und die Briefe aus Norwegen allerdings, in denen die literarische Beschäftigung und vor allem dann die Bauphantasien einen breiten Raum einnehmen, schweigen sich über diese musikalische Beschäftigung fast völlig aus. Mit Jahnns Vorbildung – im Abiturzeugnis hatte er im Fach Singen die Note Gut – kann es nicht weit her gewesen sein. Walter Muschg gegenüber berichtete er 1933:

Meine musikalische Ausbildung bestand in dem rechten und schlechten Klavierunterricht, den man mir als Junge erteilen ließ. Ich fing aber früh an, frei zu phantasieren, zum Entsetzen aller Hausbewohner, für die das keine Musik mehr war. Dennoch lag dieses Phantasieren wohl doch schon in der Richtung, in der ich es später übte [...] Harms war ein ganz großartiger, ja genialer Lautenspieler. Ich hatte eine berühmte Spezialität: ich konnte die Charaktereigenschaften der Menschen auf dem Klavier darstellen. Ich war übrigens imstande, nach einem gegebenen Thema eine Fuge zu improvisieren. In Aurland komponierte ich viel; als wir es für immer verließen, schrieb ich meine Fuge auf den Abschied von Norwegen.

Harms' Lautenspiel ist vielfach in den Tagebüchern und Briefen Jahnns bezeugt. Ein erhaltenes Notenheft enthält sechs Kompositionen von Harms, entstanden im Sommer 1915 in Eckel sowie im Herbst/Winter 1915 in Aurland – durchweg Lautenstücke, deren Melodiestimme mit einfachen Akkorden ausharmonisiert ist und die keinerlei besondere erfinderische Begabung verraten. Vergleichsweise am originellsten ist noch ein „Praeludium", das Jahnn am 8./9.9.1915 brieflich gegenüber Jürgensen erwähnt: „Ich glaube, daß er es den Wellen abgelauscht hat."

Epoche im Leben der beiden Freunde machte dagegen ein Zufallsfund: der 1891 von Oscar Chilesotti bei Breitkopf & Haertel herausge-

---

3 *Frühe Schriften*, S. 929ff.

gebene Band *Lautenspieler des XVI. Jahrhunderts. Ein Beitrag zur Erkenntnis des Ursprungs der modernen Tonkunst.* Am 10.6.1916 berichtete Jahnn darüber an Jürgensen: „Und dann haben wir ein Lautenbuch aus dem 15. Jahrhundert aufgetrieben. Ich habe einige Sätze auf dem Flügel gespielt. Sie sind köstlich." In dieser Sammlung lernte er Francesco da Milanos *Canzon de li uccelli*, eine Lautenbearbeitung von Clément Janequins *Le chant des oiseaux* kennen. Diese musikalische Imitation von Vogelstimmen erwähnt Jahnn erstmals in seiner Tragödie *Die Krönung Richard III.* Noch in der *Niederschrift* sollte sie die Anregung zur sprachlichen Inszenierung eines musikalisch imaginierten Naturbildes geben.

Jahnn hat Harms' Lautenspiel bewundert. Der um ein Jahr ältere Freund, der zudem Flöte und Violine spielte und, dem Zeugnis Margarete Möcklis zufolge, auch eine schöne Stimme besaß, jedenfalls dürfte er es gewesen sein, der mit seiner Vorliebe für die ältere Musik Jahnn beeinflußte. Jahnns Interessen und Visionen galten in erster Linie der Architektur und der Literatur, später der Orgel. Harms' Anteil am Orgelbau und an den Orgelaktivitäten läßt sich heute nur noch schwer abschätzen; immerhin deutet eine Erfindung wie die „Harmslade" darauf hin, daß er nicht gar so gering gewesen sein kann, wie Jahnn ihn nach dem Tode des Freundes hinstellte. Der Ugrino Verlag mit seinen vorbildlichen Gesamtausgaben der Werke von Vincent Lübeck, Samuel Scheidt und Dietrich Buxtehude war die Schöpfung und bis zu seinem Tod im Februar 1931 auch die Arbeit Harms'.

Die Anregung zum Komponieren kam von Jürgensen und nicht von Harms, wie Jahnn 1933 Walter Muschg berichtete: „Wir spielten uns langsam auf Klavier und Geige ein, er regte mich an, zu komponieren, da er mich für begabt dazu halte. Damals habe ich meine erste Komposition geschrieben." Jahnn hat Friedrich Lorenz Jürgensen (1878–1934), der Violine spielte und dessen Eltern mit Brahms befreundet waren, 1913 kennengelernt. Man wird also seine ersten Kompositionsversuche in die Zeit vor der Ausreise nach Norwegen und in die norwegischen Jahre setzen dürfen – eine Annahme, die durch zahlreiche briefliche Äußerungen aus den 40er und 50er Jahren bestätigt wird.

Die ersten Noten im Tagebuch, ein *Lied der Isolde*, finden sich unter der Eintragung vom 31.5.1914.[4] Die textlose Vertonung bezieht sich auf Ernst Hardts Drama *Tantris der Narr*, das zu den Lieblingsbüchern

---

4 *Frühe Schriften*, S. 294

des jungen Jahnn gehörte. Aus dem Lied der Isolde, das dort den 1. Akt eröffnet, hatte er in der Eintragung vom 24.5. bereits einige Verse zitiert. Unter dem 3.10. desselben Jahres sind zwei Takte eines *Andante* verzeichnet.[5] Und schließlich trägt er am 26.12.1914 ein, daß er Harms „eine Stelle aus dem Hans Heinrich spielte".[6] Es ist verlockend, damit jene Musik zu identifizieren, die er selbst zu seiner Tragödie *Hans Heinrich* schrieb, an der er seit 1913 arbeitete. Die Komposition ist in einem Notenheft mit der Aufschrift „Hans Jahn" überliefert. Der für die Orgel bestimmte Satz – später tritt für vier Takte ein vierstimmiger Chor hinzu – ist ganz und gar klavieristisch erfunden, homophon und besteht über weite Strecken aus einer unisonen Stimmführung in Oktavverdopplungen – Musik, wie sie jedem Klavierschüler einfällt, wenn er zu komponieren anfängt. Kontrapunktik ist nicht einmal im Ansatz vorhanden, so daß uns hier wahrscheinlich einer der frühesten musikalischen Entwürfe Jahnns vorliegt.

Die übrigen Kompositionsskizzen hat Jahn in einem „Zeichenblock für höhere Schulen" gesammelt und diesen mit der Aufschrift „Notenmanuskriptheft Henny Jahn" versehen. Sie zerfallen in zwei Gruppen: polyphone Instrumentalskizzen zumeist für Klavier oder Orgel und die Knabenkanons aus dem *Gilgamesch-Epos*. Im einzelnen handelt es sich um folgende Stücke:

1) Sonate c-moll für Klavier (18 Bll.)
2) Organo: Präludium con fuga (10 Bll.)
3) Passacaglio [für Orgel] (6 Bll.)
4) Adagio [Zwei Ansätze] (3 Bll.)
5) Invention für Violine und Klavier ex F^b, bezeichnet: H.J. [Zwei Ansätze] (4 Bll.)
6) Toccata ex f^b manualiter / Toccata ex f^b Fuga à 3 (6 Bll.)
7) Fuga à 2 Andante (2 Bll.)
8) Messe ex C „Gott ich ruf zu Dir" (2 Bll.)
9) Präludium. Im Zeitmaß wechselnd [für Orgel] (2 Bll.)[7]
10) Allegretto [für Klavier] (1 Bl.)
11) Fuga (2. Bll.)
12) Fuga all'Unisono (1 Bl.)
13) Fuga à 4 [für Orgel] (2 Bll.)

---

5 *Frühe Schriften*, S. 360
6 *Frühe Schriften*, S. 387
7 Vielleicht identisch mit dem im Brief an F. L. Jürgensen (31.10.1916) erwähnten „Präludium für Orgel mit obligatem Pedal."

Hinzu kommen weitere kürzere oder nicht näher zu bestimmende Entwürfe, ferner Abschriften (Aria *Was wölln wir auf den Abend tun?*; *Präludium. Un poco Andante* für Flöte und Harfe von Harms; der Orgelchoral *Warum betrübst Du Dich, mein Herz* von Johann Christoph Friedrich Bach?) und Bearbeitungen (*Es saß ein Käterlin auf dem Dach. Melodie 1615* für Singstimme, Positiv und Gambe; *Salve regina, Ad te clamamus, Eja ergo advocata* aus Arnolt Schlicks *Tabulaturen uff die Orgeln*, 1512, *Fürs Positiv gesetzt*).

Mit Ausnahme der Abschriften und Bearbeitungen, die wohl zum häuslichen Musizieren vorgenommen wurden und damit wahrscheinlich erst nach 1918 entstanden sein dürften, gehören die übrigen Kompositionsskizzen alle den Jahren 1914–1918 an. Dem Jahnn-Leser begegnen dabei auch zwei Themen, die er als Notenzitate aus der *Niederschrift* bereits kennt. Das Thema der *Fuga à 2 Andante*, eine erregt abfallende Sechzehntelbewegung in Des-dur, beschließt das *April*-Kapitel.[8] Und gegen Ende des *Juni*-Kapitels sind vier Takte einer langsamen, melodischen Abwärtsbewegung eingeschaltet, von der es heißt: „Statt einer Antwort begann er [Tutein] zu flöten."[9] Es ist das Thema der auf zwei Systemen für Orgel entworfenen *Fuga à 4*.

Bei allen diesen Kompositionsskizzen handelt es sich fast durchweg um Entwürfe oder Fragmente, die abbrechen. Und viele davon sind so unspezifisch oder unausgereift, daß sie die Intention nicht einmal erkennen lassen. Als Satz-, als Formbezeichnungen treten auf: Fuga, Präludium, Phantasia, Passacaglio, Kanon, Invention, Toccata, Pedalübung, Aria – also Begriffe, die auf barocke Stilvorbilder hinweisen. Die Tonsprache ist dennoch vielfach ganz unbarock und eindeutig von den spätromantischen Tendenzen einer ausgeweiteten Tonalität geprägt. Noch während der Überfahrt nach Norwegen trägt Jahnn am 8.8.1915 in sein Tagebuch ein, was ihn in diesen Momenten der geglückten Flucht aus Deutschland bewegt:

Ich habe dann auch wohl ein wenig Klavier gespielt; aber ich wüßte nicht zu sagen was, ich hatte den Wunsch, Tongebilde chromatisch aufzubauen – aber er war zu schwach, im Vergleich zu dem Gefühl des Gleitens.[10]

Wenige der jugendlichen Kompositionsversuche Jahnns heben sich durch Ausarbeitung, Umfang und Anspruch von der Masse der Skizzen

---

8 *Fluß ohne Ufer I*, S. 775
9 *Fluß ohne Ufer I*, S. 980f.
10 *Frühe Schriften*, S. 427

ab. An erster Stelle muß hier die Sonate c-moll für Klavier genannt werden. Von den vier Sätzen / Tempobezeichnungen (Adagissimo/Largo-Andante/Allegretto/Adagio con Fuga grave) liegt allein der vierte in einer Art Reinschrift vor, an deren Ende das Wort „Finis" steht. Entwurfs- und Notatblätter lassen den mühevollen Entstehungsprozeß dieses einzigen vollendeten Satzes unter allen polyphonen Kompositionsskizzen erkennen. Jahnn hat auf einem der Studienblätter zunächst nur die Themeneinsätze der Oberstimme entworfen – ein Verfahren, das sich auch bei den meisten anderen seiner Skizzen beobachten läßt. Er hat die Abfolge der Fugeneinsätze also in ihrem linearen Verlauf festzulegen versucht und dann erst den vertikalen Zusammenklang der Stimmen koordiniert. Insgesamt ist die Fuge nicht ohne Geschick gearbeitet. Was dem Komponisten Jahnn offensichtlich fehlte, war die souveräne Beherrschung der polyphonen Form, also der Gleichzeitigkeit des Nacheinander. Wer Jahnns Wertschätzung der Barockpolyphonie kennt, wird überdies von der ausgesprochen spätromantischen Harmonik überrascht sein.

Dies gilt mehr noch für den Entwurf des 1. Satzes *Adagissimo*, der schon nach ein paar Takten abbricht. Hier ist der Regersche, auf das Klavier übertragene Orgelstil nicht fern oder, wenn man noch abschätziger sein will, Saint-Saëns' *Danse macabre* – viele Noten, aber wenig Musik! Den Jahnn-Leser, den Jahnn-Kenner wird bei diesem Blatt natürlich am meisten die programmatische Überschrift *Totentanz I* interessieren. Offensichtlich wollte Jahnn mit dieser Klaviersonate einen musikalischen Totentanz komponieren – deswegen der gleichsam illustrative Ansatz des Adagissimo. Wenn man weiß, wie sehr Jahnn später jede Form von Programm-Musik abgelehnt hat, kann man nur überrascht sein. Jedenfalls ist es nicht möglich, von den beiden Sätzen der *Totentanz*-Sonate, die noch durch zwei weitere Satzentwürfe ergänzt werden, eine Brücke zum 1931 geschriebenen *Neuen Lübecker Totentanz* zu schlagen, dessen zeitgenössische Vorbilder eher das epische Sprechtheater Brechts oder das neusachlich-oratorische Musiktheater Strawinskys, Hindemiths und Weills sind. Angeregt ist die *Totentanz*-Sonate sicher durch die Begegnung mit dem gemalten alten Totentanz in der Lübecker Marienkirche, den Jahnn und Harms im Januar 1915 sahen. Gesteigert wurde der Eindruck, den die Bilder hervorriefen, noch durch das Orgelspiel in der Kirche: „Wie sich die Töne und Akkorde mächtig auseinanderlösen. Ich möchte Worte finden, um zu sagen, was

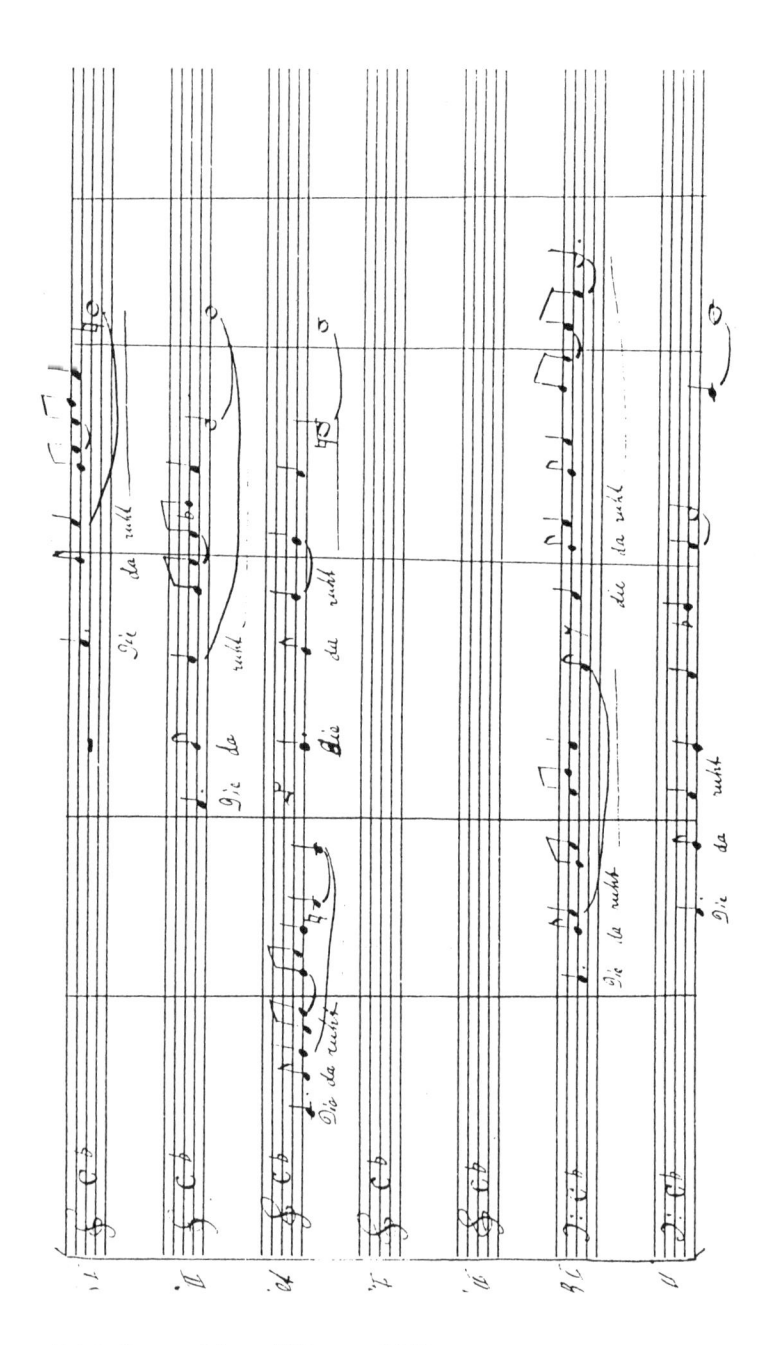

Faksimiles aus Jahnns "Gilgamesch"-Vertonung

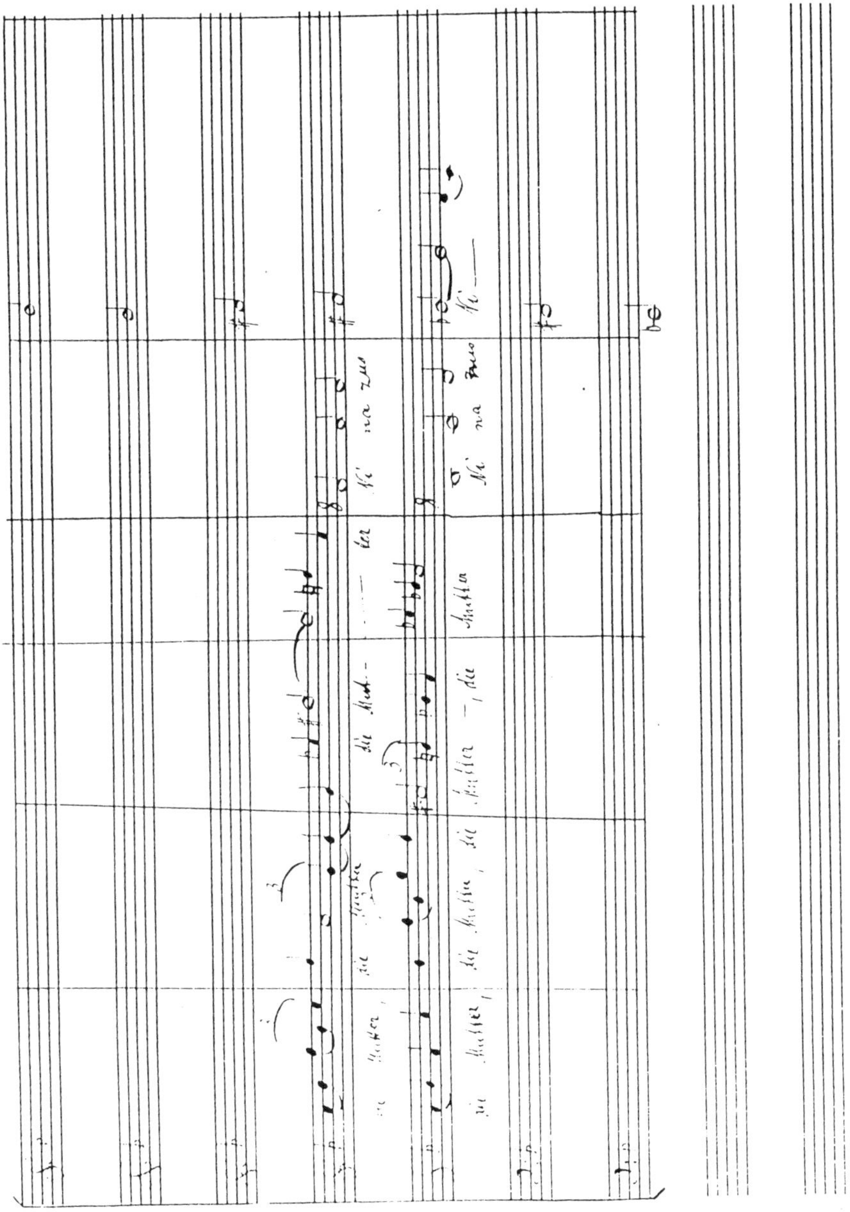

sie sangen; aber ich kann es nicht. Ich müßte Noten schreiben."[11] Jahnn hat sich mit dem Erlebnis der Lübecker Totentanzkapelle zweimal auseinandergesetzt: musikalisch in der *Totentanz*-Sonate, literarisch in der „Totentanz"-Szene des wohl im Juni 1915 begonnenen Dramas *Die Mauer*. Möglicherweise stehen die beiden so unterschiedlichen künstlerischen Gestaltungen des Stoffes sogar in einem inneren Zusammenhang.

Unter den übrigen Kompositionsskizzen ist noch das Fragment einer „Passacaglio" für Orgel erwähnenswert. Als Yngve Jan Trede 1950 den ersten Teil der „Niederschrift des Gustav Anias Horn" las, komponierte er nach den musikalischen Auslassungen des Romans eine Passacaglia. „Dies Werk nun" – schreibt Jahnn am 19.5.1950 an Gustaf Gründgens – „gleicht formal dem meinen, das ich vor 35 Jahren schrieb, beladen mit allen kanonischen Kunststücken, die ein so verrückter Geist, wie ich es bin, erfinden kann."

Nicht erst kompositorische Details der Themenerfindung, Stimmführung und Ausarbeitung, allein schon Unsicherheiten und Unklarheiten wie fragliche Akzidentien, un- oder mißverständliche Auflösungszeichen und fehlerhafte harmonische Schritte weisen darauf hin, daß der Autor dieser Kompositionsskizzen kein ausgebildeter Musiker und auch kein versierter Notenschreiber gewesen sein kann. Jahnn hatte nur den üblichen Klavierunterricht, darüberhinaus aber keine weitere musikalische Ausbildung erhalten. Wie als Orgelbauer und Architekt war er auch als Komponist Autodidakt. Er verachtete die Schul- und Hochschulbildung. Was er konnte, hatte er sich alles selbst beigebracht. Bezeichnenderweise findet sich unter seinen hinterlassenen Notenmanuskripten auch ein Zeugnis seines Selbststudiums, ein kleines Notenheft von der Größe eines Vokabelheftes mit der Aufschrift „Nach Sweelingks Kompositionsregeln". Die ersten neun Seiten sind mit einfachen Harmonieübungen beschriftet. Diese Sweelinck zugeschriebenen Kompositionsregeln, die auf Gioseffo Zarlinos *Istitutioni Harmoniche* zurückgehen, sind in Handschriften seiner Schüler überliefert, u. a. durch die beiden Hamburger Organisten Matthias Weckmann und Jan Adam Reincken. Jahnn dürfte sie aus dem Abdruck im 10. Band der von Max Seiffert herausgegebenen alten Sweelinck-Gesamtausgabe gekannt haben.

---

11 12.1.1915 – *Frühe Schriften*, S. 407

Am Ende seiner musikalischen Bildungsgeschichte schreibt Horn in seiner Niederschrift:

> Ich hatte gelernt, musikalische Gedanken zu formen, zu erweitern, zu verflechten. Ich kannte die Logik der Harmonie [...] Ich beherrschte das Handwerkszeug des Kontrapunktes. Der musikalische Satz bedeutete mir nur dann eine Mühsal, wenn meine Gedanken und Einfälle die Regel sprengten, wenn die Stimmen und Vorstellungen aus meiner Verwirrung und Unzulänglichkeit kamen, wenn ich an den Grenzen meiner eingeborenen Maße und meiner Erlebnismöglichkeiten war.[12]

Der Komponist Jahnn konnte, im Unterschied zum Dichter gleichen Namens, solches von sich nicht behaupten.

Nach dem Tod und der Mumifizierung seines Freundes Tutein in der Teakholztruhe nimmt Horn die Arbeit an seiner großen Ode-Symphonie *Das Unausweichliche* wieder auf:

> Gewiß strömten musikalische Gedanken auf mich ein, die ganz in Trauer getaucht waren. Ich schrieb sie nieder, ordnete sie; wie große schwarze Gestalten voller Stimme kamen sie mir entgegen. Aber ich bezwang mich. Ich weigerte mich, die große Form mit diesem Gut zu füllen. Damals schon lag die Zeit hinter mir, wo ich die Tafeln des Gilgamesch-Epos hatte durchkomponieren wollen. Ich war an dieser Aufgabe gescheitert.[13]

Der Komponist, der das Gilgamesch-Epos durchkomponieren wollte und daran scheiterte, war Jahnn selbst. Und wie der fiktive Horn die Bruchstücke seines Unterfangens in die Symphonie hinüberrettete, so Jahnn die seinen in das Textgefüge des Romans.

Das altbabylonische Gedicht von Gilgamesch und seinem Freund Engidu, der ihm im Tode vorausgeht, war Jahnns Lieblingsbuch. Kein anderes literarisches Buch aus seiner einstigen Bibliothek wirkt so zerlesen oder ist auf ähnliche Weise mit Notaten versehen, wie der 1921 in der Reihe „Religiöse Stimmen der Völker" erschienene und von Arthur Ungnad übertragene Band *Die Religion der Babylonier und Assyrer*. Jahnn hat das Gedicht mit hoher Wahrscheinlichkeit erst aus dieser Neuübersetzung und nicht bereits durch die 1911 von Ungnad übersetzte und von Hugo Gressmann erläuterte wissenschaftliche Einzelausgabe des *Gilgamesch-Epos* kennengelernt. Er erwähnt das Epos erstmals in seinem 1916 in Norwegen begonnenen Romanfragment *Ugrino und Ingrabanien*, an dem er nachweislich noch in den zwanziger Jahren gearbeitet hat. Er zitiert dort im vorletzten Kapitel *Der Traum* aus

---

12 *Fluß ohne Ufer I*, S. 770
13 *Fluß ohne Ufer II*, S. 221

Faksimiles aus Jahnns "Gilgamesch"-Vertonung

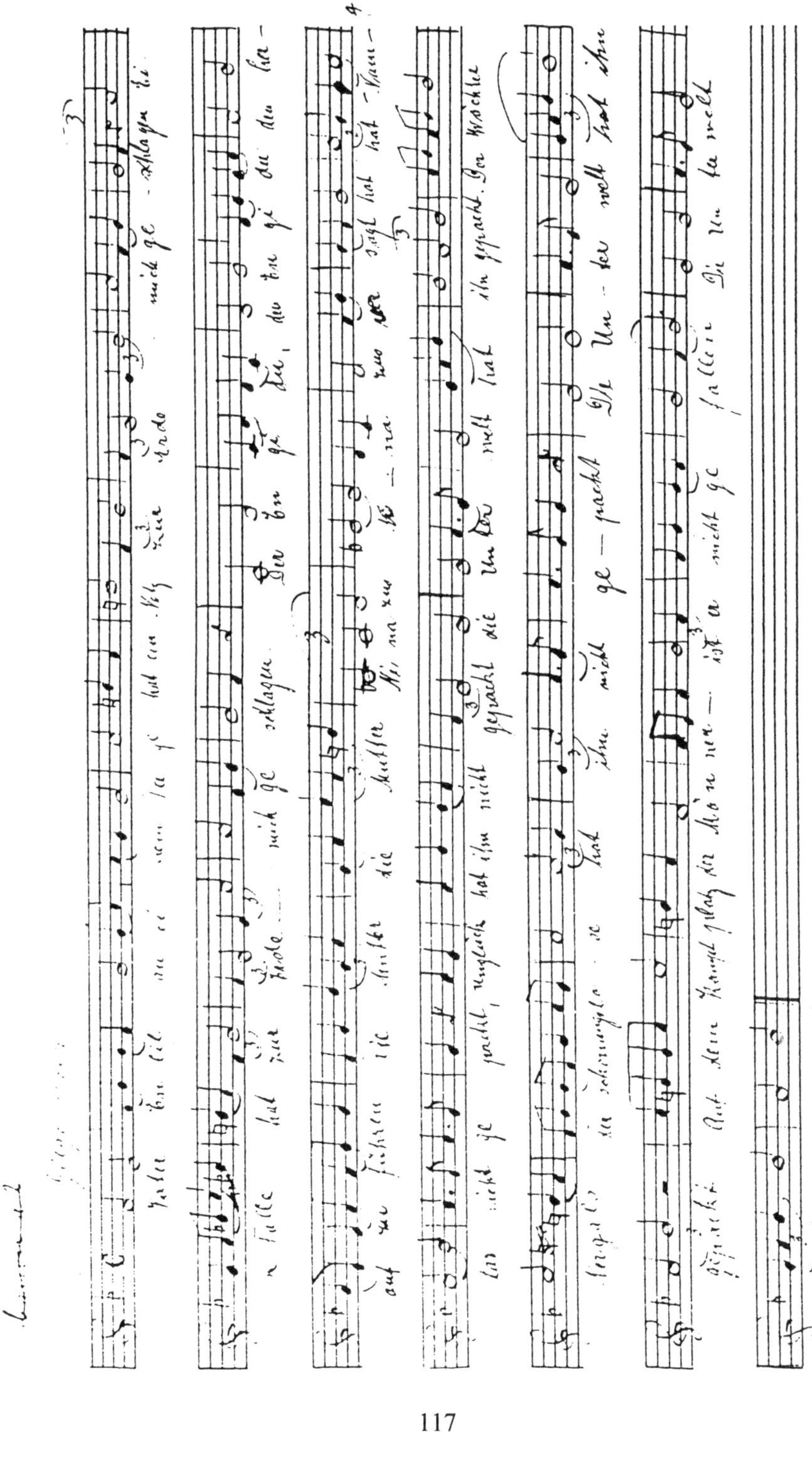

Gilgameschs Totenklage um Engidu. Genau diese Verse[14] hat er in seinem Handexemplar mit Rotstift markiert. Sie werden auch in der *Niederschrift* zitiert[15], jetzt allerdings mit zwei Textänderungen – v. 44 „Wie sollte von Qual, Kummer und Leid nicht verstört sein mein Antlitz" wird zu „Wie sollte vor Gram, Kummer und Qual nicht zerstört sein mein Antlitz" –, die Jahnn in seinem Handexemplar mit Tinte vorgenommen hat. Sie unterscheiden sich sowohl von der Rotstiftmarkierung wie von den im Zuge der Vorarbeiten zur Vertonung vorgenommenen Notizen und Anstreichungen in Bleistift und verweisen auf eine weitere, spätere Lektüre.

Ob dieser Versuch einer librettoartigen Texteinrichtung der Vertonung vorausging oder zur Strukturierung der bereits spontan in Musik gesetzten Partien diente, kann nicht entschieden werden. Im Folgenden transkribiere ich zunächst die jeweils am Seitenrand vorgenommenen Notizen zur Besetzung bzw. zur formalen Disposition, weil sie die Kühnheit von Jahnns Vorsatz in aller Deutlichkeit vor Augen führen. Da Ungnads Verszählung inkonsequent ist, sind gegebenenfalls zur eindeutigen Identifizierung auch Textmarkierungen wiedergegeben (ausgelassene Verse oder Textpartien sind entweder nicht überliefert oder von Jahnn nicht bezeichnet).

Erste Tafel

vv. 1-12: Unkanonisch
vv. 51/52: Frei polyphon
vv. 61-69: kanonisch
vv. 70-83: Chor
vv. 83: („Als Aruru...")-86 („Nimurtas"): kanonisch
vv. 86: („Bedeckt ...") – 91: Fuge
vv. 92-94: 3 Soli
vv. 95-100: homophon
v. 101: kanonisch
vv. 102-112: Solo
v. 113: kanonisch
vv. 118-124: Solo
v. 125: homophon
vv. 126-128: kanonisch
vv. 129-139: Solo

vv. 140-145: Solo
vv. 146-149: kanonisch
vv. 150-152: kanonisch
vv. 153-156: Fugato
vv. 159-166: Solo
vv. 172-175: zählend [?]
vv. 176-178: homophon
vv. 179-182: kanonisch
v. 183: Fugato
vv. 184-189: Solo
vv. 190-192: Fugato
vv. 193-202: Solo
vv. 203-205: Kanon
vv. 210-244: Solo
vv. 285-286: kanonisch

---

14 Zehnte Tafel, vv. 40-64
15 *Fluß ohne Ufer II*, S. 223f.

Dritte Tafel
vv. 20/21: Kanon
vv. 22-25: Solo

vv. 62-67: Kanon
vv. 68-77: Solo

Vierte Tafel
vv. 145-148: Solo
„Gilgamesch sagt zu seinem Freunde": Kanon
vv. 151-156: Solo
vv. 158-171: Fuga Grave
vv. 172-183: Solo

Fünfte Tafel:
vv. 1-8: Fugato

Sechste Tafel
vv. 1-5: Kanon
v. 6: Fugato
vv. 7-21: Solo
vv. 22/23: Fugato
vv. 24-55: Solo
vv. 70-77: Solo
vv. 80-83: Kanon
vv. 84-86: Solo
vv. 87/88: Fugato
vv. 89-91: Solo
vv. 92/93: Fugato
vv. 94-100: Solo

vv. 101/102: Kanon
vv. 103-106: [Solo]
vv. 107/108: Kanon
vv. 109-113: Solo
vv. 114/115: Kanon
vv. 176/177: Solo
vv. 181-183: Solo
vv. 187-197: Nebeneinander
vv. 200/201: Solo
vv. 202/203: Chor!
v. 212: Solo

Siebente Tafel
vv. 125-142: Solo
vv. 149-159: Solo
vv. 180-221: Solo
vv. 300/301: Solo
vv. 304-312: Kanon
vv. 313-317: Solo/Solo des Gilgamesch

Achte Tafel
vv. 65-70: Solo
vv. 71-73: Kanon
vv. 74-77: Fuga

Neunte Tafel
vv. 1/2: Kanon
vv. 3-13: Solo
vv. 13-18: Kanon
vv. 37-45/46: 3 Gesang
vv. 130-163: 3 Gesang

Damit endet die durchgehende Texteinrichtung, die den größten Teil des überlieferten Textes zur Vertonung vorsieht. Ein weiteres Notat findet sich nur noch in der Zehnten Tafel, wo die Verse 275-286 mit der Bemerkung „Die Götter sprechen!" versehen sind. Mit Ausnahme einzelner kleinerer Textemendierungen hat Jahnn nur in die Textgestalt der ersten zwölf Verse der Ersten Tafel und in die beiden ersten Verse der Zwölften Tafel korrigierend eingegriffen.

Im Unterschied zu den undatierten und nur ganz allgemein den Jahren vor 1918 zuzuweisenden polyphonen Instrumentalskizzen, läßt sich die Entstehungszeit der Gilgamesch-Vertonung genau angeben. Jahnn hat zwei Gesänge auf den Autographen datiert: der Knabenkanon *Ein reines Hemd zog er an* entstand demnach am 4.9.1924, der Kanon *Vater Sin entgegnet ihm kein Wort* am 21.6.1925. Bei der letzten Vertonung handelt es sich um jenen Kanon, den Jahnn noch am selben Tag an Harms schickte. Harms befand sich damals, in Begleitung von Jahnns späterer Frau Ellinor auf einer Erholungsreise in Süditalien. Es ist nicht abwegig zu vermuten, daß die zeitweilige, mehrmonatige Abwesenheit des Freundes in jenen Jahren Jahnn zur Vertonung dieses Hohenliedes der Männerfreundschaft drängte.

Doch zunächst möchte ich einen Überblick über den heute vorhandenen Bestand der Handschriften geben, wobei ich nur die einzelnen vertonten Teile summarisch aufführe und die diversen Entwürfe und Abschriften unerwähnt lasse. Die Gliederung folgt dem Epos und gibt gleichzeitig an, wo die einzelnen Teile im vollen Notentext in *Perrudja* und in der *Niederschrift* zitiert sind.

Erste Tafel
(1a) vv. 1-3 „Er war's, der alles sah" – dreistimmig, syllabisch vertont, 6 Takte – Zitat der ersten beiden Takte ohne Text in: *Fluß ohne Ufer I*, S. 985.
(1b) vv. 1-4 „Er war's, der alles sah" – alternative Vertonung, einstimmig, Solo, rezitativisch, 7 Takte – auf demselben Blatt findet sich noch der Beginn eines Orgelchorals über „Der Tag hat sich geneiget".

Zwölfte Tafel
(2) vv. 12-18 „Gilgamesch, horch auf" – einstimmig, syllabisch, 15 Takte – eine dreistimmige Komplettierung des Entwurfs bricht im 3. Takt ab.
(3) vv. 41-51 „Ein reines Hemd zog er an" – dreistimmiger Knabenkanon, 43 Takte – datiert: 4. September 24 – bezeichnet: I. Knabenkanon mit Abgesang.
(4a) vv. 52/53 „Die da ruht" – siebenstimmig, kanonisch, 11 bzw. 13 Takte, Fragment.
(4b) vv. 52/53 „Die da ruht" – zweistimmiger Kanon, 10 Takte – Zitat mit Text in: *Perrudja*, S. 92.
(5) vv. 61-66 „Vater Enlil, an einem Tage hat ein Netz zur Erde mich geschlagen" – Solo, 54 Takte, syllabisch mit melismatischen Verzierungen.
(6) v. 67 „Vater Enlil entgegnet ihm kein Wort" – dreistimmiger Knabenkanon, 8 Takte.
(7) v. 74 „Vater Sin entgegnet ihm kein Wort" – dreistimmiger Knabenkanon, 10 Takte – datiert: H.H.J. 21.VI.25 – identisches Thema wie (6), aber andere Ausarbeitung.

(8) vv. 75-80 „Vater Ea, an einem Tage" – Solo, einstimmig – Jahnn notiert nur die ersten 5 Takte und versieht sie mit einem „etc." – gleiche Musik wie (5).
(9) vv. 81-89 „Vater Ea hörte diese seine Rede" – dreistimmiger Knabenkanon, 22 Takte – identisches Thema wie (6) und (7), aber andere Ausarbeitung – Zitat ohne Text als „Gesang der gelben Blume" in: *Perrudja*, S. 523f.
(10a) vv. 92-94 „Sag an mein Freund" – zweistimmiger Knabenkanon, 15 Takte – zitiert in: *Perrudja*, S. 92f. und 573; *Fluß ohne Ufer II*, S. 651-654.
(10b) vv. 94-97 „Ich will es dir nicht sagen" – Zweistimmiger Knabenkanon, 10 Takte – Fortsetzung von (10a)

Jahnn hat also nur das Proömion der Ersten Tafel vertont, sich im übrigen aber ganz auf die Zwölfte Tafel konzentriert, die er fast vollständig in Musik setzte. Das ist einigermaßen überraschend, wenn man in seinem Handexemplar verfolgt, wie er den Text im Hinblick auf eine oratorische Fassung vorbereitet hat. Unvertont ließ er auch die Totenklage Gilgameschs um seinen Freund Engidu, die er in seinem literarischen Werk mehrfach zitieren wird, ein letztes Mal 1953 in dem Essay *Vereinsamung der Dichtung*. Musikalische Gründe können es kaum gewesen sein, die ihn zu dieser Entscheidung veranlaßten.

Wir dürfen auch hier Horns Niederschrift vertrauen, wenn dieser schreibt:

Ich habe also jahrein, jahraus nach einem Stoff – nach einem Spiegelbild meines Schicksals gesucht [...] Mir ist das Gilgamesch-Epos in die Hände gekommen. Jenes babylonische Gedicht von der Freundschaft zwischen Engidu und Gilgamesch, von ihren gemeinsamen Taten, vom Sterben des einen, vom unbändigen Verlangen des anderen, in die Unterwelt einzudringen, um den durch den Tod Geraubten wieder zu finden. – Jenes Gedicht, an dessen fragmentarischem Schluß die Verfluchung des Fleisches offenbar wird; das der Verwesung offen steht; das nicht der Sitz der Seele bleiben kann; dessen inwendigster Wert in die Verbannung geht, um dem Gejammer der Unterwelt anheimzufallen.[16]

Hat man sich diese Begründung zu eigen gemacht, so ist das vorliegende Fragment von Jahnns Gilgamesch-Oratorium allen Brüchen zum Trotz von einer beeindruckenden Sinnfälligkeit. Die vertonten Partien konzentrieren sich auf den inneren Kern der Dichtung: Gilgameschs Versuch, Engidus Geist zu beschwören und durch diesen Kunde vom Leben nach dem Tode zu erhalten. Die Verzweiflung des Körpers findet ihren Kontrapunkt in den seligen Ordnungen der Musik.

Horn vertont zunächst den Zwiegesang zwischen Gilgamesch und Engidu „Sag an mein Freund":[17] „Diese Zeilen, die meinem Weh ent-

---

16 *Fluß ohne Ufer II*, S. 649
17 *Fluß ohne Ufer II*, S. 651ff.

sprachen, schienen nicht klingen zu wollen; es waren gleichsam nackte Tonfolgen, denen es versagt ist, in den Raum einzuschwingen. In den Staub niedergekauerte Musik." Was uns in dieser wie in den anderen Gilgamesch-Vertonungen entgegentritt, ist „abstrakte" Musik, wie sie dem Ideal Jahnns entspricht. Sie ist auf eine eisige, kristalline Art konstruiert. Darum kann sie nicht klingen. Jahnn operiert vor allem in diesem Zwiegespräch mit bewußt unsanglichen, spröden Tonschritten, mit einer von Ausdruck gleichsam gereinigten Chromatik. Den Schwierigkeiten der Ausarbeitung ist er dadurch aus dem Wege gegangen, daß er zur strengsten polyphonen Form, dem Kanon, griff. Er handhabt ihn mit einem für einen Laien erstaunlichen Geschick. Wer einmal versucht hat, diesen Dialog singend zu realisieren, wird die seltsame Berührung bestätigen können, die Horn ihm zuschreibt:

Den Schluß der Symphonie belastete ich mit der Sprödigkeit jenes Zwiegesangs voller urweltlicher Traurigkeit, dessen Text hoffnungslose Worte sind. Ich habe mich seitdem oft gefragt, warum ich mich weder von den Worten noch von den fast unmusikalischen Tonfolgen habe befreien können. Die Zwiesprache zweier Menschen habe ich, damit sie nicht im Sturm der Instrumente untergehe, einer Vielheit von Sängern zugeteilt. Ich habe mir erlaubt, in die Partitur hineinzuschreiben, daß Hirten auf dem Felde, irgendwo in den Einöden dieser Welt, die besten Sänger dieser Zeilen sein würden. Sie vermöchten den Abstand von Dritteltönen mit ruhiger Selbstverständlichkeit zu empfinden. Ihre Kehlen in den hohen Lagen würden näselnd und schreiend sein wie die alter Weiber, und der Orgelton der tiefen Bruststimmen könnte eher von Tieren als von Menschen stammen.[18]

Auch in den übrigen vertonten Nummern folgt die Stimmführung streng linearen Prinzipien, die Harmonik ist hier freilich überwiegend diatonisch bestimmt. Die Vorbilder von Jahnns archaischem, unpersönlichem Klangideal muß man in der Musik des Spätmittelalters und der Frührenaissance suchen. Die Sätze des Buxheimer Orgelbuchs und Arnolt Schlicks waren ihm vertraut; selbst Dufay und Binchois muß er zu dieser Zeit schon gekannt haben. (Bereits Ende 1923 kündigte ein Prospekt des Ugrino-Verlags für den Herbst 1924 zwei Bände *Mittelalterliche Musik* mit Chansons von Dufay, Binchois und anderen burgundischen Meistern an.) Unter seinen hinterlassenen musikalischen Papieren findet sich schließlich eine ältere Abschrift (*Primus Punctus*) aus dem zwischen 1325 und 1350 entstandenen Robertsbridge Codex. Brücken ließen sich aber auch zur neuesten Musik schlagen, der er damals wohl noch nicht begegnet war. Eine Komposition wie die sie-

---

18 *Fluß ohne Ufer II*, S. 221

benstimmige Version von *Die da ruht* erinnert in ihrer musikalischen Mathematik an Webern, mit dem ihn auch die Vorliebe für den Kanon und die Kürze verbindet. Manche Züge seines esoterischen Dilettantismus wieder hat er mit Josef Matthias Hauer gemeinsam, dem eigenbrötlerischen Außenseiter, der ihm aber nicht bekannt gewesen sein konnte. Die Verse des Eingangschores hat Jahnn zweimal in durchaus verschiedener Weise vertont. Dabei dürfte die ausführlichere Version im ariosen Ton (1a) die frühere, die kürzere dreistimmige Version mit syllabischer Deklamation (1b) die spätere Fassung sein. Jahnn läßt Horn die blockhafte, archaische Akkordik mit „Trompetensignalen" vergleichen. Horn beschreibt auch die Absicht dieses Satzes:

> Ich habe an Gilgamesch und Engidu gedacht, als ich den ersten Satz schrieb. Ich meinte, ich müsse es andeuten, daß ich an sie gedacht. Daß ich an Tutein gedacht, meinen Freund. Und so ruft denn der eine Mund, der viele Münder hat, eine Verkündigung, die ganz leer ist, weil sie sich auf keine Ewigkeit beruft.[19]

Der Einleitungschor (2) zur Zwölften Tafel nimmt denselben Tonfall wieder auf und führt ihn weiter (Jahnn hat hier allerdings nur die Oberstimme skizziert, den Chorsatz selbst nicht ausgeführt). Jahrzehnte später hat dann Yngve Jan Trede auf Veranlassung Jahnns die in der *Niederschrift*[20] zitierten Takte als „Trompetenwerk der Uhr" für seine Bühnenmusik zum *Neuen Lübecker Totentanz* verwendet und instrumentiert.[21] Möglicherweise klingt in dieser gesungenen Fanfare auch das Trompetenwerk der astronomischen Uhr in der Lübecker Marienkirche an, das Jahnn gehört haben könnte, als er im Januar 1915 Lübeck besuchte.[22]

Liest man die Bekenntnisse des fiktiven Komponisten Horn, so wird man feststellen, daß er ähnlich wie Jahnn vorging:

> Nachdem ich auch die erste Tafel des Epos mit Noten versehen und die Bruchstücke der letzten mit hellleuchtenden Knabenchören durchsetzt hatte, brach ich ab. Das Wort VERGEBLICH stand neben meinem Bemühen.[23]

Was der Leser des Romans für dichterische Erfindung halten möchte, entpuppt sich als ein ins Medium der Literatur transponierter Bericht von Jahnns eigenem Scheitern. Wie Horn die Fragmente in seine Sym-

---

19 *Fluß ohne Ufer I*, S. 796
20 *Fluß ohne Ufer I*, 985
21 *Dramen II*, S. 526, 554 und 573
22 *Frühe Schriften*, S. 408
23 *Fluß ohne Ufer II*, S. 650

phonie integriert, so integrierte auch Jahnn die Bruchstücke seines eigenen Gilgamesch-Oratoriums in das Gefüge des Romans. Die schicksalhafte Befallenheit durch die Liebe über den Tod hinaus, die Parallele also, die die Integration erst stimmig macht, ist ihm erstaunlich spät aufgegangen. Am 10.5.1941 schreibt er aus Kopenhagen an seine Frau Ellinor: „In diesen Tagen ist mir eingefallen, daß ‚Fluß ohne Ufer' das Gilgamesch-Epos, modern ist. Weiter gespannt und voller neuer ungewöhnlicher Harmonien. Aber doch so kraß wie jenes in seinem Ausgang."

Erst die Dichtung, nicht die Musik, war das adäquate Medium für Jahnns künstlerische Vision. Horns Vokalsymphonie *Das Unausweichliche* hebt Jahnns gescheitertes Gilgamesch-Oratorium in die Schrift. Die Musik wird so über weite Strecken des Romans zum Subtext der Sprache, in deren Diskurs Schreiben und Komponieren zusammenfließen und ein gleitendes Paradoxon inszenieren.

Jahnns eigene Beschäftigung mit Musik und sein unerfüllt gebliebener Wunsch, Komponist zu werden, sind ja nur die sehr zufälligen Erklärungen, warum er die Hauptfigur als Komponisten entworfen (auch Nikolaj im *Epilog* wird Musiker), warum er der flüchtigsten Kunst eine so zentrale Bedeutung beigemessen hat. Komponieren und schreiben werden für Horn eins. Was er komponiert, gestaltet sich ihm zu Niederschriften; er erzählt das Schreiben, weil es die ihm gemäße Tätigkeit ist. Die Musik, die Horn ‚schreibt', wird dergestalt zum Medium der Übersetzung, zum Medium der Erinnerung. Horns Notenschreiben und sein Tagebuch-Schreiben sind wechselseitige Chiffren für das eine im anderen. Aber die *Niederschrift* zitiert nicht nur Noten, spricht nicht nur von Musik. Sie ist als Ganzes wie Musik ‚komponiert' und erklingt wie Musik – vielstimmig, endlos, uferlos.

Als Dichter hat Jahnn schließlich doch noch verwirklicht, was er sich als Komponist nur kopfstimmig imaginierte. An seine Tochter Signe schreibt er am 25./26.6.1958, während er sich auf Bornholm mit dem ihm sich verweigernden Stoff des Atomdramas abquält:

Ich begreife [...], warum ich mich in meiner Jugend so nutzlos mit der Komposition herumgeschlagen habe. Ich hatte eine genaue Vorstellung von ‚meiner' Musik; aber ich war unfähig oder nicht arbeitsam genug, um daraus irgend etwas zu formen.

Uwe Schweikert

„DAS GANZE IST DIE MUSIK"

Musik in Hans Henny Jahnns *Fluß ohne Ufer*[1]

Paul Fiebig als Dank

Mein Talent hat keine Geschichte gehabt. Es ist nicht von närrischen Lehrern verwöhnt worden. Meine musikalische Bildung war ungeordnet und gering. Meine Kenntnis von den Harmonien war abstrakt und mathematisch. Anstatt im Anfang ein Schüler zu sein, dachte ich mir neue Tonschritte aus. Die erste Fuge, die ich niederschrieb, war durch meine unsinnige Spekulation verkrümmt, verwuchert, ein einziges dichtes Gestrüpp, ein Flimmern von Licht und Schatten, kein Strom der Farben, ohne Tongeschlecht, einzig von rasender Bewegung ergriffen, wie der Laufschritt eines Gehetzten über moorigen Boden. Was an ihr – trotz allem – als Leistung, als überraschende Musikalität erscheinen mag, ist jener heißhungrigen Kombination und der erschöpfenden Mühe, gültige Gleichnisse in den Bewegungen, Rhythmen und Harmonien für meine sinnlichen Wahrnehmungen zu geben, entwachsen. Die sinnlichen Wahrnehmungen, die in meiner schwachen Liebe, in meiner grundlosen Traurigkeit, in meiner Bewunderung für das Wachstum, die Bewegung des Wassers und das Starren der Sterne und Berge enthalten waren. Mein Maß, das ausgerissen außer mir stand und die krause Musik schwermütig, wie welke Blumen zusammenwand. –

Ich mußte mich entscheiden, wen unter den Meistern ich lieben wollte. Gewiß, ich kannte erst eine kleine Auswahl. Aber ich hatte doch schon einen ungefähren Überblick über die Zeiten der Musik. Ich wußte von der liturgischen Pracht des Graduale Romanum, frühe Lieder, entzifferte Neumen gaben mir einen Geschmack vom Reichtum und der Schwermut, die einer einzigen Notenzeile innewohnen können. Mit Josquin hatten sich mir die Schleusen der polyphonen Musik geöffnet. Und nun strömte diese Kunst, Jahrhundert um Jahrhundert, an mir vorüber. Viele Landschaften entsandten ihre begnadetsten Söhne, um den Gesang der Welt mit ihrer Sprache auszulegen. Aber ich empfand mit einer unbegreiflichen Hellsichtigkeit qualitative Unterschiede, die formal kaum oder überhaupt nicht zu belegen sind. [...]

Es ist so, die geschriebene Musik besteht aus Noten, und die Noten machen Musik. Ein Dur-Akkord ist ein Wort. Aber Worte machen keine Rede. Es gibt falsche Rede und ehrliche Rede; es gibt auch das Verworrene. Es gibt auch das Unverständliche oder nur Schwerverständliche. Es ist immer die ganze Persönlichkeit in der Musik, auch wenn sie nicht leiblich sichtbar wird. Es gibt Musiken, die sich nur langsam öffnen. Wir sind

---

[1] Der Essay erschien erstmals in: *Beziehungszauber. Musik in der modernen Dichtung*. Hg. v. Carl Dahlhaus und Norbert Miller. München 1988, S. 47-65, und wurde für den vorliegenden Abdruck geringfügig korrigiert.

immer in der Gefahr, sie zu verkennen [...]. Seltsamerweise ist die Musikalität, die Gabe, klingende Gedanken zu empfangen, bei gleich großen Meistern verschieden stark. Es läßt sich keinerlei Werturteil aus der Flüssigkeit der Einfälle herleiten. Fast möchte ich sagen, den Wenigermusikalischen gebührt ein größerer Ruhm [...] Die Stimme ihrer Gedanken dröhnt tiefer, eherner; unter der Wut ihres Schaffens werden die Formen groß und fast unirdisch. Freilich, die Mehrmusikalischen teilen an uns die Gnade aus, daß wir innerlich lachen können (nicht mit dem Munde), selbst ihre Trauer ist noch tröstlich; die Tränen, die sie uns entlocken, sind leicht und bessern unser Leid. Sie sind keine schnellfüßigen Gaukler; die Schwermut tropft von ihren Händen wie von denen aller anderen, die die menschliche Welt betrachten. Indessen, aus einem kleinen Motiv, sei es heiter oder betrübt, formen sie eine fast unendliche Weite. Sie geben unseren Lungen einen beglückenden Atem. Dietrich Buxtehude und Wolfgang Amadeus Mozart sind unter diesen, die vom Schicksal für die höchste Bevorzugung ausersehen wurden, gleichsam, um den Verstockten zu zeigen, daß die Musik, die überall gegenwärtig tönt und nur eines bereiten Geistes bedarf, der sie einfängt, höher ist als alle Vernunft. [...]

Man kann die Musik nicht gut mit dem Licht des Himmels vergleichen, das ich mir im Weltenraum, der nur voll Gravitation ist, gleichzeitig weiß und schwarz denke; weiß, wo es auftritt, schwarz, wo es ins Unbegrenzte versinkt, – aber ich möchte doch sagen, daß das meiste des Erhabenen dieser Kunst mit dunkler – oder schwarzer Flamme brennt, daß die Musik uns wie schwarzer Samt umgibt, dessen Falten in einem weißen Schein aufleuchten. Es kann nicht anders sein, da sie die Fähigkeit hat, neben der Freude das Leid, die Zeit und die bange Ohnmacht unserer Seele auszudrücken – doch nicht die Begriffe, gleichsam nur die Farbe der Regungen.

Diese Bekenntnisse spricht ein Musiker, der Komponist Gustav Anias Horn in Hans Henny Jahnns Roman *Die Niederschrift des Gustav Anias Horn*. Mit seinen fast anderthalbtausend Seiten Umfang gehört dies in den Jahren 1949 bis 1951 erstmals erschienene Buch zu den großen Entwicklungsromanen der deutschen Literatur. Es ist der Mittelteil eines dreiteiligen Romanzyklus, dem Jahnn den Titel *Fluß ohne Ufer* gegeben hat. „Fluß ohne Ufer" – das meint das so maßlos wie unbegrenzt dahinfließende Erinnern, meint den Willen des sich erinnernden Ich zu einer Selbsterkundung, einer Selbstversicherung des Lebens in der Schrift, meint die Besessenheit, zu schreiben und das Geschriebene schließlich für die eigentliche Dimension der Wirklichkeit zu nehmen. Dem „Romanungeheuer" (Jahnn an Gustaf Gründgens, 20.3.1943) voraus geht, knapp, gedrängt und doch schon die ganze Zukunft des Werks in sich entfaltend, *Das Holzschiff*, ein Kriminalroman des Schicksals. *Das Holzschiff* erzählt die geheimnisvolle Ausfahrt eines Segelschiffes, das unter dem Befehl eines Superkargos mit unbekannter Fracht und unbekanntem Ziel ausläuft und nach einer Meuterei auf hoher See versinkt. Ein Mord ist geschehen; aber die Leiche Ellenas, der Tochter des Kapitäns, bleibt unauffindbar – auch für Gustav, ihren Verlobten, der als blinder Passagier auf das Schiff gekommen ist. Der Leser verliert sich wie Gustav im Labyrinth dieser Geschichte, die auch am Ende ihr Geheimnis nicht preisgibt, sondern es mit sich in die Tiefe reißt. Weder erhalten wir einen Hinweis auf Herkunft, Inhalt und Bestimmung der geheimnisumwitterten Fracht, noch werden wir über das Verschwinden Ellenas und die Identität ihres Mörders aufgeklärt. Wir begegnen Gustav Anias Horn, der zu den geretteten Schiffbrüchigen gehörte, fast drei Jahrzehnte später in seiner *Niederschrift* wieder. Er ist inzwischen ein berühmter Komponist geworden und hat viele Jahre mit dem Matrosen Alfred Tutein, dem Mörder seiner Braut, zusammengelebt. Er versucht, die Vergangenheit in der Gegenwart seiner *Niederschrift* wiederzuerinnern. Er beschreibt seine Reisen nach dem Schiffsuntergang, seinen Werdegang als Musiker, seine Freundschaft mit Tutein und dessen Tod. In der Einsamkeit seiner Jahre sucht er nach einer Rechtfertigung für sein Handeln, findet aber nur seinen Mörder. Ein geplanter dritter Teil, *Epilog*, der das Schicksal von Gustavs Mörder Ajax und seinem Sohn Nikolaj zum Inhalt haben sollte, ist zwar im Manuskript weit gediehen, als Ganzes aber Fragment geblieben und erst 1961 aus dem Nachlaß Jahnns veröffentlicht worden.

Fluß ohne Ufer bildet den mächtigen Abschluß einer fast unübersehbaren Zahl von literarischen Werken seit der Frühromantik, die den Geist und das Wesen von Musik ins Medium der Sprache zu übersetzen versuchten. Am Beginn dieser Reihe steht Wilhelm Heinrich Wackenroders Musikernovelle *Joseph Berglinger,* an ihrem Ende der fast gleichzeitig wie Jahnns *Fluß ohne Ufer* im Exil entstandene *Doktor Faustus* Thomas Manns. Hatte für Kant in seiner 1790 erstmals erschienenen *Kritik der Urteilskraft* die Musik als zwar empfindungsvolle, aber begriffslose Sprache der Affekte noch den untersten Rang im System der schönen Künste eingenommen, so sollte sich diese Wertung in den folgenden beiden Jahrzehnten genau umkehren. Für die Romantiker – und über Schopenhauer dann bis hin zu Nietzsche – wurde die Musik gerade wegen ihrer den Begriffen entgegengesetzten, subjektiv erlebten Innerlichkeit, mit der sie das Herz der Dinge erfasse und zum Ausdruck bringe, zur Kunst schlechthin. Die Musik galt schon ihrer Voraussetzung wegen als „Gemütserregungskunst", als Zeichensprache des Ewigen, in der sich eine unendliche Sehnsucht äußere. In Wackenroders „musikalischen Aufsätzen von Joseph Berglinger" lesen wir:

> Zu dieser Aufbewahrung der Gefühle sind nun verschiedene schöne Erfindungen gemacht worden, und so sind alle schönen Künste entstanden. Die Musik aber halte ich für

die wunderbarste dieser Erfindungen, weil sie menschliche Gefühle auf eine übermenschliche Art schildert, weil sie uns alle Bewegungen unsers Gemüts unkörperlich, in goldne Wolken luftiger Harmonien eingekleidet, über unserm Haupte zeigt, – weil sie eine Sprache redet, die wir im ordentlichen Leben nicht kennen, die wir gelernt haben, wir wissen nicht wo? und wie? und die man allein für die Sprache der Engel halten möchte.

Wie aber schreibt man, beschreibt man „die Sprache der Engel", soll es nicht beim bloßen Eintauchen in die jeweiligen Gefühle bleiben, die die Musik in uns erregt, während wir sie hören, und die doch nicht identisch mit der erklingenden Musik sind? Hinter dies symbolische Vergleichen des Tons mit dem Wort, der gespielten Noten mit der Empfindung des aufnehmenden Gemüts, hat schon Hegel in seinen Vorlesungen zur Ästhetik ein großes Fragezeichen gesetzt:

> In Tieckschen Novellen z. B. handelt es sich häufig um spezielle Kunstwerke oder Künstler, um eine bestimmte Gemäldegalerie oder Musik, und daran knüpft sich dann irgendein Romänchen. Diese bestimmten Gemälde nun aber, die der Leser nicht gesehen, die Musiken, die er nicht gehört hat, kann der Dichter nicht anschaulich und hörbar machen, und die ganze Form, wenn sie sich gerade um dergleichen Gegenstände dreht, bleibt von dieser Seite her mangelhaft. Ebenso hat man auch in größeren Romanen ganze Künste und deren schönste Werke zum eigentlichen Inhalt genommen, wie Heinse in seiner *Hildegard von Hohenthal* die Musik. Wenn nun das ganze Kunstwerk seinen wesentlichen Gegenstand nicht zu angemessener Darstellung zu bringen vermag, so behält es seinem Grundcharakter nach eine unangemessene Form.

Im Mittelteil von Jahnns Romanzyklus *Fluß ohne Ufer*, in der *Niederschrift des Gustav Anias Horn nachdem er neunundvierzig Jahre alt geworden war* – so der vollständige Titel –, ist Musik, vom optischen Zitat bis zur Transzendierung der Handlung, allgegenwärtig. Gerade das krud naturalistische Noten-Zitat aber macht die Ohnmacht deutlich, daß Worte Musik bestenfalls evozieren, aber nicht zum Klingen bringen können. Die in Worte unübersetzbaren Notenzeichen – Jahnn zitiert, meist ohne Nennung der Komponisten, Werke Samuel Scheidts, Clement Janequins, Mozarts, Yngve Jan Tredes, aber auch eigene Kompositionsversuche – signalisieren, daß er keineswegs den von Hegel als Irrweg entlarvten Vollzug der symbolischen Vergegenständlichung anstrebt, sondern daß ihm die Musik zu einem Medium der Übersetzung, zum Medium der Erinnerung, zur eigentlichen Dimension der Wirklichkeit wird, die sich Gustav Anias Horn im Unausweichlichen, der schicksalhaften Befallenheit durch Liebe und Tod, enthüllt.

Musik bezeichnet zunächst einmal den Lebens-, den Arbeitsbereich des Protagonisten. Als Gustav Anias Horn 49jährig mit seiner Niederschrift, mit dem Tagebuch seines Lebens beginnt, ist er ein berühmter Komponist:

> Die Frage, wer ich wirklich bin, ist auch heute noch nicht stumm in mir. Ich schaue zurück, und es ist leicht, die Tatsachen aufzuzählen. Es sind fünfzig Kompositionen von mir gedruckt worden. Viele Kammer- und Symphonieorchester haben sich der Noten bedient. Hin und wieder ist es zur Aufführung größerer Werke gekommen. Ein paar Orgelspieler plagen sich mit meinen Präludien und Fugen. Zeitungsschreiber haben mich gelobt und getadelt. In den neueren Handbüchern des Wissens steht mein Name als der eines bedeutenden aber eigenwilligen Komponisten aufgeführt. Ich selbst warte darauf, daß meine große Symphonie, Das ‚Unausweichliche‘, aufgeführt werde, damit mir endlich das unwiderrufliche Urteil gesprochen werden kann. Seit manchen Jahren bin ich fast stumm; ich weiß nicht, ob ich mit einer Art Müdigkeit kämpfe, mit einem Überhandnehmen eines unbegreiflichen Todes. Ich habe es nicht gelernt, wenn auch musikalische Einfälle in mir erweckt werden, den Fluch mühevoller Spekulation abzustreifen. Ich bin erschöpft, weil ich die Hilfe der Fröhlichkeit nicht habe. Mir scheint, daß meine Gedanken sich zuweilen wiederholen. Dennoch habe ich nicht den Mut, an mir zu zweifeln. – – –

Immer wieder schweifen seine Gedanken in seine Kindheit, zu den Anfängen seiner Herkunft und musikalischen Bildung zurück. Er hält das Entstehen seiner großen Symphonie in seinen Heften fest. Die weitaus meisten Abschnitte der *Niederschrift* allerdings, die sich explizit mit Musik befassen, sind autobiographische Bekenntnisse oder Reflexionen Horns über seine musikalische Ästhetik, seine Vorlieben wie Abneigungen, sein Verständnis und seine Deutung von Kunst. Insgesamt aber macht Jahnn kaum je den Versuch, Musik in Sprache nachzubilden. Hin und wieder kommt es zu Ansätzen einer Charakterisierung realer oder auch imaginierter Musik. Aber selbst diese Passagen besitzen eher bekenntnishafte Züge oder Verweischarakter. Nirgends bei Jahnn finden sich sprachlich umgesetzte Modelle existierender oder erfundener Musik, wie sie etwa Thomas Mann – am Beispiel des Vorspiels zum 3. Akt von Wagners *Meistersingern*, des Variationssatzes aus Beethovens letzter Klaviersonate oder von Adrian Leverkühns Oratorium *Apocalipsis cum figuris* – in seinem Roman *Doktor Faustus* praktiziert.

Ich möchte Jahnns Verfahren zunächst an vier Beispielen exemplifizieren. Das erste Beispiel findet sich im „Februar"-Kapitel der *Niederschrift*, also noch ganz zu Beginn von Horns und Tuteins Zusammenleben und damit auch am Anfang von Horns Hinwendung zur Musik. Horn und Tutein halten sich in der brasilianischen Hafenstadt Bahia Blanca auf. In der Herberge, in der sie wohnen, steht ein mechanisches Klavier – ein Massenfabrikat, das die Kunst auf das Stadium einer

Sklavenleistung herabdrückt. An diesem Instrument entzündet sich zuerst die kompositorische Phantasie des Autodidakten Horn, der Walzen für den Apparat entwirft und bald auch mit der mechanischen Musik in Wettstreit tritt. Indem er sich dem seelenlosen Apparat unterwirft, tritt an die Stelle eingebildeter Musikvorgänge die Schablone. Die mathematisch-mechanische Musik – Jahnn hat in seinem Essay *Über den Anlaß* diese Gleichsetzung selbst vollzogen! – symbolisiert den Fortschritt, die Technifizierung von Material und Ausdruck in der Entwicklung der abendländischen Musik. Horns Suche nach der Harmonie, nach der harmonikalen Gesetzmäßigkeit der Schöpfung beginnt also am äußersten Gegensatz seines Ziels. An dieser Stelle schiebt Jahnn zwischen Horns Reflexionen erstmals Noten – die Anfangstakte des Tedeums „Herr Gott/ Dich loben wir" aus Samuel Scheidts 1650 erschienenem *Tabulatur-Buch hundert geistlicher Lieder und Psalmen:*

Ich eroberte im Geiste ein Land. Mir wuchsen Flügel. [...] Die Gleichzeitigkeit verschiedener Rhythmen, wie sie von den Musikern der Gamelans geübt werden und von den Meistern des Jazz, fesselten meinen Geist vor allem. Ich räumte ein, daß unsere Sinne, irdisch und eng, nicht geschult am Gesang der Sphären, dem mathematischen Geflecht nur schwer folgen können, ja geradezu zahlenverlassen der Überlagerung von geraden und ungeraden Schlagfolgen preisgegeben sind. Daß die prickelnde Zerlösung des pendelnden Zeitmaßes dem warmen Strom polyphonen Fließens gegenüberstand. [...] Die Zahl, der bescheidenste Baustein des Allgesangs. – Ich dachte der Zahl ein schwaches Opfer darzubringen, jenen Tribut, dessen mein klügelndes Hirn fähig war.

Weltvergessen wuchtete ich meine Arbeit vorwärts, rechnend, stanzend, den Irrgarten harmonischer Zufälle durchtappend. Wenn mir mein Tun nur noch Gestrüpp schien, dachte ich an die geläuterte Form harter Kristalle, zeichnete ihre Umrisse und Projektionen auf das Papier, das ich zu stanzen vorhatte, suchte die reinen Durentsprechungen des Bildes, die harten Klänge des Glaubens. Mir fielen die archaischen Aussagen des Tedeums ein, und wie sie ein alter Mann, dem Krieg und Pest Weib und Kinder entrissen hatten, vor dreihundert Jahren für sich ausgelegt hat, Samuel Scheidt:

Ich klammerte mich daran wie an ein eisernes Gitterwerk, um nicht den Halt zu verlieren. Ich suchte eine augenfällige Entsprechung zwischen den Linien, die ich aus den Kristallen herleitete, und den ehernen harmonischen Mitteilungen. Ich kam dazu, die Winkellinien schöner Figuren zu stanzen. Das Bild von Pentagrammen und Bienenwaben ging in den Raster aus Zeitmaß und chromatischen temperierten Tonfolgen ein.

In Gustav Anias Horns Niederschrift sind die collageartig als optisches Zitat hineinmontierten Noten Scheidts reine Augenmusik. So wie sie in der Vorstellung Horns erklingen, sollen sie auch nur in der Imagination des Lesers widertönen. Es geht Jahnn nicht um den Vollzug, um die Realisierung wirklicher Musik. Sondern diese dient, nicht anders als etwa die antike Mythologie in der modernen Kunst seit der Renaissance, als ein System der Verweisung. Die Sprache ist gerade nicht das Uneigentliche, Abgeleitete, das auf das Eigentliche, nämlich die Musik, verweist. Sondern die Musik verweist umgekehrt als das Uneigentliche auf das Gemeinte: die Sprache, die Schrift der Erinnerung Horns.

Ein zweites Beispiel kann uns diesen Unterschied näher verdeutlichen. Mehrere Jahre sind seit dem Untergang des Holzschiffes vergangen. Horn und Tutein leben in Urrland, dem norwegischen Aurlandsfjord, wo Jahnn und sein Freund Gottlieb Harms 1915 vor dem Ersten Weltkrieg Zuflucht fanden und sich fast drei Jahre lang aufhielten. Horn beginnt ernsthaft mit dem Studium der Musik, er übt täglich Klavier und komponiert seine ersten Fugen. Eine Szene nun schildert uns Horns Begegnung mit Matta Onstad, der in seiner Jugend ein berühmter Springtänzer und Geigenspieler war und als der musikalische Genius des kleinen Orts gilt. Es ist die Zeit, in der Horn Bachs Toccaten studiert – Musik, die durch die Sinne geht und dennoch nicht frei ist von Kategorien und Begriffen. Selbst die Vernunft dieser Kompositionsweise ist noch schmerzhaft – um im Vorgriff eine spätere Äußerung Horns zu paraphrasieren! Wie anders klingt dagegen, was Matta Onstad seiner Hardangerfiedel entlockt:

Er begann die Saiten zu stimmen. Mich überraschte die Schnelligkeit und Genauigkeit seiner Stimmethode. In weniger als einer Minute hatte er die Wirbel der zehn Saiten mit seinen dicken rissigen Fingern bedient. Er spannte den Bogen – übrigens recht lose – und fuhr schon mit dem ersten Strich über sämtliche Saiten. Langgezogene Akkorde, umspielt vom Laufschritt einer rhythmisch scharf gezeichneten Melodie. Ein undeutlicher Hintergrund schimmerte durch das mehr klagende als fröhliche Getön hindurch: die Wirkung der Harmoniesaiten. Die harmonischen Einfälle der Tänze waren nicht reichhaltig, der Umfang der Melodie war streng an wenige Takte gebunden. Aber es gab Variationen, die das festgefügte Thema mit Trillern oder kurzen Läufen abwandelten.

Ich benötigte einige Minuten, ehe ich die musikalischen Vorgänge aufnehmen konnte. Doch dann war es mir leicht, das Stampfen der Füße einzufügen, den Taumel [...]
Wie vollkommen spielte dieser Mann! Ich konnte es kaum fassen, daß es die verbrauchten, zerschrundenen, von Arbeit entstellten Finger waren, die über die Saiten huschten; daß ein zitternder Arm den Fluß der Akkorde ohne merkliche Schwankungen aus drei oder vier Saiten hervorströmen ließ.

Matta Onstad ist auf gleiche Weise, nur von einer entgegengesetzten Richtung her, eine ebenso große Herausforderung für Horn, wie es Jahre zuvor das mechanische Klavier war. Die technisch vollständig verdinglichte und die gleichsam naturhaft freie Musik sind Gegensätze, die je unterschiedliche Extreme formulieren, zwischen denen Horn seinen eigenen Weg suchen und finden muß. Matta Onstad versteht Horns Frage nicht, „ob er den Tanz gemacht – erfunden habe". „Ich habe ihn gespielt", antwortet er. Horn – das Beispiel der Bachschen Toccaten verdeutlicht es – benötigt erst Noten, um die Schrift wieder in Töne zu verflüssigen. Onstad verurteilt sein Bach-Spiel, muß es verurteilen, weil Komposition und Spiel für ihn noch identisch sind, ungeschieden in einem Zustand der Präexistenz sich befinden. Horn dagegen ist angewidert von dem Äußeren des Alten und irritiert davon, daß es – wie er schreibt – kein „Verständigungsmittel" gibt, „um die besondere Art der Ergriffenheit, die die Musik über uns verhängen kann, mitzuteilen!"

Horns Musik entsteht aus dem Experiment, die mathematische Beschaulichkeit und die durch die Natur in Schwingung versetzten Sinne miteinander in Verbindung zu bringen. Eines Tages hält er ein großes schönes Rechteck aus Birkenrinde in seinen Händen, als er damit beschäftigt ist, Feuer im Ofen zu legen:

Es erschien mir so vollkommen in Farbe und Struktur, zusammengelegt aus hauchdünnen sahnefarbenen Schichten, daß ich es nicht verbrennen mochte. Ich wollte etwas darauf schreiben. Ich wollte es behalten. Ich legte es auf den Arbeitstisch. Als das Feuer im Ofen prasselte und ich mich zu lesen und zu schreiben anschickte, verriet mir die Birkenrinde etwas. Ihre Maserung glich meinen Papierrollen. Breite braundunkle Linien, die anhuben und aufhörten, nebeneinander-, ineinandergreifend, aufeinanderfolgend. Ich erlag der Versuchung, dies Schauspiel des Wachstums in den Raster meiner mechanischen Notenrollen hineinzudenken. Ich begann zu messen, einzuteilen, in Gruppen zu zerlegen. Ich glaubte mich nicht zu täuschen: es war die Notenschrift, die den Gesang der Dryaden aufgezeichnet hatte. An diesem Morgen noch machte ich eilige Entwürfe, versuchte, die reinen Harmonien, ihr Abgleiten in die Flut der Trauer, die Verwirrung der Wachstumsschändung durch schlechte Jahre und Menschenhände, durch Raupen auf den Blättern und Würmer an den Wurzeln, in das mir auferlegte temperierte System zu zwingen. Ich suchte den archimedischen Punkt, um die Zeichen zum Erklingen zu bringen [...] Andere Rindenstücke wurden die Grundlage dafür, daß die Komposition nicht plötzlich abbrach. Meine Besessenheit ging so weit, daß ich unterschiedliche Temperamente, gegensätzliche Sätze aus meinem Archiv von Birkenrinden herleitete.

Da ich keinen Apparat besaß, die Komposition zum Vortrag zu bringen, überarbeitete ich meine Skizzen zu einem fertigen Notenbild. Als ich die Musik gespielt hatte, wußte ich, sie stammte nicht von mir, sie war mir zugefallen. Eine wunderbare irdische Kraft der Mitteilung hatte sich meiner bedient. Die Mittel des Klavieres dünkten mich bald ungenügend, diese Art Musik auszudrücken. Gegen den Sommer hin schrieb ich ein Quintett für Bläser, das Dryaden-Quintett, das mir einige Jahre später Lob und Erfolg einbringen sollte.

Jahnn schildert den Anlaß, der Horns Dryaden-Musik – so benannt nach den Baumnymphen der griechischen Mythologie – hervorgerufen hat, den Anlaß, der ihn zum Schöpfer machte: Musik, die er, anders als die mathematisch errechneten Papierrollen für das mechanische Klavier, *komponiert, nämlich* zusammengefügt in einer Mischung aus Zwang, Intuition und Arbeit. Er identifiziert sie in der *Niederschrift* mit keiner konkreten Musik, dachte aber möglicherweise an Carl Nielsens Bläser-Quintett op. 43 (1922). Zu dieser Vermutung berechtigt die große Liebe Jahnns zu dem dänischen Komponisten. Er ist der einzige Moderne, dem im *Fluß ohne Ufer* die Ehre zufällt, gleichberechtigt neben den Meistern der imitatorischen Kunst der Renaissance und des Barock zu stehen. Jahnn kontrastiert in seinem 1954 erschienenen Essay mit dem Titel *Über den Anlaß* durchgängig die kompositorischen Überzeugungen Horns mit den Werken und Schriften Nielsens. Kein Zweifel, daß Züge Nielsens, wie sie uns dessen Autobiographie *Min fynske barndom (Meine fünische Kindheit)* überliefert, in die Gestalt Horns eingegangen sind. Nielsens 4. Sinfonie mit dem Titel *Das Unauslöschliche* war auch das Vorbild der Ode-Sinfonie *Das Unausweichliche*, die Horn in Jahnns *Niederschrift* komponiert.

Bevor wir uns diesem zentralen fiktiven musikalischen Werk von Jahnns Roman zuwenden, möchte ich als ein letztes Beispiel für Jahnns Verwendung realer Musik eine Szene wählen, die unmittelbar auf die Komposition des Dryaden-Quintetts folgt. Ausgangspunkt ist diesmal eine bekannte Chanson aus dem 16. Jahrhundert:

Ein Schüler Josquins, der im sechzehnten Jahrhundert unerhört berühmte Clement Jannequin, hat eine große Invention *Le chant des oiseaux* geschrieben. Ich habe das Original niemals zu Gesicht bekommen, wohl aber fiel mir die Tabulatur des Orgel- und Lautenmeisters Francesco da Milano in die Hände, der die Vorlage Jannequins zu seiner Canzon de li Uccelli benutzt hat. Der Druck dieser Tabulatur für die Laute ist recht mangelhaft, die Stimmführung bleibt, da nur die Schläge notiert wurden, unklar. Ich fand Gefallen daran, die Arbeit zu übertragen und auszudeuten. Die Melodik dieses Vogelgesanges ist unvergeßlich. Es ist etwas Unauslöschliches.

Horn beschreibt, wie er von den Stromschnellen des Urrlandflusses aus Stunde um Stunde dem Treiben der Fische zusieht, dem Ton des Wassers, dem Lispeln der Blätter, dem traurigen Schweigen der herabschauenden Berge nachlauscht. Die Einsamkeit und Verzweiflung, die er in diesen Tagen und Stunden erfährt, zünden in ihm den schöpferischen Augenblick:

Ich lag mit dem Bauche auf einem der Stege über dem Wasser. Ich hielt die Arme vor meinen Augen. Ich lauschte und vernahm den schwermütigen Strom wunderbarer Harmonien. Ich lag reglos, bis ich spürte, meine Eingeweide schmerzten. Als ich mich erhoben hatte, rannte ich davon. Im Hause angekommen, brachte ich das Gehörte in fieberhafter Eile zu Papier. Als ich ein andermal die gleiche List anwandte, ertönte in mir jener Gesang der Vögel des Jannequin. Was ich auch anstellte, ich konnte die Erinnerung an ihn nicht vertreiben. Wochenlang suchte mich diese Erfindung eines anderen heim. Mir schien, als ob die von mir aufgezeichnete Musik des Wassers nur noch ein Teil jenes unvergänglichen Werkes wäre. Als ich ganz und gar verzweifelt war, mischte sich auch noch eine Passacaglia Buxtehudes hinein. Ich glaubte, den Verstand verlieren zu müssen, weil ich Eigenes und Fremdes nicht mehr unterschied. War nicht auch das Belauschen der Erde ein Diebstahl? Ach, wäre mir die Gnade zugefallen, naiv oder unbedenklich zu sein, naturhaft oder frech! – Ich wußte mir nicht anders zu helfen: ich zog meine Übertragung des Francesco da Milano hervor, richtete mir einen Stapel Notenpapier mit fünf Systemen ein und begann, die Komposition für Instrumente einzurichten. Es ist wahr, ich erweiterte sie. Ich stand vor der Notwendigkeit, eine fünfte Stimme hinzuzuerfinden und das polyphone Gewebe zu verdichten und zu verdeutlichen. Ich wollte wenigstens meine Kunstfertigkeit beweisen. Endlich ergänzte ich die vier Teile des Werkes durch einen fünften Adagio-Satz, meinen Traum aus Wasser, Stein, Brückenholz und Eingeweiden. So war am Ende manches von mir selbst darin. – Das Werk [...] wird, wie die jungen Eichen, noch feierlich rauschen, wenn ich verschwunden bin. Wer vermöchte auch diesem zu widerstehen [...]

Musik war eine reale Lebenskomponente Jahnns. In seiner Jugend wollte er Komponist werden. Diese Bestimmung verfehlt zu haben, hat er später als die eigentliche Tragik seines Lebens bezeichnet. Wie die Pythagoräer, wie die mittelalterlichen Musiktheoretiker sah er in der Musik einen Ausdruck der harmonikalen Gesetzmäßigkeit, der göttlichen Ordnung der Welt. Diese Überzeugung führte ihn zur Orgel, in der er das ideale Instrument seiner kultischen Anschauung von der Musik fand. Mit dem Orgelbau beschäftigte er sich zuerst während seines Aufenthalts in Norwegen 1915–1918 – theoretisch und als Autodidakt! Damals eignete er sich die Kenntnisse an, die ihn während der zwanziger und dreißiger Jahre im Zuge der Orgelreformbewegung befähigen sollten, weit über 100 alte Orgeln zu erneuern und zu konstruieren – allen voran die berühmte barocke Arp-Schnitger-Orgel in der Hamburger Jacobikirche. Jahnn hat seine Tätigkeit als Orgelbauer ursprünglich wohl nur in Zusammenhang mit der 1919 von ihm begründeten neuheidnischen Glaubensgemeinde Ugrino gesehen. Aufgabe des Ugrino-Bundes sollte es sein, Kultbauten zu errichten, um mit diesen den romanischen Domen nachempfundenen monumentalen Bauwerken die Vergänglichkeit des irdischen Daseins zu überwölben. In der *Verfassung der Glaubensgemeinde Ugrino* heißt es:

> Die Baukunst steht deshalb [...] im Vordergrunde alles zu Erschaffenden, weil sie aus dem Urgefühl der Masse mit ihrer Sprache redet, weil in ihr die Gefühle des Todes überwunden werden, weil sie das Werk einer Vielheit ist, weil sie die Lebensbedingung und Heimat der anderen Künste ist.

Jahnns immer wieder betonte Vorliebe für die archaischen Landschaften der polyphonen Musik der Renaissance und des Barock hat darin ihre Wurzel. 1921 erschienen im Ugrino-Verlag als erste Veröffentlichung die musikalischen Werke Vincent Lübecks, später u. a. Werkausgaben von Samuel Scheidt, Arnolt Schlick, Dietrich Buxtehude und Gesualdo da Venosa. Der Ugrino-Verlag mit seinen Musikeditionen und die Tätigkeit als Orgelbauer – das waren die praktischen Ergebnisse, die Jahn Mitte der zwanziger Jahre aus der Konkursmasse der Ugrino-Bewegung rettete, nachdem die Glaubensgemeinschaft mit ihren megalomanen Plänen sich als nicht realisierbar erwiesen hatte. Das Scheitern Ugrinos hat Jahnn aber auch endgültig auf den Weg der dichterischen Bestimmung gewiesen. Der Versuch, in den Romanen *Perrudja* und *Fluß ohne Ufer* eine Welt zu beschwören, trat an die Stelle des Baugedankens.

Jahnns Überzeugungen, wie sie der Ugrino-Idee zugrunde lagen, aber auch die Erfahrung ihres Scheiterns, wurden weit über die biographischen Anklänge hinaus für seinen Komponisten Gustav Anias Horn bestimmend. Horns musikalische Vorlieben entsprechen dem Kanon, wie Jahnn ihn für Ugrino aufgestellt und für sich selbst anerkannt hat. Genannt werden in Horns Erinnerungsbericht u. a. die Namen von Vertretern der niederländischen Vokalpolyphonie wie Josquin Desprez, Johannes Ockhegem, Heinrich Isaak und Pierluigi da Palestrina, der spanische Orgelmeister Antonio de Cabezón, die italienischen Instrumentalkomponisten Giovanni Gabrieli und Claudio Merulo, die norddeutschen Orgelmeister Jan Pieterszon Sweelinck, Samuel Scheidt und Vincent Lübeck, schließlich immer wieder Bach, Mozart und Dietrich

Buxtehude, „der musikalischste der Musiker", wie Horn und Jahnn ihn übereinstimmend nennen. Am äußersten Punkt von Horns, aber auch von Jahnns Widerwillen steht die Musik Richard Wagners mit ihrem sinnlich-heldenhaften Schwulst. Alle Passagen des Romans, die sich explizit mit Musik befassen, sind autobiographische Bekenntnisse und Reflexionen Horns über seine schöpferische Ästhetik, über seine musikalischen Vorlieben wie Abneigungen, seine Herkunft wie sein Verständnis und seine Deutung von Musik. Aus ihnen können wir unschwer, wie aus all den weltanschaulichen Überzeugungen des Tagebuch schreibenden Komponisten, die Stimme Jahnns heraushören. Horn besitzt die gleichen Vorlieben wie Jahnn, und er leidet an denselben Bedrängnissen. In dieser Hinsicht ist der Roman *Fluß ohne Ufer,* nicht anders als vier Jahrzehnte später Peter Weiss' *Ästhetik des Widerstands,* eine Wunsch-Autobiographie.

Mehrfach zitiert Jahnn in Notenform auch musikalische Kompositionsversuche aus seiner eigenen Jugend, darunter jenes Fragment einer Vertonung des altbabylonischen *Gilgamesch-Epos* aus dem Jahre 1924–25, das er schon in seinem 1929 erschienenen Roman *Perrudja* veröffentlicht hatte. Bezeichnenderweise erinnert sich Horn, bevor er den „Zwiegesang" – „ein Nichts an Musik, aber eine Scheuer voll Leid und archaischer Abtrünnigkeit" – in seine Niederschrift einfügt, jenes Sommers in Urrland, als er Jannequins Chanson *Le chant des oiseaux* im Klang der Natur wiederfand und bearbeitet hatte. Diese von Jahnn als Knabenkanon vertonten Zeilen aus der 12. Tafel des altbabylonischen *Gilgamesch-Epos,* die Zwiesprache von Gilgamesch mit seinem toten Freund Engidu, den jener in der Unterwelt aufsucht, spielen im *Fluß ohne Ufer* eine zentrale Rolle. Mit ihnen kulminiert und schließt der fünfte und letzte Satz von Horns imaginärer Ode-Sinfonie *Das Unausweichliche,* die er als Grabmal für seinen ihm im Tode vorausgegangenen Freund Tutein komponiert – ein Grabmal, das den Tod als das Unausweichliche, als die ‚wirklichste Wirklichkeit' jeden Lebens zugleich beschwört und überwölbt. Plan und Aufbau der Sinfonie werden im Roman in Umrissen skizziert. Der 1. Satz, eine Passacaglia, bedient sich eines Textes aus der 1. Tafel des *Gilgamesch Epos*; der 2. Satz ist auf Zeilen des chinesischen Lyrikers Li-Tai-Pe, der 3. auf einen Vers aus den Klageliedern des Jeremias, der 4. schließlich auf einen Ausspruch des chinesischen Philosophen Kungfutse gesetzt; den Schluß bildet der schon erwähnte „Zwiegesang" aus dem *Gilgamesch-Epos.* Die Sinfonie wird von Jahnn als Klage, nicht als Musik thematisiert.

Ich vermag nicht mehr, die Bilder um mich zu versammeln, die mir monatelang den Fortschritt der Komposition würzten. Sie fügten sich, mir selbst unbewußt [...], zu jenem großen Bau einfacher Ordnungen, tiefer sinnlicher Schönheit, unerschrockener Stimme. Die Symbole mathematischer Figuren fanden sich ein, ohne daß ich sie gerufen hätte, Tonschritte und Worte gliederten sich, nur unterbrochen von den Kaskaden gleichnisloser Sequenzen, vom Schlagen ferner Signale, wie Rufe, die ohne Mund ausgestoßen werden. Es wurde daraus der längste Abschnitt des Werkes. Zwischendurch arbeitete ich am Schlußsatz der Symphonie, dem kürzesten. Ich dachte an zwei Riesen, die über Meere hinweg einander Zeichen geben. Ihre Stimme ist der Sturm. Ihr Herz ist ein Stein. Ihre Gedanken sind ohne Rührung und weit gesponnen wie der Raum zwischen den Sternen. Sie sehen, daß Holz verbrennt und die Flamme keinen Bestand hat. Steine zerbröckeln zu Sand. Der Glanz blanker Metalle erlischt. Die Erde öffnet sich, um in ihrem Schoße den Untergang jeglicher Gestalt zu zeigen. Die Glocken auf den Türmen der Dome brausen eine Zeitlang; dann verlieren sie die Stimme. Wer fügt die Abläufe wieder zusammen? Wer sammelt das Gewesene in eine bessere Zukunft? Das Verbrannte, Zersandete, Verrostete, Abgetragene, Verweste, Verhallte, wer läßt es wieder auferstehen? Wer verrät die Ordnung der Unterwelt? ICH WILL ES DIR NICHT SAGEN, MEIN FREUND, ICH WILL ES DIR NICHT SAGEN; WENN ICH DIE ORDNUNG DER UNTERWELT, DIE ICH SCHAUTE, DIR SAGTE, MÜSSTEST DU DICH ALL DEINE TAGE HINSETZEN UND WEINEN.

Es ist kein Abschluß. Es ist ein Ausweichen. Die letzten dreißig Takte sind mir schwer geworden niederzuschreiben. Keine Bilder, keine Vorstellungen mehr, nur noch die Ketten der Formeln und kontrapunktlichen Regeln; der musikalische Inhalt aber eine Mauer aus grauem Blei: Nichtwissen, Nichtfühlen, Nichtkönnen. SIEHE, DEN LEIB, DEN DU ANFASSTEST, DASS DEIN HERZ SICH FREUTE, DEN FRISST DAS GEWÜRM WIE EIN ALTES KLEID! Danach das Schweigen meines Zimmers. Nach vielen Takten Pause ein einziger Dur-Akkord, an dessen Gitterwerk die Farben der Instrumente hinauf- und hinabflattern. Wie ein Schwarm Vögel, der sich für den Zug nach Süden übt.

Ich weiß wohl, die Musik vermag keine Gestalten einzufangen, keine Begriffe abzugrenzen, keine Sittlichkeit zu lehren, kein Empfinden mit Genauigkeit zu beschreiben. Ihre erregten Schritte und Rhythmen können nur die Erregung als solche andeuten, niemals den Blitz nachzeichnen, nicht den Aufruhr oder die Verfluchung der Seele. Das Gewebe ihrer Trauer ist noch in melodische und harmonische Schönheit getaucht und darum trotz der Tränen, die sie wecken kann, tröstlich wie die Tränen selbst. Sie ist vieldeutig und autonom.

Jahnns fiktiver Komponist Gustav Anias Horn und dessen fiktive Sinfonie *Das Unausweichliche* besitzen ein Vorbild: den dänischen Komponisten Carl Nielsen und dessen 4. Sinfonie, die den Beinamen *Das Unauslöschliche* trägt. Nielsen lebte von 1865 bis 1931. Der Spätromantiker und bedeutendste Vertreter der nationaldänischen Schule ist damit der einzige Komponist der modernen, subjektiven Musik, den Jahnn geschätzt hat. Das hat gewiß, aber nicht nur, etwas mit der Tatsache zu tun, daß Jahnn seit 1934 auf der zu Dänemark gehörigen Insel Bornholm lebte, wo auch die Romantrilogie *Fluß ohne Ufer* entstand.

Dem Werk Nielsens aber muß Jahnn schon früher begegnet sein und es als eine ihm wesensverwandte künstlerische Äußerung erfahren haben. „Großartig kühl" und von „abstrakter Erhabenheit" hat er Nielsens Musik einmal genannt. 1931, im Todesjahr des Komponisten, erwog er sogar, dessen Orgelwerke im Ugrino-Verlag zu vertreiben. Der Name Nielsens findet sich in Horns *Niederschrift* mehrfach – meist in Verbindungen mit Kindheitserinnerungen und der Erwähnung von Volksliedern als dem melodischen Urgrund von Musik. Am ausführlichsten hat Jahnn über ihn in seinem 1954 erschienenen Essay *Über den Anlaß* geschrieben. Dort zitiert und deutet er verwandte Formen des schöpferischen Anlasses bei Nielsen und in dessen Kindheitsautobiographie *Min Fynske Barndom – Meine Kindheit auf Fünen –*, deren Einfluß auf die Kindheitsgeschichte Horns man als gegeben annehmen darf. Nielsens 4. Sinfonie entstand während des Ersten Weltkriegs. Ihr Titel *Das Unauslöschliche* hält Nielsens Überzeugung fest, daß das Leben unzerstörbar ist, weil es jede, oder beinahe jede von der Natur oder von Menschen bewirkte Katastrophe überdauere. Man wird Horns fiktive Sinfonie, die den Tod als das Unausweichliche eines jeden Lebens enthüllt, darum auch als einen Gegenentwurf zu Nielsen begreifen dürfen. Nimmt man die real erklingende Musik zum Referenzpunkt des Vergleichs, so dürfte Jahnn aber eher von Nielsens 5., in den Jahren 1921/22 entstandener Sinfonie beeindruckt und beeinflußt worden sein. In dem schon erwähnten Essay *Über den Anlaß* wenigstens spricht er ausführlich über das Mißverständnis und die Ablehnung, die dieses Werk nach seiner Uraufführung erfuhr. An dieser Sinfonie faszinierte ihn wohl die Meisterschaft der thematischen und der melodischen Erfindungskraft, nicht zuletzt das kontrapunktische Strophenmaterial, das den tragischen Untergrund des Werkes bildet und ihm in den beiden fugierten Abschnitten eine überwältigende Unentrinnbarkeit verleiht. Der prinzipiellen Unvereinbarkeit, ja Unvergleichlichkeit von Musik und Sprache war Jahnn sich allerdings wohl bewußt, wie ein Brief aus dem Jahre 1939 an seinen Freund Hilmar Trede beweist:

Ich liebe Carl Nielsen hauptsächlich deswegen, weil er einen so großen Atem hat, Konsonanzen aneinander zu reihen. Aber die musikalische Kompositionstechnik benutzt andere Mittel als die Dichtkunst. Sie kann nämlich den „See der Tränen" und den „Pfuhl des Schmutzes" garnicht darstellen, sie kann es sich nur einbilden. Sie gibt immer nur Erlebnisgruppen, niemals Erlebnisprägungen. Hier liegt nämlich die Grenze der Harmonie und des Melos. Und es ist die Aufgabe der Dichtkunst, gründlich mißverstanden zu werden, wenn sie es wagt, die Wirklichkeit ins Blickfeld zu ziehen.

Was Jahnn mit Nielsen, was den schreibenden Gustav Anias Horn mit dem komponierenden dänischen Meister verbindet – der Titel des schon erwähnten Essays von Jahnn spricht es aus –, ist das Wissen um den Anlaß. Auch Nielsen – Jahnn zitiert aus seinen Briefen und aus Nielsens Essays – versuche nicht, hinter dem Anlaß zu verschwinden. Er sage vielmehr von sich, daß er mit einem Motiv arbeiten könne; er erwähne Bach und die Alten, und daß diese aus den trockensten Motiven gerade das meiste gemacht hätten. Das aber, so Jahnns Folgerung, heiße nun nichts anderes, als daß sich ihr Wesen der Anlässe bemächtige und sie in Substanz verwandle, die ohne ihr Wesen und ohne den Anlaß nicht bestünden. Und, auf den Roman zurückführend, wörtlich: „Die Gestalt des Gustav Anias Horn habe ich als Schriftsteller gebildet, und alle Anlässe, die ihm zu musikalischen Eingebungen wurden, haben sich mir selbst in Niederschriften umgesetzt." Jahnn spielt mit diesem Hinweis wie auch im Titel seines Essays auf eine Passage ziemlich gegen Ende der *Niederschrift* an, eine Passage, die übrigens erst im Sommer 1949 während des Druckes geschrieben und eingefügt wurde, nachdem er im Dezember 1946 den jungen Yngve Jan Trede kennengelernt hatte. Jahnn glaubte in dem damals erst dreizehnjährigen komponierenden Wunderkind ein musikalisches Genie von der Größe Bachs und Mozarts zu erkennen. Ineins mit Horns Bekenntnis zum schicksalhaften Anlaß seiner Kunst hat er auf diesen Seiten auch Tredes Anschauungen über die Harmonie verschmolzen und sie durch Notenbeispiele aus dessen Klavierfugen illustriert. Es sind Imitationen barocker Polyphonie. Der junge Komponist sollte schon bald ganz andere, eigene Wege gehen. Er hat später, zu Beginn der fünfziger Jahre, die Bühnenmusik zu Jahnns Schauspielen *Neuer Lübecker Totentanz* und *Spur des dunklen Engels* geschrieben und lebt heute als Komponist und Professor für Musiktheorie in der Nähe von Kopenhagen.

Der Anlaß zu meinen expansiven und (vielleicht darf ich es sagen) tieferen Werken ist mein persönliches Leben. Meine Angst, meine Trauer, meine Verlassenheit, meine Gesundheit, die Störungen in mir und die Zeiten des Gleichgewichts, die Art meiner Sinne und meiner Liebe, meine Besessenheit in ihr, haben auch meine musikalischen Gedanken und Empfindungen gestaltet. Kunst wächst auf dem Felde des Eros; darum einzig haftet ihr die Schönheit an. Meine inwendige Aufgabe scheint es von jeher gewesen zu sein, die Äußerungen meiner Existenz ins Abstrakte, nicht ins Pathetische, zu übersetzen. Meine Schlechtigkeiten zeigen sich in den Härten der Strophenbilder, in der Unergiebigkeit mancher Zusammenklänge, in der Langweiligkeit der Verflechtungen – und meine Güte, meine Demut, meine echte nicht neurotische Zärtlichkeit in der Fügsamkeit, im Ausschwingen, in der Expansion, in der graphischen und harmonischen Eindeutigkeit einer Konzeption. Es ist ein Gesetz der Welten, daß die Übersetzung auch physischer, organgebundener Erlebnisse ins Abstrakte zu klingen vermag. Je weiter sich die Musik vom Pathos entfernt, desto schwerer freilich wird es, sie als die Berührung einer freundschaftlichen Macht zu hören. Das Wort verdirbt die Musik. – Das Lied ergreift, und der vielstimmige Gesang mag erschütternd sein. Die wortlosen Instrumente bleiben die heilige Zuflucht der Musik. Knabenstimmen vielleicht bilden eine freundliche Ausnahme. Die Jugend darin, das Dasein ohne Grüfte funkeln als ewiger Sinn der Kreatur. Den Greis liebt die Schöpfung nicht; den kämpfenden Mann schlägt sie nieder. Die tiefe Hoffnung gedeiht in den wirren Gedanken der Knaben.

[...]

Das fertige Werk ist nicht identisch mit seiner Vorentstehung. Ich nun, im Gegensatz zu jedem anderen (das ist meine Rolle als Verwandter der aufgezeichneten Noten) betrachte inniger als die Arbeit ihren Anlaß, die Ursache meiner Einfälle, die unzeitliche Beschaffenheit, den Gesamtklang, der, in die Wirklichkeit übertragen, allerdings nur ein unartikulierter Schwall sein würde. [...]

Die Aussage über die kleineren (ich will nicht sagen kleinsten) strophischen Bestandteile der Musik läßt sich recht klar gestalten. In meinem Falle sind sie fast immer ein Zeugnis dafür, daß ich auf Gedeih und Verderb der eigentlichen Polyphonie verfallen bin, in der Gleichzeitiges und Nacheinanderkommendes, zu Erwartendes, nicht unterschieden sind. Man kann unter der eigenwilligen oder uneingeschränkten Polyphonie, die sich nicht scheut, die Harmonie zu vergessen, das Kaos verstehen, eine Summe von Gegensätzen („Bewegung nach allen Seiten" würde die alexandrinische Gelehrtenschule es genannt haben), die man beliebig dem Empfinden oder dem mathematisch-graphischen Wirken zuordnen kann; – im Gegensatz zur Homophonie, die, ob sie will oder nicht, im Harmonischen, dem Mittel des Pathetischen, in der Ordnung oder einer Ordnung einfacher Gestalt enden muß – und sei es zu diesem Endzweck auch nötig, daß sich der Mensch den alteriertesten, disharmonischen Akkord als Wohllaut zu empfinden angewöhnen müßte. [...]

[...] Ich vermute von mir, daß ich nicht willkürlich geschrieben habe; der herzlose, pfiffige Intellekt ist mir fremd. (Es gibt davon so viel in der Kunst, daß sie schon längst zur Unwahrheit geworden ist.) Inmitten der schöpferischen Ausschweifung darf die verzeihende knappe Güte des Eros in der wirksamen Tonsubstanz nicht fehlen. Die Kälte der Einsamkeit, der Würgegriff der Angst, die die heilige Röte des Verlangens verzehren. – – Das klingende mathematische System allein drückt nichts aus. – –

Schon sehr früh hat Jahnn die von ihm so bezeichnete „pathetische" zugunsten der „abstrakten" Musik abgelehnt. Selbst Bachs „pietistische Gottesdienstmusik", wie er die Kantaten und Orgelchoräle bezeichnete, galt ihm als eine Verirrung. Seit seinen ersten Aufsätzen noch aus der Ugrino-Zeit war es stets der Kontrapunkt als eine ältere und härtere Schicht des musikalischen Ausdrucks, war es die Logik der Instrumental-Polyphonie, der seine Liebe und Bewunderung zugewandt blieb. Als ihn Peter Huchel, der damals Redakteur der in Ost-Berlin erscheinenden Literaturzeitschrift *Sinn und Form* war, im Jahre 1953 bat, aus

Anlaß von Leo Tolstojs 125. Geburtstag einen Beitrag über Beethovens sogenannte *Kreutzersonate* und die davon angeregte gleichnamige Erzählung des russischen Dichters zu schreiben, da hat Jahnn dies Ansinnen in einem bekenntnishaften Brief abgelehnt, der teilweise wörtlich die zuletzt zitierten Äußerungen seiner Romanfigur Gustav Anias Horn wiederholt. Darüber hinaus heißt es in diesem Brief (und diese Deutung führt unmittelbar auf den Roman zurück):

> Die Musik, als Kunstart verstanden, ist für mich die abstrakteste und in ihren Formmöglichkeiten die vollkommenste. Sie umfaßt zudem eine Dimension, die allen anderen Kunstarten (auch der Dichtkunst) abgeht: die Zeit. Die Polyphonie, als schönste Steigerung musikalischer Gedanken verstanden, nimmt in der Gegenwart die Zukunft voraus. Jeder Kanon schon verdeutlicht jene vierte Dimension, die im Leben Schicksal bedeutet [...].

Dieser Schicksalsbegriff, diese Verräumlichung der Zeit aber ist das eigentliche Thema, der eigentliche Anlaß der *Niederschrift des Gustav Anias Horn*. Jahnn hat darüber nach Abschluß des Romans in einem Brief Ende April 1946 seinem Freund Werner Helwig Rechenschaft gegeben, aus dem die zentralen Abschnitte hier zitiert seien:

> Ich habe im *Fluß* versucht, musikalische Formen, die ursprünglich der Dichtkunst entstammen, durchzuführen. Ich bin selbst vor Imitationen und Engführungen nicht zurückgeschreckt. Die Strophe Gewitter kommt an einer Stelle in drei Zeiten unmittelbar hintereinander wie die Stimmen einer Fuge. Aber das ist nichts Äußerliches, und am liebsten möchte ich davon schweigen, weil ich nicht selbst den Vorwurf des Gekünstelten vorbereiten möchte. Indessen, was wir die Duplizität der Erscheinungen nennen, die überall und im Leben jedes Wesens zu beobachten ist, auch am Dasein der Tiere, stellt einen Teil des kanonischen Ablaufs des Daseins dar. So heißt es an einer Stelle im Fluß, wer sich einmal in der Nähe eines Mords befand, ist in der Gefahr, einen zweiten zu erleben. Diese Gebundenheit der Abläufe sichert m.E. viel mehr die Beständigkeit einer Persönlichkeit als ihr Charakter. So wirst Du denn auch finden, daß meine Personen nicht folgerichtig handeln und denken, sondern voller Widersprüche sind. Sie gelangen ans Ziel, an ihre Wirklichkeit, weil sie der Schauplatz von Ereignissen sind, musikalisch ausgedrückt, von Themen, Strophen, Motiven, Anklängen, Rhythmen. Sie treten nur ausgerüstet mit ihrer Konstitution auf, alles andere besorgt die Durchführung, die von allem Anfang an gegebene Möglichkeit. Schon auf der ersten Seite steht der Satz: „Jeder sieht das Schicksal mit den Augen seiner Krankheit." Später steht einmal: „Das Schwere ist in der prüfenden Leere zu schwer." Achte auf den leeren Klang dieses Satzes. Am Schluß, einem gewaltigen Finale, einem Rondo con Menuetto, erlaube ich mir, gleichsam auf einem Quartsextakkord innezuhalten – um dem fremden Virtuosen Gelegenheit zu geben seine Kadenz anzubringen, die mit dem Motiv aus dem Werk selbst beginnt. Ich möchte nun keinesfalls bei Dir den Eindruck erwecken, daß das sich nicht ganz zwanglos aus dem Fluß des Werkes ergibt. Es soll dem Leser nicht einmal bewußt werden – es soll nur magisch auf ihn einwirken. In diesem Finale ist aber das Sonderbarste

der Inhalt. Es wird die Inversion der Zeit geschildert. Du weißt ja, daß die Physik uns keine Definition der Zeit hat geben können, daß sie in Wirklichkeit eine unbekannte Dimension ist. Sie hat das Schicksal zu ihrem Inhalt. Da das Schicksal etwas Konstantes ist, also durch die Vergangenheit in der Zukunft nicht geändert werden kann, die Gegenwart im eigentlichen Sinne niemals besteht, also nur ein Integral der Zeit ist, so muß diese Zeit selbst einem unveränderbaren mathematischen Gebilde vergleichbar sein, also etwa einem begrenzten Strich, den wir, oder einige unter uns, unter gewissen Voraussetzungen in seiner ganzen Ausdehnung, jedenfalls in den beiden Abschnitten Vergangenheit und Zukunft gleichzeitig wahrnehmen, wenn Du den Ausdruck gestattest, betrachten können [...] Nun, im „Fluß" habe ich diesen Begriff der Zeit als Inversion in die Wirklichkeit eingeführt. Wenn Du so willst, handelt der ganze Roman überhaupt nur von diesem Zeitbegriff, nämlich vom unveränderbaren Schicksal, das sich mit *allen* Mitteln der Zeit ankündigt.

In all seinen Selbstkommentaren hat Jahnn immer wieder mit Nachdruck die musikalische Bauform, die motivische, strophische Konstruktion der *Niederschrift des Gustav Anias Horn* hervorgehoben. Auch die Inversion, die Umkehrung eines Themas, ist ein musikalisches, aus der Polyphonie entlehntes Prinzip. In Jahnns Roman signalisiert sie als Schicksalsbegriff die Zukunft in der Vergangenheit. Die Musik steht für die Gleichzeitigkeit des Nacheinander. Sie ist – wie der Titel von Horns Sinfonie *Das Unausweichliche* es zum Ausdruck bringt – die eigentliche Dimension der „wirklichen Wirklichkeit". In Horns Niederschrift verflechten sich gegenwärtige Erfahrung und Erinnerungen an Vergangenes kontrapunktisch. Die Musik, die Horn in der *Niederschrift* mit den Namen ihrer Komponisten oder in Notenzitaten evoziert ebenso wie diejenige, die er selbst komponiert, wird zum Medium der Übersetzung, zum Medium der Erinnerung. Horns Notenschreiben als Komponist und seine Tagebuch-Niederschrift in Worten verweisen aufeinander, und auch das musikalische Komponieren ist ja ein Lesen, die Leuchtspur einer Schrift, die etwas zum Erklingen bringt, was zuvor noch unerhört, noch ungeschieden in der Zukunft war. Die *Niederschrift* spricht aber nicht nur von Musik, sie ist als Ganzes wie Musik komponiert und erklingt wie Musik – vielstimmig, endlos, uferlos. Jahnn hat die expansive Form Helwig gegenüber gerechtfertigt: „Die Handlung bedingt die Länge nicht, wohl aber das Gewicht, mit dem das Schicksal empfunden wird. Das Ganze ist die Musik."

Man kann den Roman Jahnns wie eine Komposition lesen, die kompositorische Verfahrensweise seines Erzählens als seine eigentliche Leistung, als seinen eigenständigen Beitrag zur Poetik des modernen Romans würdigen. Jahnn geht es nicht um das artistische Spiel, nicht um

Repräsentation (die er Thomas Mann immer wieder, und zu Recht, vorwarf), sondern um Realisation, um Intensitäten, um die Verwirklichung einer anders nicht zu benennenden Erfahrung. In der Sprachlosigkeit, in der Begriffsferne von Musik leuchtet die Aporie des Daseins auf. Die unfaßbare, aber doch erklingende, mit den Sinnen wahrnehmbare Welt der Töne besitzt bei Jahnn eine zeichenhafte Verweisfunktion, daß auch der einzelne Mensch Schauplatz von Abläufen, Schauplatz von Ereignissen ist, Einfallstor des Schicksals. Der Leser muß sich vom Text-Körper dieses Romans, muß sich von der erotischen Energie der Sprache, muß sich von der leidenschaftlichen Intensität der Bedrängnis und Befallenheit durch Liebe und Tod, diesen Urerfahrungen des Menschen, führen lassen wie von Musik – Werner Helwig schrieb einmal so schön wie zutreffend: „wie von einer Orgelfantasie". Wie die von ihm so bewunderten Orgelwerke des norddeutschen Barock ist auch Jahnns Roman *Fluß ohne Ufer* ein Gemisch aus Magie und Vernunft, monumental entworfen und doch feingliedrig durchgebildet, von expansiver Rhetorik erfüllt und doch von einer metaphysischen Strenge des Ausdrucks fern jeder Psychologie – eine Klage über die verspielten, die verbrauchten, die verlorenen Wunder der Schöpfung, genährt von Erbarmen und von Mitleid. Er steht für eine Revolution des Fühlens – der einzigen Umwälzung, die noch helfen kann, da alles Handeln und Denken die Menschheit an den Rand des Abgrunds geführt hat.

Berenike Jürgens

VERWEISENDE MUSIKREZEPTION IN HANS HENNY JAHNNS *FLUSS OHNE UFER*

Musik – Rhythmus, Zahlenverhältnisse

Je mehr Jahre sich an mir absetzen, desto sicherer werde ich in der Überzeugung, daß der Ursinn aller Kunst harmonikalische Fundamente hat, also in das Reich des Rhythmus, der Zahl, des uneindämmbaren Schöpfungsstromes hinabreicht.[1]

Diese harmonikalischen Fundamente scheint Musik in besonderem Maße aufzuweisen. Zwischen Musik und Mathematik gibt es unleugbare Korrespondenzen. Nicht nur die Strukturierung des musikalischen Materials in Rhythmus und Metrum, sondern auch die Intervallverhältnisse, die den Zusammenklang von Tönen durch die Verhältnisse ihrer Schwingungen definieren, weisen darauf hin. Bloch verweist in seinem Aufsatz *Über das mathematische und dialektische Wesen in der Kunst* sogar auf eine Verwandtschaft zwischen dem mathematischen Denkstil einer Zeit und den musikalischen Techniken derselben Zeit.[2] Auf jeden Fall aber gibt es Korrespondenzen zwischen musikalischer Formgebung und wirtschaftlich-sozialen Strukturen historischer Epochen. Für Horn, Jahnns fiktiven Komponisten, ist Musik Ausdruck von Empfindungen und Gedanken des Individuums ins Abstrakte übersetzt.

Es werden nur Töne sein, Motive, Themen, unsichtbare Gebärden und die tiefere Bedeutung der kanonischen Bindungen – Symbole [...] Am Ende aber geht unser vielfältig gespreiztes Wesen in diese Ordnung ein.[3]

Die Musik hat die Fähigkeit, eine Brücke zu schlagen zwischen der Natur und dem sich ihr entfremdenden sozialen Wesen Mensch, da sie Strukturen und Gesetzmäßigkeiten der Natur und Merkmale der individuellen, inneren und geistigen Konstitution des Menschen in sich vereint. Das Anliegen Horns, eins mit der Natur zu werden bis hin zum

---

1 Hans Henny Jahnn: *Werke und Tagebücher in sieben Bänden.* Hamburg 1974. Band 7: *Schriften und Tagebücher.* S. 27
2 Ernst Bloch: *Zur Philosophie der Musik* Frankfurt/M. 1974, S. 269
3 Jahnn (Anm. 1), Band 2: *Fluß ohne Ufer.* S. 318

Wunsch, mit seinem Pferd gemeinsam zu verwesen, ist unmißverständlich.

Die Musik, als Kunstgattung, „auf die einwenig – einwenig abgebröckelter Staub nur – des Absoluten gefallen ist"[4], ist aber nicht nur Hilfsmittel zum Eingehen in die harmonikale Weltordnung, sie soll ebenso eine Utopie in den Räumen jenseits des Gesetzes der Natur zeigen.

„Die Musik ist besser als die Natur", sagte er. „Es ist einer der Auswege, um die Gedanken vom Fleisch abzudrängen", sagte ich, „der Mensch sucht Trost an vielen Orten. Er versucht zu denken, daß er nicht sei oder daß sein eigentliches Ich jenseits aller Räume vom Gesetz der Natur erlöst werde."[5]

Horns Auffassungen von Musik sind eng verbunden mit einer Ästhetik der „Sphärenharmonie". Eine imaginäre Musik des Weltalls (bei Boëthius die musica mundana) soll zu einem Vorbild für die irdische Musik werden. Auch Horn glaubt an diesen Weltengesang. „Ich glaube auch, daß ein Gesang, irgendein Gesang, die Materie durchzieht und hilft, sie aus dem unendlich Kleinen aufzubauen."[6]

„Die Klärung der Hörer also nach antikem Maß führt von Pythagoras und Platon her immer wieder zur Musik als einer Art Hörraum des Maßes, des Maß – Kosmos zuhöchst, [...]"[7]

Dem entspricht Horns Aussage: „In der Kunst geht es nicht um den Ursprung, nicht um die Absicht, einzig um das Maß."[8] Eine Auffälligkeit des Romans liegt u. a. darin, daß der Komponist Horn diese Aussage durch sein Werk negiert. Seine Symphonie *Das Unausweichliche* hält eben nicht mehr Maß, sondern ist schon Über-Maß. Dieses Übermaß entsteht aus der Absicht, eine umfassende Antwort zu geben. Und die Absicht ist es, die die Form, das Maß der Musik bestimmt. (Sie entscheidet, ob das musikalische Material zur Fuge, Sonate oder Symphonie strukturiert wird.) Horns Suche nach dem Maß steht an ihrem Anfang ganz im Tenor des Fremden im Rotnahotel: „Die ganze Schöpfung ist ein Kunststück der Algebra."[9] Dem entsprechen Horns Versuche mit dem mechanischen Klavier. Diese entseelt-entfremdete Kompositionsweise wird später von Horn verworfen: „Das klingende mathematische

---

4 Jahnn (Anm. 3), S. 208
5 Ebd., S. 230
6 Ebd., S. 466
7 Bloch (Anm. 2), S. 273
8 Jahnn (Anm 3), S. 208
9 Ebd., Band 1: *Fluß ohne Ufer*. S. 181

System allein drückt nichts aus."[10] Horn negiert durch seine eigenen musikalischen Kompositionen die Determiniertheit von Musik und damit auch von Schicksal durch bloße Zahlenverhältnisse. Anlaß dazu ist die Birkenrinde, die er in der Verwandtschaft zu seinen gerasterten Papierrollen sieht. Das Belauschen der Natur führt zu einer neuen Schwierigkeit, Eigenes und Fremdes nicht mehr unterscheiden zu können. Je mehr Horn im weiteren Verlauf des Romans versucht, den Fremden aus dem Rotnahotel zu widerlegen, ein seiner Individualität entsprechendes Maß zu finden, welches trotzdem die harmonikalen Verhältnisse der Weltordnung in sich trägt, gewinnt kontrapunktisch die These „es ist, wie es ist" immer mehr an Gewicht, verliert Horn immer mehr seiner Identität, verlieren seine musikalischen Schöpfungen das Maßvolle – aus dem Bedürfnis „Das Unausweichliche" abzubilden –, wird der Fremde mehr und mehr verklärt, und damit der Mythos von Zahl und Rhythmus perpetuiert.

Musik und Mythos

Dies Gemisch magischen und realen Denkens, dies sinnliche Ergründen unerklärbarer Ahnungen ist wohl die Wurzel, auf der meine Begabung oder meine Sehnsucht zur Musik gewachsen ist.[11]

Die Musik, die Ernst Bloch als die „utopistischste aller Künste"[12] bezeichnet, korrespondiert bereits im Mythos ihrer Entstehung mit zentralen Themen des Jahnnschen Romans. Gemeint ist die folgende Episode aus der griechischen Mythologie:

Pan jagt sich mit Nymphen, stellt einer dieser, der Baumnymphe Syrinx, nach. Sie flieht vor ihm, sieht sich durch einen Fluß gehemmt, fleht die Wellen an, ihre ‚liquidas sorores', sie zu verwandeln, Pan greift nach ihr, da hält er nur Schilfrohr in den Händen. Während seiner Klagen um die verlorene Geliebte erzeugt der Windhauch im Röhricht Töne, deren Wohlklang den Gott ergreift, Pan bricht das Schilf, hier längere dort kürzere Rohre, verbindet die wohl abgestuften mit Wachs und spielt die ersten Töne, gleich dem Windhauch, doch mit lebendigem Atem und als Klage. Die Panflöte ist so entstanden, das Spiel schafft Pan den Trost einer Vereinigung mit der Nymphe.[13]

Das Spiel Pans auf der Flöte ist eng verknüpft mit Eros. Jahnn verallgemeinert, denn für ihn wächst – wie er wieder und wieder betont – alle

---

10 Ebd., (Anm. 3), S. 505
11 Ebd., (Anm. 9), S. 239
12 Bloch (Anm. 2), S. 326
13 Ebd., S. 282

Kunst auf dem Felde des Eros.[14] Das Instrument des klagenden Gottes, die Panflöte, ist der Urahn der von Jahnn so geliebten Orgel. „Es ist ein widerspruchsvoll utopisches, dies Flötenspiel ist das Vorhandensein eines Verschwundenen, was über die *Grenze* hinaus ist, wird von dieser Klage eingeholt, in diesen Trost gefaßt."[15]

Das Bewahren über die Grenze hinaus ist auch das verzweifelte Anliegen von G. A. Horn, dem er mit allen Mitteln, von der Einbalsamierung Tuteins bis zur Theorie der Inversion der Zeit, Rechnung zu tragen sucht. Daß Musik über ihren Anlaß hinaus zu bestehen vermag, berührt den Komponisten Horn ebenso wie die Weiterführung des Gedankens, daß seine Musik noch besteht, wenn er, ihr Schöpfer, nicht mehr ist.[16] Der Preis für diese Beständigkeit eines musikalischen Gebildes ist die Entbehrung des konkreten Begriffes.

Der Versuch Horns, sich mit dem Hilfsmittel Musik der Grenze zu nähern, führt auch zu Identitätsverlust, zum Zerblättern des persönlichen Gefühls. Wie für Pan ist für Horn Musik Klage, Klage um die Vergänglichkeit der freundschaftlichen Liebe in d-moll.[17]

Mein privates Dasein bestand, konnte bestehen, weil die Musik es nicht wie das Wort des Dichters mitteilte; es verliert sich als Klage. Alle Wunden, die meiner Seele je zugefügt wurden, brechen auf, wenn jene frühen Strophen in mir wach werden, die alle den Namen Tutein haben [...][18]

Neben der Pan-Syrinx-Geschichte liegt ein weiterer griechischer Mythos in der Nähe der Jahnnschen Problematik des Kampfes gegen das Unausweichliche: die Sage von Orpheus, der in die Unterwelt steigt, um mit Hilfe der Musik die verstorbene Gattin zurückzugewinnen.

Todesraum grenzt vermittelt an Musik [...] er grenzt vor allem an ihr unsichtbares Material, an ihre beständige Tendenz, im Unsichtbaren, worin sie beginnt, wohin sie weiterzielt, ein Universum ohne Äußerlichkeiten.[19]

Diese Dimension ist es, die Jahnn fasziniert und die ihn möglicherweise auch veranlaßt, an einigen Stellen der *Niederschrift* Noten in den Text zu setzen. Die Notenbeispiele im Roman dienen nicht nur der Präzisierung musikalischer Analysen, sondern Jahnn versucht damit an wenigen

---

14 Jahnn (Anm. 3), S. 503
15 Ebd., S. 282
16 Vgl.ebd., S. 208
17 Vgl. ebd., S. 505
18 Ebd., S. 507f.
19 Bloch (Anm. 2), S. 337

Stellen des Romanes in seinem Unterfangen, eine ganze Antwort zu geben[20], mehr zu sagen, als es die meinende Sprache vermag.

Gegenüber der meinenden Sprache ist Musik eine von ganz anderem Typus. In ihm liegt ihr theologischer Aspekt. Was sie sagt, ist als Erscheinendes bestimmt zugleich und verborgen. Ihre Idee ist die Gestalt des göttlichen Namens. Sie ist entmythologisiertes Gebet, befreit von der Magie des Einwirkens; der wie immer auch vergebliche menschliche Versuch, den Namen selber zu nennen, nicht Bedeutungen mitzuteilen.[21]

Der Komponist Horn unternimmt diesen vergeblichen Versuch.

Ich träumte ein besserer Rameau zu werden, ein Meister, der das unabänderliche Gesetz der Abstraktion in der Harmonie zu einer Äußerung zwingt, die unerhört kühn und *klar*, eine Entsprechung des Ewigen ist.[22]

„Ich habe im *Fluß* versucht, musikalische Formen, [...], durchzuführen."[23]

Ein solcher Versuch Jahnns setzt voraus, daß er nicht nur metaphorische, sondern strukturell eindeutige Entsprechungen zwischen Musik und Dichtkunst für gegeben hält. Er äußert in seinem Vortrag *Über den Anlaß*: „Ich möchte behaupten, daß auch komplizierte Formen der Musik sogar in einem epischen Werk ihre Entsprechung finden können."[24] Das Reizvolle dieser Entsprechungen liegt in der Beziehung zwischen der Symphonie des Komponisten Horn *Das Unausweichliche* und dem Roman *Die Niederschrift des Gustav Anias Horn* von Jahnn.

Auf Seite 693, Teil II beginnt in der Tat eine Analyse der von mir angewandten Imitationsformen, musikalisch umgeschrieben, wenn es denn endlich Seite 694 unten heißt: Umkehrungen von Dux und Comes seien ängstlich vermieden, während Kürzungen und Verlängerungen einen breiten Raum einnehmen; die Engführung endlich scheine mein Steckenpferd zu sein, ich scheute mich nicht, Verkürzungen, Verlängerungen und normale Ausdehnung gleichzeitig zu gebrauchen, wodurch unvermeidlich schwere Verstöße gegen die Kompositionsregeln Eingang fänden usf., so ist das eine Anspielung auf die Form des Romans, seine Ausführung mit all ihren Wiederholungen, Gedankenausdeutungen und Verkehrungen der Erinnerung, die wortwörtlich zu nehmen ist.[25]

---

20 Vgl. Jahnn (Anm. 9), S. 196
21 Theodor W. Adorno: Fragment über Musik und Sprache. In: *Sprache-Dichtung-Musik*. Hg. von Jakob Knaus, S. 73
22 Jahnn (Anm. 3), S. 502
23 Hans Henny Jahnn, Werner Helwig: *Briefe um ein Werk*, Frankfurt/M. 1959, S. 17
24 Jahnn (Anm. 1), S. 86
25 Jahnn, Helwig (Anm. 23), S. 19

Die Passagen über das Komponieren werden also doppeldeutig, nicht nur als Parallelen zwischen Musik und Dichtkunst als zwei Formen der Kunstausübung, sondern tiefgreifender, als Kommentar zu Aufbau und Anliegen des Romans *Die Niederschrift* determiniert. Damit will ich nicht behaupten, daß jeder Abschnitt über Horns musikalisches Schaffen auch genau eine Aussage über Jahnns Schriftstellertum enthüllt. Jahnn selbst sagt über diese Entsprechungen: „Aber das ist nichts Äußerliches, und am liebsten möchte ich davon schweigen, weil ich nicht selbst den Vorwurf des Gekünstelten vorbereiten möchte."[26]

Allerdings ergibt sich aus den angestrebten Parallelen zwischen musikalischer Technik der Symphonie *Das Unausweichliche* und Jahnns Roman eine Beschneidung des kompositorischen Ausdrucks Horns auf solche Techniken, die in der Sprache ein Pendant finden können.[27]

In den Kommentaren Horns zur Symphonie erklärt Jahnn nicht nur Teile seiner Romanstruktur, er verteidigt auch ihre Ungewöhnlichkeiten.

Sie hatte Eigentümlichkeiten, die sie, zum wenigsten formal, auszeichneten. Vielleicht ist einer ihrer Fehler, daß sie keinen rechten Platz in der Geschichte der Symphonie hat. Sie ist abendfüllend; das war von mir gefordert worden. Sie ist überwiegend ein Orchesterwerk; die verdeutlichenden Chorsätze allein kann man in einer Viertelstunde singen lassen.[28]

Jahnn schreibt über diese Anspielung an Helwig:

Die große Seitenzahl ist also nicht an Umständen entstanden, die etwa für Proust oder Tolstoi galten. Im Roman selbst wird darüber immer metaphorisch gesagt, das Werk sollte abendfüllend sein, das war verlangt worden. (Das heißt die Darstellung der komplizierten Seelenvorgänge und die gewählte initiatorische Form verlangen es.) Der chorische Text aber wurde knapp durchkomponiert und durch eine Laune der Form als losgerissenes Proömium an das Ende versetzt.[29]

In dieser Bemerkung darf man einen Hinweis auf den Nachtrag zur *Niederschrift* vermuten, vor allem auf den Brief G. A. Horns an seine verstorbene Mutter, in dem – aus dem Wunsch nach Rechtfertigung heraus – die zentralen Motive des Romans noch einmal ‚knapp durchkomponiert' erscheinen.[30]

---

26 Ebd., S. 17
27 Vgl. Jochen Voigt: *Struktur und Kontinuum*, München 1970, S. 154
28 Jahnn (Anm. 3), S. 177
29 Jahnn, Helwig (Anm. 23), S. 21
30 Voigt (Anm. 27), S. 157

Einige grundsätzliche Aussagen über den Musiker Horn gelten möglicherweise auch für den Schriftsteller Jahnn. „Meine Veranlagung steht der Figuralmusik näher als dem bronzenen Gesang."[31] Jahnns Sprache ist reich an Ausschmückungen und auch die Variationen seiner Grundmotive sind durch vielfältige Melismen erweitert. Analog zu Horns Einschätzung als einem der ‚Wenigermusikalischen' äußert Jahnn über sich in einem Brief an Werner Helwig:

> Die feineren Teile meines Talents sind nicht besonders gut ausgearbeitet, das weiß ich. Es unterlaufen mir zuweilen ganz scheußliche grammatikalische Entgleisungen, dadurch hervorgerufen, daß die Sprache für mich niemals aufgehört hat, Rohstoff zu sein. Ich [...] bin also gerade das Gegenteil eines Schöngeistes.[32]

In der *Niederschrift* äußert Horn: „Von den Instrumenten habe ich nur ein theoretisches Wissen. Das Klavier ist mein einziger Freund."[33] An anderer Stelle heißt es über die Instrumentierung von Horns Symphonie: „Ich habe die Instrumentierung diesem Urbild einer Orgel angepaßt [...] Ich weiß gar nicht, wie man ein großes Orchester bewältigt."[34] Der Komponist Horn versucht nicht, die Verteilung des musikalischen Materials auf die einzelnen Instrumente (Stimmen) gemäß ihrer Individualität zu organisieren. Er bemüht sich die Instrumente einem Gesamtklang, dem der Orgel, anzupassen und nicht ihre Individualität zu betonen. Ähnlich verfährt der Schriftsteller Jahnn mit seinen Romanfiguren. Keine entwickelt eine für ihr Alter oder ihre Bildung typische Stimme. Sie alle haben nur die Sprache Jahnns, sind in ihren Äußerungen einem Gesamtklang, einer Gesamtaussage angepaßt.

Das zentrale Thema des musikalischen Ausdrucks Horns ist die Polyphonie. Auch Jahnn will sich in seinem Roman polyphoner Techniken bedient haben. „Ich bin selbst vor Imitation und Engführung nicht zurückgeschreckt. Die Strophe Gewitter kommt an einer Stelle in drei Zeiten unmittelbar hintereinander wie die Stimmen einer Fuge."[35]

Einmal kann man die Zeitschichten des Romans als polyphone Stimmen auffassen. Diese Zeitebenen treten im Roman teilweise sehr eng verschränkt auf, wenn ein Gedanke oder Ereignis verschiedene Erinnerungen auslöst. In diesen verschiedenen Stadien des Entsinnens können die verschiedenen Begebenheiten unter verschiedenen motivischen Ge-

---

31 Jahnn (Anm. 9), S. 534
32 Siehe Anm. 14, S. 12
33 Jahnn (Anm. 9), S. 632
34 Jahnn (Anm. 3), S. 494/495
35 Jahnn, Helwig (Anm. 3), S. 17

sichtspunkten aneinandergereiht werden. Dieses Prinzip des Entsinnens mehrerer Begebenheiten als Aufbau einer motivischen Kette findet sich häufig in der *Niederschrift*. Man kann zwar in einem solchen Fall davon sprechen, daß die Stimmen nacheinander mit dem gleichen Thema einsetzen, (gleiches Motiv in verschiedenen Zeitebenen entspricht gleichem Thema in verschiedenen Stimmen), jedoch um der musikalischen Fugenkonstruktion zu gleichen, müßte das schriftstellerische Gebilde der ersten Zeitebene während des Erscheinens der nächsten Zeitebene gleichzeitig *und* kontrapunktisch weitergeführt werden.

Eine zweite Variante des polyphonen Schreibens ist eine Art „gedachter Polyphonie", die zweifellos an verschiedenen Stellen des Romans vorhanden ist. Gemeint ist, daß ein Ereignis des Romans mehrere Themen berührt, die vom Rezipienten sozusagen gleichzeitig gehört werden. So liegt das Grundthema „es ist, wie es ist" wie ein cantus firmus unter den sich darüber figural entfaltenden Motiven. Das wäre jedoch mehr als inhaltliche denn als strukturell-technische Polyphonie aufzufassen.

Jahnn verschränkt in seinem Roman verschiedene Realitäten eng miteinander, u. a. die eines äußeren Umstandes und die einer Komposition.

Ich lag mit dem Bauche auf einem Stege über dem Wasser [...] Ich lauschte und vernahm den schwermütigen Strom wunderbarer Harmonien [...] Als ich ein andermal die gleiche List anwandte, ertönte in mir jener Gesang der Vögel des Jannequin [...] Mir schien, als ob die von mir aufgezeichnete Musik des Wassers nur noch ein Teil jenes unvergänglichen Werkes wäre. Als ich ganz und gar verzweifelt war, mischte sich auch noch eine Passacaglia Buxtehudes hinein.[36]

Hier findet eine Mehrstimmigkeit in der Wahrnehmung Horns statt, aber nur innerhalb des der Musik verpflichteten Sinnesorgans, des Gehörs. Diese Gleichzeitigkeit kann der Leser jedoch nicht sinnlich erfassen.

Ein anderer Versuch, verschiedene Zeitebenen zu verschränken, ist Jahnns Experiment von der „Inversion der Zeit". Diese verweist jedoch eher auf die Kategorie der Vorausnahme, die auch in der Musik ihre Entsprechung finden kann. „Ohne solche stilbestimmenden Elemente der Vorausnahme kann es, meiner Erfahrung nach, kein geschlossenes Kunstwerk geben."[37] Die Vorausnahme ist aber nicht unbedingt ein Stil-

---

36 Jahnn (Anm. 9), S. 547
37 Jahnn (Anm. 1), S. 85

merkmal polyphoner Kompositionstechnik und müßte für den musikalischen Bereich auch erst einmal definiert werden (soll Vorausnahme kleinster Baustein wie im Vorhalt oder Splitter eines später erscheinenden musikalischen Motivs sein).

Die „Inversion der Zeit" ist für Jahnns Schicksals- und Zeitmotivik von Bedeutung und sein Zeitverständnis möglicherweise der Anlaß, sich um eine polyphone Schreibweise zu bemühen, die „Inversion der Zeit" ist jedoch kein Mittel, diese Polyphonie über einen längeren Romanabschnitt umzusetzen.

Letztendlich kann der Roman nicht den Zusammenklang der Stimmen, das sinnliche Gesamterlebnis der Wirklichkeit, sondern nur die Analyse der polyphonen Struktur der Realität liefern, indem er zuerst den Zusammenklang definiert und anschließend jede einzelne Stimme vorführt.

Die musikalische Tradition, in der sich G. A. Horn verstanden wissen will

Mein Trost in den großen Bedrängnissen der Seele ist mir von Josquin gekommen, von den wehmütigen Erzählungen Buxtehudes, von der unfaßbaren Folgerichtigkeit Scheidts. Um Bach lieben zu können, muß ich seine pietistische Gottesdienstmusik ausstreichen und aus den reineren Quellen seiner Konzertstücke trinken.[38]

Die musikalischen Vorlieben des Komponisten G. A. Horn sind unschwer als die des Schriftstellers Jahnn zu identifizieren. Bemerkenswert, daß nach Johann Sebastian Bach lediglich Mozart und Carl Nielsen Erwähnung finden. Die Auslassung einer Vielzahl musikalischer Epochen geschieht keineswegs zufällig, „Es gibt Musik, die mir gleichgültig ist, es ist das meiste [...] Ich schreibe es nicht leichtsinnig nieder. Ich habe mich sehr gewissenhaft geprüft."[39] Die musikalische Tradition, in der sich G. A. Horn verstanden wissen will, findet ihre Entsprechung in den inhaltlichen Leitmotiven des Jahnnschen Romans. Die Gemeinsamkeit der genannten Komponisten bis einschließlich J. S. Bach liegt u. a. in ihrer polyphonen Kompositionsweise. „[...] ich meine, es beinahe beweisen zu können, daß das Ziel aller von Menschen erdachter Musik, die Vereinigung von Polyphonie und Polyrhythmik sein müßte."[40]

---

38 Ebd. (Anm. 3), S. 207f.
39 Ebd. (Anm. 9), S. 536
40 Ebd., S. 472

Die Mehrzahl der von Jahnn bevorzugten Komponisten (Bach, Mozart und Nielsen ausgenommen) komponierten in reiner Stimmung, d. h. das für ihre Musikpraxis notwendige Material der Instrumental- oder Gesangsstimme wurde auf der Grundlage akkustischer Gegebenheiten (Obertonreihe) errechnet. Die reine Stimmung ist sozusagen die „archaische" Stimmung, die den „natürlichen Zahlenverhältnissen" entspricht.

Der mit gleichschwebender Temperatur rechnende Kadenzvorgang der Bachzeit, Ausgangspunkt aller bisherigen Harmonielehren und gepriesen als die Natur selbst, als zwingend, weil natürlich, ist also gerade das Gegenteil, ist ein Zurückdrängen der Natur zugunsten eines erweiterten Tonmaterials, [...][41]

D. h. die reine Stimmung entspräche mehr dem Gesang, der die Materie durchzieht[42] als die Temperierung.

Diese heiligen Zahlen nun, die den Grundriß, die Plastik ungezählter Tempel schaffen halfen, sind auch der Musik als ein Gesetz eingegeben, dem sinnlichen Klang, den unser Ohr aufzunehmen vermag, natürlich unwissend, genießend nur [...] Wohlgemerkt, nicht um die wohltemperierten Tonstufen handelt es sich hier, vielmehr um den Stoff des Tones.[43]

Die Temperierung des musikalischen Materials bedeutet einen gravierenden Einschnitt für die Entwicklung kompositorischer Techniken. Die Teilung der Oktave in zwölf gleichmäßige Halbtonschritte (1961 von Andreas Werckmeister eingeführt) ermöglichte, die beliebige Verwendung eines jeden Intervalles und die entharmonische Verwechslung.

Was ein Ton jetzt sein soll, muß der Zusammenklang deutlich machen. Die gleichzeitig und die vor- und nachher erklingenden Töne müssen den Sinn des Tones klarstellen. Damit gewinnt die Melodie harmonische Verpflichtung, aber auch harmonische Ausdrucksmittel hinzu.[44]

Der Kontrapunkt Bachs wird somit zum harmonischen Kontrapunkt.

[...] mein Geist ist der Harmonie, gemeinhin verstanden, nicht nur abgewandt, er enträt ihr völlig. Ich habe einmal geäußert, daß ich einer älteren und härteren Schicht zugeteilt sei [...]. Darum verstehe ich mich auf die Harmonie allenfalls übereinkunftsmäßig, doch nicht fundamental.[45]

---

41 Diether de la Motte: *Harmonielehre*, Leipzig 1981, S. 13f.
42 Vgl. Jahnn (Anm.3), S. 466
43 Jahnn (Anm. 1), S. 190f.
44 Diether de la Motte: *Kontrapunkt*, Leipzig 1985, S. 222
45 Jahnn (Anm. 3), S. 503

Die wachsende Bedeutung des Denkens in harmonischer Funktionalität in der Bachzeit erklärt möglicherweise Horns nur geteilte Verehrung für J. S. Bach, der die Temperierung des Klaviers äußerst begrüßte. Horns musikalische Vorliebe für Komponisten vor J. S. Bach ist ein Baustein in der Motivkette: Verneinung des Fortschritts – Hinwendung zu archaischen Formen, zum ursprünglich Geglaubten – Hinwendung zum „Heidnischen", die sich durch alle Bände der Trilogie zieht.

Erwähnenswert ist, daß die Komponisten der Vorbachzeit keineswegs zufällig ausgewählt worden sind und ihre Kompositionen abermals eine Selektion erfahren haben. So gehören die Werke Palestrinas, die durch das Konzil von Trient als offizielles Vorbild der katholischen Kirchenmusik anerkannt wurden, nicht zu den Anknüpfungspunkten Horns. "Ich bin Palestrina gegenüber von Anfang an kühl gewesen [...] Ich weiß, er ist der größte Komponist der katholischen Kirche – und mich erwärmt er nicht."[46] Damit soll nicht zum Ausdruck gebracht werden, daß die Ablehnung Palestrinas ausschließlich darauf basiert, daß er Leitbild der katholischen Kirchenmusik wurde.

Palestrina (1525–1595) hat lediglich eine Sprache geglättet und verfeinert, die der über siebzig Jahre ältere Josquin erstmals in ihrer ganzen Ausdrucksfähigkeit entfaltet hatte; ja Palestrinas weltmännische Souveränität machte diese Sprache gerade dadurch zu einer gleichsam dialektfreien Weltsprache, daß Josquins ungestümer Expressionismus zurückgenommen wurde, [...] Reife durch Zurücknahme extremer Möglichkeiten und Kultivierung einer Sprachnorm.[47]

Jahnn versucht gewollt, die von ihm anerkannte Musik von christlich durchdrungener Musik abzugrenzen, selbst wenn das, wie im Falle J. S. Bach gewollt erscheinen mag. (J. S. Bach verwandte Stücke seiner weltlichen Kantaten unbearbeitet in seinen geistlichen Musiken.)

Einen großen Raum unter den von Horn geschätzten Kompositionen nehmen Orgelwerke ein. Zum Teil werden Meister wie Scheidt erwähnt, deren hauptsächliche Werke Orgelkompositionen bzw. Werke für Tasteninstrumente sind, oder aber die Orgelwerke des Komponisten werden, wie bei Buxtehude, besonders hervorgehoben. (Buxtehudes neuer Kantatenstil, der musikgeschichtlich ebenso bedeutsam war, wie seine Orgelkompositionen, wird in Horns *Niederschrift* überhaupt nicht erwähnt.) Die Panflöte Orgel wird von Horn als das „heidnischste unter den Instrumenten" klassifiziert.[48]

---

46 Ebd., (Anm. 9), S. 534
47 Diether de la Motte (Anm. 44), S. 148
48 Jahnn (Anm. 9), S. 191

Die Liebe Horns zu Buxtehude, Mozart und Nielsen scheint nicht nur aus ihren Werken, sondern auch aus ihrem Leben zu resultieren. Ihre Biographien werden herangezogen, um Horns These: „Kunst wächst auf dem Felde des Eros" zu erhärten.[49]

Der große Buxtehude, den ich in meinem Brief erwähnt, habe seine schönsten Jahre mit politischen Zweideutigkeiten vertan; und seine tierhafte Liebe zu jungen Mitmenschen sei ebenso heidnisch gewesen wie die Mozarts. Er habe von Helsingör fliehen müssen, und die Ehe mit einer zänkischen Frau in Lübeck sei wahrscheinlich der einzige Ausweg gewesen, sein von Landesverrat und Sodomie beflecktes Leben zu retten.[50]

An anderer Stelle heißt es über Mozart und Buxtehude: „Sie beide mußten das krasse Fleisch kosten."[51] Dabei hält sich Jahnn keineswegs genau an die historisch belegten Tatsachen. Horn äußert dazu: „Man muß die Lücken in der Überlieferung selbst ausfüllen."[52] Und so paßt Jahnn die Lebensläufe von Mozart und Buxtehude in sein Ideengerüst ein. Da die Beschäftigung mit dem Eros für Jahnn nur einen tragischen Ausgang haben kann, scheint die Thematik des Mozartschen *Don Giovanni* nahezu exemplarisch, Teile von Jahnns Weltsicht zu untermauern. Gleichzeitig vermutet Horn in Mozart einen Bundesgenossen, einen Abtrünnigen, der wie er, bis zum Ende nicht bereut.[53] Für Jahnns inhaltliche Konstruktion ist jedoch nicht nur der Inhalt mozartscher Kompositionen und Mozarts Lebenslauf von Interesse, sondern auch der Schöpfungsakt seiner Werke.

– Nicht wahr, du hast mir doch erzählt, Mozart habe die Ouvertüre *Don Giovanni*, als er sie noch gar nicht niedergeschrieben hatte, seinen Freunden in Prag auf dem Klaviere vorgespielt? In seinem Hirn waren sogar drei verschiedene Ausformungen. Und es war doch schon die Musik, die werden sollte, die so klang, wie sie hernach auch für uns erreichbar wurde.[54]

Dieser musikalische Schöpfungsakt ist für Horn eine Art Zeitüberwindung oder zumindest ein Geschehen außerhalb der Zeit. Jahnn schreibt über Mozart,

der seine musikalischen Vorstellungen von seinem Hirn wie auf Wachstafeln geschrieben, ablesen konnte [...] Denn ihm sammelte sich eine noch ungeschriebene Komposi-

---

49 Vgl. ebd., S. 503
50 Ebd., S. 676
51 Ebd., S. 535
52 Ebd., (Anm. 3), S. 509
53 Vgl. ebd. (Anm. 3), S. 508
54 Ebd. (Anm. 9), S. 538

tion zu einem Gesamtschwall, zu einem ‚Schmauß', bei dem die musikalischen Abläufe außerhalb der Zeit stehen und zu einem einzigen Eindruck verdichtet sind.[55]

Von den zeitgenössischen Komponisten findet lediglich Carl Nielsen Erwähnung. Unschwer lassen sich zwischen Horn und Nielsen Beziehungen herstellen. Jahnn weist auf diese Verbindungen in seinem Vortrag *Über den Anlaß* selbst hin.

An einigen Stellen des Romans wird die Zwölftontechnik gestreift, die von Jahnn als nicht „form- sondern nur reihenbildend"[56] verkannt wird. (Reihenbildung schließt aber Formbildung nicht aus.) Es ist jedoch zu vermuten, daß Jahnns Musikkenntnisse der Zwölftonschule nicht sehr umfänglich waren.

„Am äußersten Punkt meines Widerwillens steht Richard Wagner."[57]

Trotzdem gibt es zwischen Wagner und Jahnn eine Vielzahl von Parallelen. Einen seiner Anklagepunkte gegen Wagner konkretisiert Jahnn in seinem Aufsatz *Vom armen B. B.*: „Der gräßliche Anspruch Richard Wagners, ein ‚Gesamtkunstwerk' auf die Bühne zu stellen, hat die Bedeutung der Musik auf dem Theater zum mindesten in Verwirrung gebracht."[58] Betrachtet man jedoch nicht in erster Linie Wagners Schriften, in denen er als Endziel die Verschmelzung von Sprache und Musik proklamiert, sondern lieber seine Opernwerke, ergeben sich durchaus auch strukturell-technische Gemeinsamkeiten zwischen Wagner und Jahnn. Beide Künstler streben die Befruchtung einer Kunstgattung durch die andere an. Jahnn strukturiert Sprache im Hinblick auf musikalische Formen; Wagner, der Epiker unter den Komponisten, schreibt Musik in enger Anlehnung an sprachlichen Ausdruck. Das Ergebnis ist ähnlich. Jahnn schreibt leitmotivische Romane, Wagner komponiert Opern mit Leitmotiven. Das Leitmotiv Wagners wird von Jahnn als von „grober Form" deklassiert.[59] Zweifelsohne kann man Wagners Kompositionen mit „Grundthemen" mitunter eine gewisse Aufdringlichkeit nicht absprechen. Wagner selbst jedoch hat seine musikalischen Themen nie eindeutig verbal benannt und in Katalogen aufgelistet. Die wenigsten

---

55 Ebd. (Anm. 1), S. 73
56 Ebd., S. 79
57 Ebd. (Anm. 9), S. 536
58 Ebd. (Anm. 1), S. 279
59 Vgl. ebd., S. 86

dieser Themen lassen sich derart eindeutig aufschlüsseln. Jahnn erkennt nicht, daß Wagners Gesangslinien äußerst subtil komponiert sind, dergestalt, daß jedes Intervall Bedeutungsträger sein kann. Selbstverständlich gibt es auch bedeutende Unterschiede in „technischer" Hinsicht; während Wagner ein Universum harmonischer Möglichkeiten auslotet, sagt der Musiker Horn von sich, sein Geist sei der Harmonie abgewandt. Ähnlich gravierende Unterschiede gibt es in der Instrumentation. Horns einziger Freund ist das Klavier, während Wagner das Orchesterinstrumentarium erweitert und auch, wie mit der „Technik der musikalischen Reste" neuartig verwendet.

Verwandtschaften zwischen Jahnn und Wagner liegen auch im inhaltlichen Bereich. Beide Künstler haben das Anliegen, mit ihren Werken ‚Weltbilder' zu schaffen. Bei beiden führt dieses Anliegen zu äußerst umfänglichen Werken. Die Inhalte dieser Weltbilder ähneln einander zum Teil:

1) Eine solche Korrespondenz liegt in der Bedeutung des Mitleides. Auch wenn in Horns Niederschrift das Wort „vergeblich" immer bestimmender wird, äußert er noch gegen Ende der *Niederschrift*: „Es gibt kein Mitleid in der Natur, nur Gleichgültigkeit. Ich möchte das Mitleid in die Welt bringen."[60] Bei Wagner ist es – „durch Mitleid wissend, der reine Tor" – Parsifal, der unter unendlichen Schmerzen in der Lage ist, „Erlösung" in die starre Gralsordnung zu tragen.

2) Sowohl bei Wagner als auch bei Jahnn spielt der Sündenfall durch den Eros eine zentrale Rolle. Die Frau wird in der Regel nur in dienender oder zerstörender Funktion gesehen. (Wagner liefert im Gegensatz zu Jahnn jedoch keinerlei stücktragende homoerotische Aspekte.) Die Frau, Senta (im *Holländer*), Elisabeth (im *Tannhäuser*), Gallionsfigur, Ellena, ist entweder Opfer, das für die Verwirklichung der Erlösung des Mannes erbracht werden muß (Evchen und Gemma sind die Ausnahmen, in denen die Frau auch Partner sein kann), oder die Frau ist Verführerin, Hure, Beunruhigende oder Zerstörende. (Kundry im *Parsifal*, Venus im *Tannhäuser*, bei Jahnn Egidi, Buyana, auch als Gemma, die der eigentlichen Erfüllung in der männlichen Freundschaft entgegenstehen.)

3) Jahnn und Wagner haben eine besondere Beziehung zum Mythos. Ihre Hinwendung zum Mythos ist eng mit einer Kritik am Christentum verbunden.

---

60 Ebd. (Anm. 3), S. 497

[...] mochten die Gestalten der Sage bei den vielfachen Geschlechtern und Stämmen sich aus wirklichen Erlebnissen immer neu bereichern, so geschah die dichterische Gestaltung des neu Erlebten doch unwillkürlich immer nur in der Weise, wie sie der dichterischen Anschauung einmal eigen war, und diese wurzelte tief in derselben religiösen Naturanschauung, die einst den Urmythos erzeugt hatte. Die dichterisch gestaltende Kraft dieser Völker war also ebenfalls eine religiöse, unbewußt gemeinsame, in der Uranschauung vom Wesen der Dinge wurzelnde. *An diese Wurzel* legte nun aber das Christentum die Hand: dem ungeheuren Reichtum der Zweige und Blätter des germanischen Volksbaumes vermochte der fromme Bekehrungseifer der Christen nicht beizukommen, aber die Wurzel suchte er auszurotten, mit der er in den Boden des Daseins gewachsen war. Den religiösen Glauben, die Grundanschauung vom Wesen der Natur, hob das Christentum auf und verdrängte ihn durch einen neuen Glauben, durch eine neue Anschauungsweise, die den alten schnurgerade entgegengesetzt waren.[61]

Wagner greift in seinen Opern Sage (alten Mythos) und christlichen Mythos als Ersatzmythos für den vom Christentum genommenen auf. Die Brüche zwischen der „Grundanschauung vom Wesen der Natur" und christlichem Dogma, insbesondere der Unterjochung des Eros, werden zu äußerst schmerzhaften Konflikten für seine Opernhelden. Dabei wird unverfälschte Natur zur Oase, in der sonst vom Natürlichen entfremdeten Welt.

Der „Abtrünnige" Horn – auf der Suche nach „archaischen Formen" – vertont im Kernstück seiner Symphonie *Das Unausweichliche* Teile des Gilgamesch-Epos.

Der eigentliche Mythos des Romanes – griech.-lat. „das Wort" im Sinne einer letztgültigen Aussage – ist jedoch die nahezu kultische Musikauffassung des Gründers der neuheidnischen Glaubensgemeinde Ugrino Jahnn in ihrer Beziehung zur zeitlichen Dimension, in ihren Gleichnissen und Bewegungsläufen, harmonischen Beziehungen und Zahlenverhältnissen. Wie Wagner sich der Sage bedient, um seine Weltbilder zu konstituieren, benutzt Jahnn die Musik als Gleichnis, um mit ihr auf sein Schicksals- und Zeitverständnis zu verweisen. Auch hier eine Nähe zu Wagner.

Jahnn ist fasziniert von polyphoner Musikstruktur, die die Möglichkeit hat – Nacheinanderfolgendes auch gleichzeitig, versetzt, gedehnt oder verkürzt erklingen zu lassen –, zeitliche Strukturen zu „verräumlichen". Er versucht, mit Zeit als einer Dimension von Schicksal zu experimentieren [Inversion der Zeit]. Bei Wagner erklärt Gurnemanz

---

61 Richard Wagner: *Oper und Drama*, Jubiläumsausgabe in 10 Bänden, Band 7, Frankfurt am Main 1983, S. 160f.

Parsifal beim Schreiten zur Gralsburg, also bei der Annäherung zum Heiligtum: „Zum Raum wird hier die Zeit".

Sowohl in Jahnns Roman *Fluß ohne Ufer* als auch bei Wagner wird alter Mythos zerstört, geht unter durch Elemente rationaler Erwägungen der Zeit, in denen Jahnn bzw. Wagner leben. Das Zerstörende aber wird wiederum mythisiert. Das Zahlungsmittel Gold wird im *Ring der Nibelungen* zum Fluch- und Ansatzpunkt des Unterganges der alten Götter. Gleichzeitig wird das Gold, eben als Ring, zu einem neuen Mythos. In Jahnns Roman wird der Fremde, eingeführt als Vertreter der rationalen Seite, im Verlauf des Romanes immer mehr zu einem neuen Mythos.

Musikästhetische Anschauungen, Kompositionstechnik und musikalische Tradiertheit Horns sind für Jahnn Mittel, um seine umfängliche Lebensphilosophie aufzubauen, sie als universal darzustellen, ihre Parallelen in den verschiedenen Künsten aufzufinden und sie so mit Hilfe verschiedener Sachgebiete „zu beweisen". Musik wird als strukturbildendes Element benutzt, um das „Unausweichliche" in seiner Vielschichtigkeit, Gleichzeitigkeit außerhalb verbaler Eindeutigkeit abzubilden.

Die Musik, die von Horn als die höchste und abstrakteste Form der künstlerischen Äußerung proklamiert wird, dient Jahnn zur Verifizierung seines sprachlichen Gestus'.

Johannes Geffert

„MUSIK ALS SPRACHE"[1]

Hans Henny Jahnns Romantrilogie *Fluß ohne Ufer* ist ein Buch ohne Leser.

Die Ablehnung, mit der diesem Werk begegnet wurde, hatte sicher nie etwas mit seiner Modernität zu tun, seiner radikalen Ausnutzung neuer literarischer Möglichkeiten oder der Aussage neuer Erkenntnisse. Nein, dies Buch hätte auch 50 Jahre früher erscheinen können, ohne diesbezüglich Aufsehen erregt zu haben.

Wie anders erging es da etwa dem *Ulysses* von James Joyce, der dem gewöhnlichen Leser zwar streckenweise unverständlich, dennoch aber längst als Jahrhundertliteratur anerkannt ist.

Welch ein Gegensatz aber auch zu einer beliebigen neuen Komposition, bei welcher gerade der Gebrauch solcher neuen Ausdrucksmittel genau so selbstverständlich zu sein scheint wie die zwangsläufig folgende schroffe Ablehnung des Publikums. Welch ein Gegensatz überhaupt zwischen moderner Literatur und moderner Musik, wenn man „modern" versteht als Ausdruck des Zeitgemäßen, als Spiegel eines Lebensgefühls, als Standpunkt in aktuellen, politischen, sozialen Verhältnissen oder nur als Auseinandersetzen mit neuen „handwerklichen" Möglichkeiten.

Texte können benennen, appellieren, diskutieren, mahnen, vielleicht verändern? Musik reflektiert, beschaut, drückt Empfindungen aus, allenfalls rüttelt sie auf oder verstört. Zwei, drei Librettoänderungen, ein heutiges Bühnenbild und entsprechende Kostüme: schon wird eine klassische Oper brandaktuell, aussagekräftig für unsere Zeit. Die Musik scheint sich der jeweiligen Inszenierung zu fügen. Ist ihre Aussagekraft so zeitlos gültig, oder ist sie überhaupt nur ausschmückendes Transportmittel wichtigerer Inhalte? *Keine Frage: wir wünschen moderne Texte und alte Musik.*

Hans Henny Jahnn ist als Schriftsteller und Musikwissenschaftler auf beiden Gebieten aktiv gewesen. Daß ihn Musiker als Dichter kennen,

---

[1] Der Essay erschien erstmals in: *Jahnn lesen: Fluß ohne Ufer. Ein Lektürebuch.* Hg. v. Ulrich Bitz. München, Wien 1993.

Literaten von ihm als Orgelkundler wissen, darf nicht als Beweis seiner Zweitklassigkeit mißverstanden werden. Hier drückt sich doch eher Unkenntnis, verbunden mit einer gewissen, nicht genau zu definierenden Hochachtung aus. Eine Größe jener Zeit, das ließen wohl alle gelten. Genauer beschreiben die Worte „Außenseiter" und „Einzelkämpfer".

Zu einem ähnlichen „Prediger in der Wüste" wird in *Fluß ohne Ufer* der Komponist Gustav Anias Horn. Seine epische Niederschrift, umrahmt von der holzschnittartig groben Erzählung *Das Holzschiff* und dem fast zerfließenden *Epilog*, legt nicht nur durch das Erzählen in Ich-Form *Parallelen* zu Jahnns eigener Existenz nahe.

Wie wird man Komponist? Gustav Anias Horns musikalisches Genie offenbart sich erstmalig anläßlich einer instrumentalen Spielerei:

Dann aber vergaß er die Absicht des gemeinsamen Musizierens. Mit prachtvollen Prankenschlägen stürzte er in eigene Erfindungen. Eine Weile noch versuchte die Violine Williams', ihm zaghaft zu folgen. Dann verstummte sie, verstummte ganz, und der Mann sah mit herzzerreißendem Entzücken, wie der Jüngling sich mehr und mehr vergaß – die dünnere Luft der Höhe erreichte, harten, eisernen Wohllaut verkündete. [...] Er saß an dem alten Flügel, in dem gleichen Zimmer, in dem ich als junger Mensch hatte Johannes Brahms spielen hören, wenn er Gast meiner Eltern war. Aber dies war erhabener [...].

Worte, die an Robert Schumann erinnern, der 1853 in seiner neuen *Zeitschrift für Musik* den jungen Johannes Brahms mit einem hymnischen Artikel begrüßte:

Er trug, auch im Äußeren, alle Anzeichen an sich, die uns ankündigen: das ist ein Berufener. Am Klavier sitzend, fing er an, wunderbare Regionen zu enthüllen. Wir wurden in immer zauberischere Kreise hineingezogen. [...] Es waren Sonaten, mehr verschleierte Symphonien – Lieder, deren Poesie man, ohne die Worte zu kennen, verstehen würde [...] einzelne Klavierstücke, teilweise dämonischer Natur, von der anmutigsten Form [...].

Kann man ein junges Talent großartiger auf den Weg schicken? Dämonisches in die Form gepreßt, Musik, die in Worten spricht. Die Parallelen zu Horns kompositorischem Schaffen sind – wie sich zeigen wird – frappierend.

Für Gustav Anias Horn verläuft das Leben jedoch zunächst ganz anders. Die Belanglosigkeit seiner Existenz, über die wir nicht viel mehr erfahren, als daß sie ihn als Verlobten von Ellena auf das Holzschiff führt, wird erst durch jenen mysteriösen Schiffsuntergang und die schicksalhafte Begegnung mit dem Mörder (?) aufgebrochen. Das scheinbar haltlose Abgleiten und Umherirren mit dem Matrosen Tutein bildet die Voraussetzung zur Selbstfindung des Musikers und zur Entwicklung des Komponisten Horn. Entsprechend ist auch von seinen ersten Schöpfungen die Rede: keine Geniestreiche eines Frühvollendeten oder erkennbar Begnadeten, eben nicht so, wie wir es von ganz wenigen der Musikgeschichte so gut kennen und bei allen anderen Komponisten heimlich enttäuscht erwarten.

„Ich habe vor ein paar Jahrzehnten begonnen, Musik zu berechnen", erinnert sich Horn später.

Ich brauche das Handwerkszeug der Kompositionslehren. Ich zeichne die Noten auf's Papier. Ich teile die Werte der Zeitmaße rhythmisch. Ich lasse das Melos auf- und absteigen. [...] Aber ich weiß recht genau, daß ich nur die Möglichkeiten der Harmonie für mich erprobe, schrittweise mich im Dickicht der unendlichen Möglichkeiten des harmonischen und melodischen Ablaufs verliere.

Auch bedarf es für diesen praktischen Anfang eines äußeren Anlasses: Im Gastzimmer einer Absteige steht ein mechanisches Walzenklavier, und wiederum ist es Tutein, dessen hartnäckiges Drängen erst zur ernsthafteren Beschäftigung mit dem Instrument führt. Dabei äußert sich jedoch nicht der begabte Pianist mit Proben seiner Virtuosität, keine Repertoirestücke früherer Erfolge werden aufgefrischt. Horn improvisiert, er spielt frei, aus dem Augenblick heraus, er weiß um den Ausdruckswillen seiner Gefühle und Gedanken, er spielt sich.

Trotz des Beifalls wird ihm schmerzhaft bewußt, daß er die geeignete Form zum Ausdruck seines Ureigensten noch zu finden hat. Mehr noch, sein Innerstes muß geläutert werden, um überhaupt als Eigenes bestehen zu können. Er wird sich „zwingen, lange und scharf zu denken".

Das Unbefriedigtsein stieg mir wie Wasser bis an die Seele. Die gräßliche Qual meiner Mühe, etwas Musikalisches zu leisten, zermürbte mich. [...] Und meine Wünsche, meine unsäglichen Träume verwüsteten meine Gegenwart. Die Großen der Musik umstanden mich mit ihren gültigen Aussagen. Ich spürte, meine Einfalle waren nur gestammelt.

Dem leidvoll empfundenen Unvermögen zur künstlerisch gültigen Aussage steht die visionäre Hoffnung gegenüber, daß seine einstigen Tonschöpfungen nicht nur gespielt und gehört werden, sondern daß sie empfunden und verstanden werden als Ausdruck eigener Leiderfahrung, als Bilder großartiger Naturerlebnisse und als Ausdruck der Sehnsucht nach einer besseren Schöpfung.

Die dem Text beigefügten Notenbeispiele stehen allerdings in krassem Widerspruch zu den beabsichtigten und detailliert beschriebenen Aussagen der Hornschen Kompositionen. Denken wir bei den genannten gewaltigen Naturschilderungen nicht eher an die Alpensymphonie von Richard Strauss, an die volksliedhafte und doch epische Symphonik Gustav Mahlers, an die Programm-Musik der überladenen Spätromantik? Für Jahnn ist Programm-Musik an anderer Stelle ein Irrweg, eine kulturgeschichtliche Sackgasse. Horns Notenbeispiele spiegeln Jahnn als den neobarocken Reformer, den singbewegten Neugestalter durch Rückbesinnung auf alte Traditionen wider. Sie sind von handwerklicher Sprödigkeit und berufen sich auf den Geist großer Komponisten der Zeit vor Bach: Buxtehude, Jannequin, Cabezon, Scheidt. Hörend empfinden würde diese Musik wohl jeder anders; wenige Leser spüren Schauer der Erregung bei Nennung dieser Meister, die fast nur von Organisten auf einsamen Emporen gespielt werden.

Dennoch gelingt Jahnn im Roman eine Beschreibung von Musik, die dem Leser beinahe ein akustisches Erleben vermittelt: „Der salzige Klang der alten Orgel zu Nebel", „Die wehmütigen Erzählungen Buxtehudes, die unfaßbare Folgerichtigkeit Scheidts".

Dies wollen keine musikwissenschaftlich diskutablen Beurteilungen sein, es sind aussagekräftige, sprechende Bilder – Sprache als Musik.

Dem Komponisten Horn wird das Weltliche fremd. Weder freut er sich des Ruhmes, noch reist er selbst konzertierend durch die Welt. Seiner Geistigkeit haftet durchaus etwas Missionarisches an; sein Musizieren beschränkt sich auf das urtümlich Schöpferische der Improvisation. Einige öffentliche Klaviervorträge finden auf einem selbstspielenden (!) Walzenklavier statt. Die innere Zerrissenheit wird zum lebensbestimmenden Thema für ihn. Je mehr er sich treiben läßt, sich äußerlich wie innerlich zurückzieht, desto mehr Raum entsteht für neue Klänge in seinem Inneren.

Wie in den Jahrzehnten vorher schrieb ich Musiken nieder [...] Nun gab ich mir Mühe, neue Tonfolgen zu hören, gleichsam, als ob sie mir aus der Weite der Schöpfung entgegenflögen. Ich wartete mehr, als ich sann. So hat auch dieses Jahr musikalische Wirklichkeiten gehabt [...] Meine Wünsche sind mir abermals und abermals gezeigt worden, *unerfüllbare* – denen ich nicht näherkommen kann, als sie zu träumen.

Je mehr er sich in dem abseitigen einsamen Leben einrichtet, desto zwingender gelingen ihm die kompositorischen Aussagen, öffentliche Erfolge stellen sich ein, die der grüblerische Horn jedoch nicht anerkennen will.

Ich selbst warte darauf, daß meine große Symphonie, *Das Unausweichliche*, aufgeführt werde, damit mir endlich das unwiderrufliche Urteil gesprochen werden kann. Seit manchen Jahren bin ich fast stumm.

Die entscheidende Bestätigung und Lösung quälender Selbstzweifel erhofft Horn von seiner Symphonie. Wiederum drängen sich klassische Vergleiche auf, der vereinsamte, kauzige Bruckner widmet nach Jahren der frostigen Ablehnung seiner Werke seine letzte Symphonie dem lieben Gott; Schumann erhofft sich den Durchbruch als Komponist, Brahms gar will Beethovens Erbe antreten. Symphonien sollen alles einlösen. Auch bei Horn hängt die Entstehung dieser ersten und einzigen Symphonie mit einer Schlüsselszene zusammen, die Vorhergehendes zusammenfaßt. Freund Tutein überrascht ihn mit der spontanen Erfindung einer „himmlischen" Melodie. Horn komponiert darüber eine Fuge, „es wurde meine schönste. Schwermütig und ausgedehnt wie ein Gebirgswald". „Ich verliere die Vernunft, wenn ich dergleichen höre, ich glaube, Sie sind ein so großer Mensch, daß wir Zeitgenossen es gar nicht begreifen können", lautet der Spruch des ersten Hörers. Horn reagiert wieder mit Selbstkritik:

Ich will noch weiter fort, sehr weit fort. Noch einmal erwachte meine Sehnsucht nach Ruhm [...] Ich gestand mir in jener halben Stunde nicht ein, daß ich meiner Bestimmung nicht entrinnen konnte. [...] Ich gehöre nicht zu den Helden. Mein Gesang ist der eines Unterdrückten.

Dennoch ist es genau diese, mit Tutein gemeinsam gefundene Fuge, die den Verleger belanglos eine Symphonie vorschlagen läßt. Wieder wird der äußere Anlaß zum Signal für den Schaffenden.

Auf der Straße – ihre Häuserreihen sah ich nicht an; die Vorübereilenden sah ich nicht an, das Muster der Fliesen hing vor meinen Augen wie ein graues Netz; auf der Straße dachte ich schon an die Trompetensignale, mit denen ich später die Symphonie, zu der ich „Ja" gesagt hatte, einleitete.

Nach so reicher sprachlicher Beschreibung zahlreicher Hornscher Kompositionen liegt natürlich auch der Symphonie ein literarisches Programm zugrunde. „Das Unausweichliche" ist der Übertitel des gewaltigen Tryptichons, der tragischen Symphonie ohne Scherzo. „Er war's, der alles sah, bis an des Landes Grenzen", heißt der erste Satz. Das läßt sich nicht biblisch fortsetzen ... und er sah, daß es gut war.

Horns geglückteste, aussagekräftigste, zusammenfassende Schöpfung zitiert eher den alten Prediger Salomon: „Ich sah an alles Tun, das unter der Sonne geschieht, und siehe, es war alles eitel und Haschen nach dem Wind."

Diese Symphonie wird zum Oratorium mit sprechenden Chören. Die Eindringlichkeit der Texte wird mit allen musikalischen Mitteln beschworen, hier komponiert ein Schriftsteller: Sprache als Musik. Auch das kennen wir aus der Musikgeschichte. Angefangen vom simplen Tonbuchstabieren wie „a b e g g" oder gar „Clara S." bei Robert Schumann, dem heimlichen Dichter und Niederschrift-Autor, über die Wortinterpreten im Lied Schubert und Wolf bis hin zu den Gedankengebäuden Bachs und – Wagners!

Dennoch ist bei Horn und Jahnn eine Stufe erreicht, die sich mit rein musikalisch-künstlerischer Anerkennung nicht zufriedengeben kann. Vielleicht schreibt sich der enttäuschte, hoffnungslose Jahnn als Horn die Erfolge zu, die ihm mit seinen Texten als Sprecher, als Schriftsteller, Prediger in einer erbarmungslosen Zeit realer und kalter Kriege, mörderischer Umgangsformen mit Natur, Tier und Mensch versagt waren. Musik als zumindest hier und jetzt gültige Aussage, als brandaktueller „Text".

Das habe ich nun geschrieben. Wem habe ich es zu danken? Ilok? Dem Regen? Dem Weg? Dem Wagen? Oliva, daß sie kam? Ajax, daß er sie schickte? Den Stunden? Wäre es geschrieben worden, wenn ich nicht wäre? Und ist es wichtig, daß es geschrieben wurde? Was ist damit in dieser Welt verändert?
und prüfen, ob es überall klingt, wo ich mein Leid spüre – mein Leid und meine mißratene Liebe.

Gemeinhin empfindet der Hörer bei entsprechender Musik ja eigenes Leid, nicht das des leidenden Komponisten. Dem Leser des Entstehungsprozesses Hornscher Werke ist das nicht mehr möglich. Aus diesen Kompositionen spricht Jahnns Weltsicht: Musik als Sprache, Überwindung einer Sprachlosigkeit durch Gesang. Daß dies nicht nur ein intellektueller Prozeß bleibt, belegt u. a. das Motto des zweiten Satzes der Symphonie. „Das Licht des weißen Mondes fällt auf die Straße. Es ist wie Schnee. Ich denke an meine Heimat." Hören Sie das nicht? Nun ist im Zusammenhang mit den Kompositionen und im Roman überhaupt von so vielem die Rede, daß die Niederschrift nicht unbedingt als Künstlerbiographie oder Musikerpsychogramm gelesen werden muß. Man könnte auch den heidnisch-religiösen Pantheisten Horn oder den zivilisationssatten alternativen Eigenbrötler Horn herausarbeiten.

Für Jahnn hat Musik jedoch besondere Aussagekraft unter zwei ebenfalls konträren Gesichtspunkten: Ordnung in der Musik als Ordnung in der Welt ist ein Bild, das auf ein altes griechisches Weltsystem zurückgreift. Es billigt der Musik göttlich-sphärische Dimension zu und kann so den musizierenden Menschen göttlich über die Natur stellen, den Selbstzweifler heilen und das Bild eines in sich ruhenden Selbstzweckes sein.

„Wohl sehe ich, daß die Schöpfung ausbalanciert ist, und mit vollen Akkorden tönt – die Sonne strahlt ihre Harmonien, und der Gang der Sterne ist in Gesang gebettet." „Die Musik ist besser als die Natur".

Dieses führt zum Auserwähltsein, zum Sendungsbewußtsein des schöpferischen Künstlers schlechthin. Man muß es den Stirnen der Begnadeten ablesen können.

Andererseits ist Musik immer wieder jene starke, triebhafte „Unterwelt" der Gefühle und Empfindungen, die sich der Bezähmung durch den Geist widersetzt. „Der Orgelton der Angst". „Es ist der Ruf des großen Pan, die gewaltige orgelnde Stimme unseres einzigen Freundes hinnieden – die brünstigen Töne der Tiere sind im Orkan der zehntausend Laute [...]"

Bei Jahnns geliebter Orgel wird die Dualität deutlich sichtbar. Trotz des heidnischen Ursprungs und des zeitweiligen Ausschlusses aus Kirchen ob ihres Teufelsgeschreies gilt die Orgel heute als das sakralste Instrument, befähigt zur Sammlung und zum Ausdruck erhabenster Gebete. Auch dies wäre Musik als Sprache. Aber virtuoser, spielerischer Ausdruckswillen, Kunst um der Kunst willen, wird von Jahnn verworfen.

Der Rothaarige wollte Kirchenmusiker werden. Er spielte die Orgel schon damals so gut wie kaum einer. Aber er glaubte weder an Gott noch den Teufel. Was denn besser sei, fragte er, ein guter Musiker zu sein und nicht zu glauben oder ein Stümper und fromm? Er antwortete selber, es komme auf die Musik an, sie sei verläßlich, sie habe einen unwiderlegbaren Gehalt.

Diesem Spieler läßt Jahnn mit einer Umschreibung des 1. Korintherbriefes antworten:

Wenn ich mit Menschen- und mit Engelszungen redete und hätte der Liebe nicht, so wäre ich ein klingendes Erz oder eine tönerne Schelle. Aber die Orgel ist nicht das ganze Wesen eines Mannes. Man will es nicht wahrhaben, daß der Mensch alles verfluchen kann, was ihn sonst erfüllt, wenn er in einer Sache darben muß [...]

Horns plötzlicher Tod, erschlagen von den „unwissenden Schächern", zeigt Züge christlicher Opfermystik: der Leib stirbt, aber das Werk bleibt. Ja, es wird einen Siegeszug in die Welt antreten, schlichte, einfache Menschen in seinen Bann ziehen und die Hörer zu besseren Menschen machen?!

Die Form des Romantryptichons erinnert an gotische Altäre. Das Herzstück ist nicht die Kreuzigung oder Auferstehung mit Szenen aus dem Leben Jesus, sondern die Niederschrift des Gustav Anias Horn. Links der Flügel mit alttestamentlicher Thematik wäre die Novelle *Das Holzschiff*, der rechte Seitenflügel der „Epilog" oder: das Wirken der Heilsgeschichte.

Das Weiterwirken Hornscher Kompositionen wird in den Händen seines Sohnes Nikolaj liegen, der sich dem Erbe seines Vaters als Interpret, als Dirigent verpflichten möchte, wenn sein künstlerisches Talent ausreicht. Daran hat natürlich kein Leser Zweifel, obwohl ausübendes Musizieren für Jahnn – und wohl auch für viele andere – eher eine zweifelhafte Sache ist. Bei Herrn Dumenehould waren „die Musiker als Gleichberechtigte unter den Gästen", heißt es edel im Text, und Gemma, des Sohnes Mutter,

> wollte und mochte nicht glauben, daß ihr Sohn zum Musiker berufen sei. [...] Sie wußte nur zu gut, es gab mittelmäßige Begabungen, und deren Dasein war kümmerlich genug. Sie weigerte sich auszudenken, daß ihr Sohn ein Kaffeehausmusiker oder allenfalls ein Instrumentalist von bescheidenem Ruhm in einer größeren Kapelle werden würde. Die Musik sollte eine Betätigung seines privaten Daseins bleiben, etwas zu seiner Freude.

Und Nikolaj selbst

> zweifelt nicht mehr daran, daß er die Musik liebt, daß er sie versteht, daß heißt, in ihr lesen kann wie in einem Buch. Aber er fürchtet auch, daß es beim „Lesen" bleiben wird, daß es seine unheilvolle Schwäche ist, zu genießen und nachzuträumen, was andere geschaffen haben. Er wird die Technik des Klavierspielens vervollkommnen können, es wird ein guter Spieler aus ihm werden, sogar einer, der mit weniger falscher Betonung vorliest als die meisten. Aber er bezweifelt seine schöpferische Begabung.

Da taucht noch einmal Musik als Sprache auf. Musik lesen, ihre Sprache übersetzen und dem Publikum erfahrbar machen können ist doch auch eine notwendige Kunst. Der gute Selmer, der die Symphonie nach Horns Beschreibung in seiner Zeitung mit eigenen Worten nachformuliert, tritt hier gewissermaßen auch als Interpret auf, indem er seinen Geist auf die Erkenntnis eines großen Schöpfungswerkes – eben jener Symphonie – richtet. Aber hat er sie verstanden? Horns tiefstes Leid, seine größte Hoffnungs- und Heimatlosigkeit, der Aufschrei: es ist alles vergeblich, geraten Selmer zur Schilderung herrlicher Naturschauspiele. Der Komponist bedarf doch des kongenialen Interpreten.

Braucht der Autor den kongenialen Leser? „Anerkennung kann Ihnen nicht zuteil werden, die Zahl der hörenden Menschen ist klein", wurde Horn gewarnt. *Fluß ohne Ufer* ist eine Partitur für wenige Hörer, aber sie lesen eine Symphonie.

Uwe Schweikert

„ICH HABE IHN NIEMALS PERSÖNLICH KENNENGELERNT"

Jahnn und Carl Nielsen

In Jahnns klingendem Kosmos spielt die Musik des bürgerlichen Zeitalters keine Rolle. Seine Lieblingskomponisten waren Vincent Lübeck, Samuel Scheidt und Dietrich Buxtehude, jene norddeutschen Orgelmeister des Frühbarock also, denen die Ugrino-Bewegung mit den von ihr getragenen Gesamtausgaben wieder ein Daseinsrecht im Bewußtsein der musikalischen Öffentlichkeit verschaffen wollte. Nach rückwärts war Platz für die großen Vertreter der franko-flämischen Vokalpolyphonie wie Johannes Ockeghem und Joquin Desprez, nach vorne markierte Johann Sebastian Bach die Grenze. Aber bei Bach schon setzt jene unerbittlich kompromißlose Auswahl ein, wie sie auch sonst Jahnns Weltbild charakterisiert. Es ist der „schwarze" Bach, den er liebt, der Organist der Fantasien, Toccaten und Triosonaten, nicht der Kantor Bach, dessen pietistische Orgelchoräle und „greulichen Kantatentexte" (Brief an Hilmar Trede, 26.10.1942) er verabscheut. Erst spät, in den fünfziger Jahren, gesellt sich ein weiterer Name hinzu: Carlo Gesualdo. Die Gesamtausgabe des melancholischen Manieristen beginnt 1957 im Ugrino Verlag zu erscheinen. Jahnn scheint Gesualdos Madrigale und Kar-Responsorien erst im Zusammenhang mit dieser Edition kennengelernt zu haben. Im literarischen Werk wird Gesualdo nur in dem 1959 abgeschlossenen Atomdrama *Der staubige Regenbogen* erwähnt.

Die musikalische Bildungsgeschichte Jahnns – die sich dann auch im schöpferischen Werdegang des Komponisten Gustav Anias Horn, der Hauptfigur des gewaltigen Mittelteils der Romantrilogie *Fluß ohne Ufer*, wiederholt – scheint damit Anfang der Zwanziger Jahre so gut wie abgeschlossen gewesen zu sein. In seinen Schriften, in seinen Briefen wird er diese Namen – die man noch um ein paar weitere wie Cabézon, Palestrina, Merulo und Sweelinck ergänzen kann – bis an sein Lebensende mit geradezu stereotyp-formelhafter Beharrlichkeit wiederholen.

In dem kleinen, 1949 entstandenen Text *Abstrakte und pathetische Musik* hat Jahnn seine musikalische Ästhetik bündig zusammengefaßt. Die von ihm als „pathetisch" bezeichnete Ausdruckskunst des subjektiven 19. Jahrhunderts hat er verachtet. „Am äußersten Punkt meines Widerwillens steht Richard Wagner" – mit diesen Worten hat er seine eigene Abneigung der Romanfigur Gustav Anias Horn in den Mund gelegt. (Yngve Jan Trede hat mir erzählt, daß Jahnn sich nach einem Opernbesuch der *Meistersinger* in den fünfziger Jahren von der Musik beeindruckt gezeigt habe, den *Tristan* allerdings kritisiert hatte, weil er kein ‚Drama' sei.) Mit Schönberg und seinen Mitstreitern wußte er wenig anzufangen, ebenso mit der seriellen Avantgarde der fünfziger Jahre. Bekannt ist der Zwischenfall bei einem Hamburger Konzert der Reihe „Das neue Werk" im Mai 1959, als Jahnn die Aufführung von Pierre Boulez' 3. Klaviersonate unter Protest verließ. Nach Aussage des Kritikers Klaus Wagner soll Jahnn geschrien haben: „Das ist keine Musik [...] Ich lasse mich nicht auf den Arm nehmen." Auf Becketts Werk – er las 1954 *Molloy* und *Warten auf Godot* – hat er ähnlich reagiert.

Aus dem Scherbengericht Jahnns über die nach-polyphone, nach-barocke Musik sind nur drei Komponisten ausgenommen: Mozart, der Däne Carl Nielsen und Strawinsky. Zu Mozart, dessen Musik in der Ugrino-Zeit, einem Bericht Margarete Möcklis zufolge, verpönt war, scheint Jahnn erst in den dreißiger Jahren auf Bornholm und während der Arbeit an *Fluß ohne Ufer* gefunden zu haben. Dann allerdings stellt er ihn neben Buxtehude, den „musikalischsten Musiker". Strawinsky muß durch seine Hinwendung zu neobarocken Formen und Stilprinzipien schon Mitte der Zwanziger Jahre Jahnns Interesse erregt haben – für ein geplantes Film-Oratorium *Katastrophe Gas* wollte er ihn sogar als Komponisten gewinnen. Jahnn kannte und schätzte das szenische Oratorium *Oedipus Rex*, später auch die *Psalmen-Symphonie* und das Oktett für Bläser. Das Bläseroktett hörte er gemeinsam mit Yngve Jan Trede und schreibt darüber an seine Frau Ellinor:

Merkwürdigerweise waren wir uns völlig einig über die Stellen, deren Durchführung wir gekünstelt (intellektuel) fanden. So die letzte langsame Variation des Mittelsatzes. Wir konnten definieren, daß die Polyphonie ihre Grenze überschreitet, wenn die Beziehung der einzelnen Stimmen zueinander nur noch graphische und statistische Bedeutung hat und nur noch dynamische Verwandtschaft, aber keinen erkennbaren seelischen Einklang mehr zeigt. (10.4.1948)

Am erstaunlichsten ist zweifellos Jahnns Interesse für Carl Nielsen (1865–1931), der heute als der größte Komponist gilt, den Dänemark hervorgebracht hat. Einerseits speist sich Nielsens Kunst von „unten" und wurzelt in den Volksliedern und Tänzen seiner fünnischen Heimat, die er als Kind kennengelernt hatte. Andererseits sucht er vor allem in seinen frühen Werken Anschluß an die kompositorischen Modelle und Vorbilder der mitteleuropäischen, insbesondere der deutschen Spätromantik. Seine sechs Symphonien stellen einen ganz und gar eigenständigen, oftmals geradezu „exterritorialen" Beitrag zur Weiterentwicklung der symphonischen Form zu Beginn des 20. Jahrhunderts dar. Nielsens Spätwerk der zwanziger Jahre zeigt sich Einflüssen Strawinskys und des Neobarock offen. Polyphone Satzstrukturen, irreguläre Metrik und eine latent aggressive Motorik gehören jedoch schon von Anfang an zu den Kennzeichen seines Personalstils.

Wann Jahnn zuerst mit Nielsens Musik in Berührung kam, läßt sich nicht dokumentieren. Doch darf man vermuten, daß er bei seiner ausgeprägten Vorliebe für die nordische Kultur auf einer der zahlreichen Orgelreisen nach Dänemark und Schweden Ende der zwanziger, Anfang der dreißiger Jahre zwangsläufig auch die Musik Nielsens kennenlernte. In seinen Erinnerungen an den damaligen Thomasorganisten und späteren Thomaskantor Günther Ramin schreibt Jahnn:

Die Veranstaltungen in der Thomas-Kirche und im Gewandhaus habe ich nur gelegentlich miterleben dürfen. Nicht einmal die 5. Symphonie Carl Nielsens, die ich so sehr liebe und die ich Ramin aufzuführen riet, habe ich mit dem Gewandhausorchester gehört.

Die erste Leipziger Aufführung von Nielsens 5. Symphonie dirigierte Wilhelm Furtwängler am 27.10.1927 im Gewandhaus.

„Ich habe ihn niemals persönlich kennengelernt." Diese Bemerkung Gustav Anias Horns in seiner *Niederschrift* gilt auch für Jahnn selbst. Die fünf Briefe, die Jahnn und Nielsen im Juli und August 1931 wechselten, sind das einzige Zeugnis ihrer persönlichen Beziehungen. Nielsen hatte in den letzten Jahren seines Lebens – nach der Uraufführung der 5. Symphonie in Kopenhagen 1922 – mit kleineren Formen experimentiert. So schrieb er fünftonige Klavierstücke, ein *Preludio und Presto für Violine solo*, drei Motetten für Chor a cappella, kleine Orgelpräludien und, im Frühsommer 1931, die als op. 58 veröffentlichte *Commotio* für Orgel. Nielsens Beschäftigung mit der Orgel stellte für den Orgelbauer, den Orgelkenner Jahnn offensichtlich den Anknüpfungspunkt dar. Kennengelernt hatte er das Werk durch den dänischen

Organisten und Nielsenschüler Emilius Bangert (1883-1962). Zu der von Jahnn angestrebten Verlagsübernahme – es wäre das erste Werk eines lebenden Komponisten im Programm des Ugrino-Verlags gewesen! – kam es jedoch nicht: Carl Nielsen starb am 3.10.1931.

Nielsen hat ihn aber auch später nicht losgelassen. An seine Schwägerin Monna Harms schreibt Jahnn am 15.7.1938 aus Kopenhagen:

> Es ist schön, daß Du Nielsen spielst. Ich habe seine „Fynnische Jugend" gelesen und begriffen, daß ‚dichten' doch eine Kunst ist, daß auch der menschlichste Bericht eine Häufung von Worten bleibt, wenn die durchdringende Ordnung des schöpferischen Fleißes fehlt. – Und Komponisten sind offenbar von jeder dichterischen Gabe entblößt.

Wahrscheinlich hat Monna die fünftonigen Klavierstücke (*Klaviermusik for Smaa og Store, Klaviermusik für Große und Kleine*, op. 53) gespielt, die Nielsen Jahnn zuschicken ließ und die in dessen Bornholmer Bibliotheksbestand verzeichnet sind und sich heute im Besitz von Yngve Trede befinden. Nielsens Autobiographie *Min Fynske Barndom* steht auf Granly, allerdings nicht das von Jahnn 1938 gelesene Exemplar, sondern eine 1940 in Kopenhagen erschienene Ausgabe mit dem Besitzvermerk seiner Tochter Signe. Das harsche Urteil des Dichters über die kompositorischen Mängel der Stoffdurchdringung wird Jahnn später mildern. In einem Essay aus den Jahren 1947/48 (*Vorrede des Herausgebers*) spricht er von Nielsens „herrlichem Buch" *Min fynske Barndom*.

Auch in der nächsten brieflichen Erwähnung gibt Carl Nielsen den Anlaß zu einem Vergleich dichterischer und musikalischer Kompositionsprinzipien:

> Ganz nebenbei fällt mir ein [...], daß der Däne Karl Nielsen, der dir wahrscheinlich recht unbekannt ist, auch zu den Größten gehört[...] Die Komposition, abgesehen von den romantischen Fällen, ist soweit dem Abstrakten verschrieben, daß sie aus einer Gegensätzlichkeit von Dissonanz und Konsonanz besteht. Irgendein geistvoller Mann hat die Kompositionen aus der Zeit Bachs als Bemühungen hingestellt, eine Konsonanz auf möglichst verschiedenartige Weise über eine Dissonanz zur neuen Konsonanz zu führen usw. Und leider ist daran etwas Wahres. Es ist so viel Wahres daran, daß ein tiefes romantisches Gefühl genügte, um die ganze Richtung vorübergehend zu beseitigen. Damit, Du wirst das sicherlich nicht vermuten, stelle ich mich nicht gegen Bach und Buxtehude, ich erkenne andere Werte, die nicht in diesem Schema liegen und vor allem, ich bin nicht der unmusikalische Feind eines harten konsonanten Akkordes. Ich liebe Carl Nielsen hauptsächlich deswegen, weil er einen so großen Atem hat, Konsonanzen aneinander zu reihen. Aber die musikalische Kompositionstechnik benutzt andere Mittel als die Dichtkunst. Sie kann nämlich den „See der Tränen" und den „Pfuhl des Schmutzes" garnicht darstellen, sie kann es sich nur einbilden. Sie gibt immer nur Erlebnisgruppen,

niemals Erlebnisprägungen. Hier liegt nämlich die Grenze der Harmonie und des Melos. Und es ist die Aufgabe der Dichtkunst, gründlich mißverstanden zu werden, wenn sie es wagt, die Wirklichkeit ins Blickfeld zu ziehen.
(an Hilmar Trede, 8.1.1939)

Bald nachdem Jahnn diese Zeilen geschrieben hatte, geriet die Arbeit an der *Niederschrift* ins Stocken, und er scheint sie erst im Frühjahr 1940 wieder aufgenommen zu haben. Das „April"-Kapitel, das die musikalische Bildungsgeschichte Horns enthält und ihn erstmals mit Fugenkompositionen beschäftigt zeigt, entstand im Frühjahr 1941. An seinen Leipziger Lektor Werner Benndorf schreibt Jahnn im Zusammenhang mit den damals neu entdeckten Klavierwerken Buxtehudes:

[...] er war einer der musikalischsten Musiker, etwas, was Bach nicht war, was im vorigen Jahrhundert überhaupt nicht erreicht wurde, von dem der Däne Carl Nielsen viel geerbt hat, was Mozart in seinen besten Stunden gegeben war. (15.8.1940)

Nielsen als der Erbe Buxtehudes aus Mozarts Hand – der Leserin und dem Leser der *Niederschrift* wird diese ästhetische Genealogie bekannt vorkommen. Horn erwähnt in seinen fiktiven Aufzeichnungen den Namen Nielsens mehrfach:

Ich beneidete Carl Nielsen, dem alle Volkslieder, die jemals auf Fyn gesungen wurden – seit grauer Vorzeit bis in unsere Tage hinein – im Ohre summten, all der eherne Kummer, das brennende Liebesverlangen, die unaustilgbare Lebenserfahrung, die in Tönen und Strophen wirksam waren.

Hier spricht der Leser Jahnn, der aus der Kindheitsautobiographie Nielsens in Erinnerung behielt, wie dieser als Tanzbodengeiger mit der Kapelle seines Vaters von Dorf zu Dorf zog und später als Regimentstrompeter in Odense sich seine ersten musikalischen Sporen verdiente. Einzelne Züge davon hat Jahnn seiner Romanfigur Gustav Anias Horn übertragen. Bedeutsamer als diese Schlaglichter ist allerdings, daß Jahnn in den beiden am ausführlichsten beschriebenen fiktiven Kompositionen Horns reale Werke Nielsens anklingen läßt. So spiegeln die Naturbilder des *Dryaden-Quintettes* wohl Nielsens Bläserquintett op. 43 aus dem Jahre 1922 wider. Und die große, die gesamte *Niederschrift* grundierende „Ode-Symphonie", *Das Unausweichliche*, mutet wie eine fatalistische Umkehrung von Nielsens 4. Symphonie an, der er den Beinamen *Det uudslukkelige, Das Unauslöschliche,* gegeben hatte. Mit dem Titel brachte Nielsen, wie er im Programm zur Uraufführung schrieb, „den elementaren Lebenswillen" zum Ausdruck: „Musik *ist* Leben und wie dieses unauslöschlich." Unauslöschlich ist nach der

Überzeugung Nielsens, der die Symphonie im und gegen den Ersten Weltkrieg komponierte, die Zukunft der Menschheit wie die Utopie der Kunst. Dagegen fragt sich Horn: „Warum eigentlich habe ich die Symphonie *Das Unausweichliche* genannt? Glaube ich an das Unausweichliche?" Und er antwortet sich: „Ich glaube an den Zufall, wie ich an die Gravitation glaube. Der Zufall ist das Unausweichliche. Er ist der Herr über das Schicksal. Er ist das Werk der Engel und Dämonen." Horns Sinfonie ist eine Totenklage, ein Aufschrei gegen die Vergeblichkeit des menschlichen Daseins. Horn ist Jahnns Sprachrohr, wenn er schreibt, „daß das Ziel aller von Menschen erdachten Musik die Vereinigung von Polyphonie und Polyrhythmik sein müßte" – eine Überzeugung, die ihn mit dem Werk Nielsens verbindet und die Jahnn später an Yngve Trede weitergeben sollte.

Nach der Vollendung der *Niederschrift* finden sich die meisten Erwähnungen Nielsens in den noch unveröffentlichen Briefen Jahnns an den jungen Yngve Jan Trede, als dessen geistigen Vormund er sich betrachtete. Er weist den Heranwachsenden etwa auf die Violinsonate (gemeint ist die 2. in g-moll, op. 35), auf die *Sinfonie Espansiva*, die 3. Symphonie, aber auch auf die Kindheitserinnerungen hin. Das Frühwerk Tredes – etwa die 1954 gedruckte Bühnenmusik zum *Neuen Lübecker Totentanz* – läßt den Einfluß Nielsens erkennen, dessen Tonfall man, jetzt allerdings als bewußtes Klangzitat, auch noch aus einem Werk wie dem 1985 entstandenen *Concerto per viola ed orchestra* heraushören kann.

Zu seinem 53. Geburtstag am 17. Dezember 1947 erhielt Jahnn von der mit ihm befreundeten ungarischen Jüdin Judit Kárász als Geschenk den ersten Band der beiden Nielsen-Forscher Torben Meyer und Frede Schandorf Petersen, *Carl Nielsen – Kunstneren og Mennesket* (erschienen im Nyt Nordisk Forlag Arnold Busck, København 1947 – dieser und der 2., 1948 herausgekommene Band befinden sich heute im Besitz von Yngve Jan Trede). Die umfangreiche Lebens- und Werkdarstellung, die bis dahin ausführlichste Monographie über den dänischen Komponisten, war Jahnns Quelle für die Nielsen betreffenden Abschnitte in seinem Essay *Über den Anlaß*. Sie beweisen, daß Jahnn sich bis in die fünfziger Jahre mit Nielsen beschäftigt hat. In der ursprünglichen Vortragsfassung wird Nielsen noch nicht erwähnt. Erst in der im September und Oktober 1953 für die Buchausgabe vorgenommenen Überarbeitung erweitert Jahnn den Vortrag um die umfangreichen Textpartien über Nielsen, Michelangelo und Tommaso Cavalieri. Der Auslöser dürfte eine Aufführung der 5. Symphonie gewesen sein, die Jahnn im Sommer 1953 in Kopenhagen hörte, wie er seinem Verleger Weismann am 8.9.1953 brieflich mitteilt.

In dieser wichtigsten ästhetischen Selbstverständigung des damals 60-jährigen Jahnn verschränken sich, wie schon in der *Niederschrift des Gustav Anias Horn*, nochmals der fiktive und der wirkliche Komponist. Jahnn fragt hier nach dem Anlaß des schöpferischen Prozesses, nach der Ursache zur Gestaltung und Entfaltung eines Kunstwerks. In der Form eines aphoristischen Mosaiks inszeniert Jahnn einen weitgehend aus Zitaten oder Paraphrasierungen bestehenden Text. Er mischt großflächig montierte Passagen aus Horns Niederschrift mit Zitaten so unterschiedlicher Künstler wie Keats, Michelangelo, Mozart und des chinesischen Philosophen Tschuang-Tse. Alle die unterschiedlichen Beispiele stimmen darin überein, daß der Anlaß des Schaffens zwar das „persönliche Leben" ist, der Schöpfer aber hinter dem fertigen Werk verschwindet – eine Erfahrung, die Michel Foucault (Jahnn und der französische Poststrukturalist werden sich 1959 in Hamburg flüchtig begegnen) nur wenige Jahre später auf die Formel bringt, daß das Werk das Recht habe, seinen Autor zu töten. „Arbeit am Kunstwerk", das bedeutet auch, Arbeit am Verschwinden seines Schöpfers.

Kunst ist Arbeit:

Jeder vermag es nachzuprüfen, daß das Hämmern am Stein Arbeit bedeutet. Aber es ist doch wiederum nur der geringere Teil der Arbeit, die physische Komponente; die geistige bleibt im Verborgenen, äußert sich nur gelegentlich, wenn einmal das Wort versucht, Seelenvorgänge zu beschreiben – oder wenn die innere Arbeit überprüfbar wird – wie im Falle der Musik.

Jahnn erläutert diese Konstitution des schöpferischen Seins durch ein Sonett Michelangelos sowie durch eine Briefstelle Nielsens, die er im zweiten Band der Monographie von Meyer/Schandorf Petersen fand. Sie bezieht sich auf den Schlußsatz des Klarinettenkonzerts op. 57. Nielsen schickte seinem Schwiegersohn, dem Geiger Emil Telmanyi, das Hauptmotiv dieses Satzes. Telmanyi riet ab. In seinem Brief vom 30.5.1928 nahm Nielsen diesen Rat an, wobei er den Keim, ein Naturerlebnis, schildert, das wohl nur „eine ganz gewöhnliche ‚Teufels-Kuhblume'" sei.

„Nielsen" – so kommentiert Jahnn das Zitat –

schildert den Anlaß. Und wir erfahren seinen Verzicht. Doch nur mit dem Verstand verzichtet er. Er kann es nicht lassen, den letzten Satz mit dem Rhythmus der Teufels-Kuhblume zu beginnen, wenn es jetzt auch nur noch die Trommel ist, die ihn zur Soloklarinette schlägt. Sollte man – oder dürfte man, eingedenk dieser Vorgeschichte, an die Analyse dieses Satzes gehen, so würde man den Keim an vielen Stellen entdecken können, freilich verwandelt –, denn er war eine Vorwegnahme, ein Teil vom Wesen des Komponisten.

Die schöpferische Konstitution einerseits und andererseits die handwerkliche Technik, „mit einem Motiv" – wie Nielsen schreibt – „arbeiten" zu können, sind es, die sich des Anlasses bemächtigen und ihn in künstlerische Substanz verwandeln. Jahnn sieht in dieser Verwandlung eine Überzeugung bestätigt, die er seinem Gustav Anias Horn mit folgenden Worten in den Mund gelegt hat: „Das fertige Werk ist nicht identisch mit seiner Vorentstehung."

Eine weitere Erwähnung Nielsens im Essay *Über den Anlaß* illustriert Jahnns in der *Niederschrift* vorgenommene Entfaltung der Zeit als einer vierten Dimension: daß nämlich die Vergangenheit schon die Zukunft enthält.

Die 5. Symphonie Carl Nielsens bildet den Höhepunkt im Schaffen des dänischen Musikers. In Nörre Lyndelse, seinem Geburtsort, steht ein Denkmal, das den nacktbeinigen Knaben darstellt, den armen Häuslerssohn, der er einmal war. Würde diese Bronze Fleisch werden, so wie die schönsten Statuen von Michelangelo in Tommasi Cavallieri Fleisch wurden, so wäre der Knabe jener, in dessen Zukunft auch sein größtes Werk enthalten ist. Man hätte nur die Dimension Zeit richtig übersetzen müssen.

Jahnn nimmt eine solche Übersetzung am Beispiel der 5. Symphonie mit Hilfe eines Traums von Nielsen vor, den er in der Monographie von Meyer/Schandorf Petersen gefunden hatte. Mit diesem Traum, den er nachträglich als eine Vorausdeutung zu verstehen begann, erklärte Nielsen sich das Unverständnis und die Ablehnung, die ihm bei der Stockholmer Erstaufführung der Symphonie im Januar 1924 entgegenschlugen. Für Jahnn ist der Traum eine Bestätigung dafür, daß sich der „tragische Untergrund des Werkes" jeder programmatischen Deutung widersetzt: „Man kann mit einer falschen Idee die eindeutigste Musik zweideutig machen." Die Andeutung des Anlasses, die Nielsen selbst gegeben hat, ist kein Programm, sondern nur die Umschreibung der Vorentstehung, die nicht identisch mit dem vollendeten Werk ist.

In der 1921/22 entstandenen Symphonie schildert Nielsen – mit den Worten seines englischen Biographen Robert Simpson –

den Wiederstreit des Menschen, bei dem seine der Zukunft zugewandten, schöpferischen Triebe sich im Kampf befinden mit anderen Elementen, die ihm mit Gleichgültigkeit, ja geradezu mit Feindschaft gegenüberstehen.

Über die Form, die motivischen Einfälle und das von Jahnn so bezeichnete „Strophenmaterial" des in eine fünfstimmige Fuge mündenden Werks allerdings sagt sein emotionaler Inhalt wenig aus. Der Bericht *Über den Anlaß* läßt sogar vermuten, daß Jahnn den Namen von Horns Ode-Symphonie *Das Unausweichliche* zwar Nielsens Vierter entlehnte, daß aber die Musik, die ihm dabei vor dem inneren Ohr erklang, möglicherweise dessen Fünfte war.

Welchen Dienst Jahnn dem von ihm verehrten Carl Nielsen mit seiner literarischen Vermittlung erwies, ist der dänischen Nielsen-Forschung bis heute so wenig bekannt, wie die deutsche Musikwelt die 5. Symphonie des Dänen zur Kenntnis genommen hat – „dieses Werkes, das ein Höhepunkt moderner Musik ist".

4. Abteilung

[Hans Henny Jahnn]

DIE ORGEL ZU ST. JACOBI HAMBURG[1]

Durch Verständigung zwischen der Beede zu St. Jacobi und uns ist beschlossen worden, das in seiner Bedeutung nicht leicht zu überschätzende Orgelwerk des Meisters ARP SCHNITGER kompromißlos wieder in seinen ursprünglichen Zustand zu versetzen, weshalb wir im Nachfolgenden in kürzester Form einige Ausführungen, die von allgemeinem Interesse sein dürften, unterbreiten. – Wenn wir uns trotz der Verwirrtheit der Zeitverhältnisse in Zusammenarbeit mit der Beede zu einem solchen Unternehmen entschlossen, dann tun wir dieses unter der Voraussicht, daß auch von einer Vielzahl die Bedeutung des vorgenommenen Zieles erkannt werden wird, und daß uns eine Hilfe durch freiwillige Beiträge zufließt, die die Rückwandlung, die sich sonst über einen unliebsamen und schädlich langen Zeitraum erstrecken müßte, sich in verhältnismäßig kurzer Zeit vollziehen läßt, trotzdem es sich um einen Geldzahlenwert von heute etwa mindestens *50 Millionen Mark* handelt.

Dem großzügigen, obwohl nicht in allen Teilen neuen Werk zu St. Nikolai konnte ARP SCHNITGER kurz nach dessen Vollendung die Orgel von St. Jacobi beigesellen. Seine 5 jährige Arbeitszeit an diesem Instrument fällt in den Zeitraum von 1688/92. Das Nikolaiwerk ging 1842 bei dem großen Brande in Hamburg zugrunde, aber in dem Kleinod der St. Jacobikirche hat sich das Schwesterwerk erhalten, das von den Hamburgern im allgemeinen weder gebührend gekannt noch geschätzt wird.

Schnitger ließ um und in Hamburg die Zeugen seines Könnens zurück. Stade, Magdeburg, Berlin sind die Stationen, auf denen wir noch heute ihm begegnen können; das Jacobiwerk aber steht unerreicht und

---

1 Der mit „Ugrino. Sachverwaltung Bauhütte" unterzeichnete Artikel ist wohl von Jahnn verfaßt. Druckvorlage: Faltblatt in Oktav, Hamburg o. J., 4 ungezählte Seiten (aus dem Besitz des Herausgebers). Da Jahnns Aufsatz über „Die Prätoriusorgel im Musikwissenschaftlichen Seminar zu Freiburg" (*Allgemeine Künstlerzeitung. Organ für das gesamte Kunstwesen*, 12. Jg., 1923, Heft 4) als „kürzlich [...] erschienen" bezeichnet wird, dürfte der vorliegende Druck wohl aus dem Sommer 1923 stammen und damit Jahnns erste öffentliche Stellungnahme zur Jacobi-Orgel und deren Restauration darstellen.

einzigartig unter den erhaltenen. Der Bestand an klingendem Material geht auch heute noch fast ausnahmslos auf die Hand des Meisters zurück. Es ist also in reinster Form Verkörperung des Klangideals der vor Bachischen Zeit, der sich auch Bach noch anvertraute, befand er sich doch unter den Bewerbern um die derzeit vakante Organistenstelle zu St. Jacobi, die ihm allerdings, da sie an den Meistbietenden versteigert wurde, vorenthalten blieb.

Wir setzen nun, um die Fülle des noch Erhaltenen darzutun, die Disposition des Werkes hierher und nennen dann die im Laufe der Zeit eingetretenen Veränderungen:

Laut Aufstellung:

Staatsarchiv Hamburg

Spezifikation der Stimmen so in der großen Orgel St. Jacobi sich befinden Anno 1721

Im Werk
Principal 16'
Quintadean 16'
Octava 8'
Spitzflöht 8'
Gedackt 8'
Octava 4'
Rohrflöht 4'
Falchflöht 2'
Super Octav 2'
Rauschpfeif 3 fach
Mixtur 7:8:9:10 fach
Trommet 16'

Im Oberpositiv
Principal 8'
Rohrflöht 8'
Holzflöht 8'
Spitzflöht 4'
Octava 4'
Naßat 3'
Gemshorn 2'
Octava 2'
Scharf 4:5:6 fach
Cimbel 3 fach
Trommet 8'
Vox humana 8'
Trommet 4'

Im Brustpositiv
Principal von Holz 8'
Oktav 4'
Holtzflöht 4'
Waldtflöht 2'
Sexquialtera 2 fach
Scharf 4:5:6 fach
Dulcian 8'
Trechter Regal 8'

Im Rückpositiv
Principal 8'
Gedackt 8'
Quintadean 8'
Octava 4'
Blockflöht 4'
Nassat 3'
Octava 2'
Siefloit 1 1/2'
Sexquialtera 2 fach
Scharf 6:7:8:9 fach
Dulcian 16'
Baarpfeife 8'
Schallmey 4'

Im Pedal
Principal 32'
Octava 16'
Subbass 16'
Octava 8'
Octava 4'
Nachthorn 2'
Mixtur 6:7:8 fach
Rauschpfeif 3 fach
Posaune 32'
Dulcian 16'
Posaune 16'
Trommet 8'
Trommet 4'
Cornet 2'

<u>Summa 60 Register</u>

Veränderungen sind eingetreten:

Im Werk
statt Kammergedackt 8'
steht Viola de Gamba 8'
statt Flachflöte 2'
steht Quinte 3'
Principal 16' während des Krieges zum Einschmelzen entfernt.

Im Oberpositiv: Die Vox humana 8' ist gegen den Dulcian 16' des Rückpositivs ausgetauscht worden.

Im Rückpositiv: fehlen die Register Nasat 3', Dulcian 16', Baarpfeife 8', Schalmey 4'.
Die Prospektpfeifen des Principal 8' wurden ebenfalls während des Krieges zum Einschmelzen entfernt.

Im Pedal: ist, ebenfalls während des Krieges, das kostbare, vielleicht schönste Register seiner Art, Principal 32' entfernt worden; ein kaum ersetzbarer Verlust.

    Der tiefgreifendsten Zerstörung fiel das Werk also während der letzten Kriegsperiode anheim. Verkennen der Bedeutung des Werkes, Verachten des einfachsten Grundsatzes, daß einmalige Kunstwerke uneingeschränkten Schutz verdienen, führte zu diesem unbegreiflichen Mißgriff, gegen den Beede und Organist nachdrücklichst, aber leider vergebens protestierten.

    Außer am Verlust der Principale leidet die Orgel heute vor allem unter der Einbuße der Klangstrenge des Rückpositives. Die metallen-erschütternde Baarpfeife, gleich brauchbar als Soloinstrument wie auch im Tutti, den polyphonen Satz klar und kalt gliedernd, wird neben der Neubeschaffung der Principale eine der bedeutungsvollsten Veränderungen gegenüber dem heutigen Zustand bilden.

Hamburg, das eines der größten bestehenden Orgelwerke (zu St. Michaelis) sein Eigen nennt, sollte sich daran erinnern, daß es gleichzeitig das in Anbetracht seiner Größe und der Reinheit seiner Erhaltung vielleicht bedeutendste Werk, aus der Blütezeit der Orgelbaukunst *besitzt*, das nicht, wie so häufig gewertet, durch seinen Prospekt, vielmehr durch seinen Klangkörper seine wirkliche Bedeutung hat. Die Pflicht Hamburgs, sich dieses Werkes zu erinnern, ist eine doppelte, da die Werke zu St. Nikolai und St. Gertrud untergingen und jenes andere, von Hildebrand zu St. Michaelis erbaut, im Jahre 1906 ebenfalls den Flammen zum Opfer fiel.

Es ist nun unser Ziel, die Jacobiorgel wieder herzustellen im Sinne des Klangideals, das letztlich
sie allein und ohne Minderung vertreten kann.

Ausführlicheres ist über die hier behandelte Klangvoraussetzung in dem Aufsatz von H. H. Jahnn: „*DIE PRÄTORIUSORGEL IM MUSIKWISSENSCHAFTLICHEN SEMINAR ZU FREIBURG*" (kürzlich als Sonderheft der *Allgemeinen Künstlerzeitung*, Hamburg, erschienen) enthalten.

Wir fühlen uns dabei frei von jeder kurzsichtigen Tendenz, folgen vielmehr nur der Notwendigkeit und der Achtung vor dem Werke selber.

Wir hoffen, für das unternommene Werk nicht vergebens zu werben, handelt es sich doch nicht nur um die Wiederherstellung historischer Werte, vielmehr um die Verlebendigung eines Klangkörpers, an dem sich die Fülle und Genialität einer wiedererwachenden Musikkultur erst eindeutig erweisen kann, einer Kultur, für die Hamburg nach heute noch lebendigem Zeugnis den Boden mit bereiten half.

UGRINO
SACHVERWALTUNG BAUHÜTTE

Beiträge bitten wir zu richten an die Vereinsbank in Hamburg
Konto: Ugrino, Orgelbaufonds St. Jacobikirche

UGRINO/ORGELKONZERTE

Zweiter Teil / St. Petrikirche zu Hamburg, abends 7 ½ Uhr
AN DER ORGEL: GÜNTHER RAMIN, LEIPZIG

DIENSTAG, 28. NOVEMBER 1922

Arnolt Schlick († 1517):

    Pete quid vis
    Salve regina
    Ad te clamamus
    Eya ergo advocata
    (Aus den Tabulaturen etlicher lobgesang uff die Orgeln etc., Mentz 1512)

Antonius a Cabezòn (1510–1566):

    Tiento del Primer Tono (Hispania schola musica sacra Bd. IV)
    Tiento IV. (Bd. VIII)
    Benedicta es regina coelorum / in drei Teilen (Bd. VII)

Juan de Cabezòn:

    Pues à mi desconsolado tantos males me rodean (Bd. VII)
    (Einzige erhaltene Komposition)

Hernando de Cabezòn († 1602):

    Susana un jur (Bd. VII)

Ugrino / Orgelkonzerte, Programmzettel; Originalgröße DIN A 5.

Hans Henny Jahnn

DIE ORGEL ZU ST. JACOBI IN HAMBURG[1]

In der Orgel zu St. Jacobi in Hamburg hat sich wie durch Zufall ein Kunstwerk erhalten, dessen Wert nicht anzugeben, dessen Bedeutung für das Musikerleben, die Musikgeschichte, für die Erkenntnis der Realität des Klanges gar nicht zu überschätzen ist. Der heute bestehende Gesamtplan stammt von Arp Schnitger, der die Orgel in der heutigen Form in den Jahren 1688–1692 baute. Die Dispositionsweise des Werkes schlägt unmittelbare Brücken zu jenen teils märchenhaft schönen Werken, von deren Existenz uns Michael Praetorius in seinem Syntagma musicum berichtet hat. Die ganz strenge Trennung der Manualtypen, wie sie noch um das Jahr 1600, wo das Bewußtsein, daß das Klangbild der Orgel sich aus zwei Faktoren, der Oktavenpyramide: 16', 8', 4', 2', 1' als Solostimmen, und der quintenuntermischten Mixtur als spätem und wildem Element zusammensetzte, wach zu sein schien, ist bei Schnitger nicht mehr vorhanden, vielmehr tragen alle Manuale beide Faktoren in gleichem Maße. Dahingegen ist die Orgel Schnitgers von solcher Größe und solcher Weisheit in der Mensurenbestimmung und Stimmenauswahl, im zentral gelegenen Hauptwerk so sehr im Banne des Vorjahrhunderts, das den Meister an so vielen Orgeln Hamburgs umgab, daß sich ihm in den einzelnen Werken alle jene Klangfaktoren unterstreichen, die ursprünglich berufen waren, jene großartige und weise Manualtypisierung hervorzurufen. Und unwillkürlich beim Registrieren am Schnitgerwerk verdichtet sich einem der Klang zu den Realitäten, von denen uns Praetorius im Wort etwas sagt. Untersucht man nun das jetzt bestehende Pfeifenmaterial näher, so findet man eine offenbare Erklärung dafür, warum die Orgel zu St. Jacobi ihre Abhängigkeit von der früheren St. Jacobiorgel nicht leugnet; denn bei weitem nicht alle Register wurden von Schnitger verfertigt. Er übernahm viel-

---

1 Druckvorlage (aus dem Besitz des Herausgebers): Faltblatt in Querformat, o. O., o. J. ‚wahrscheinlich Hamburg 1923 oder 1924', 8 Spalten auf 4 gezählten Seiten. Die Überschrift *Die Orgel zu St. Jacobi in Hamburg* steht auf der linken Spalte von S. 1. Es gibt aber auch Exemplare, die an der Stelle dieser Überschrift das Programm eines Ugrino-Orgelkonzerts präsentieren – so das unserem Ausdruck zugrunde gelegte Exemplar mit dem XIX. Ugrino Orgelkonzert am 4. April 1924.

mehr aus der Orgel, die durch sein Werk verdrängt wurde, eine stattliche Anzahl von Pfeifenreihen, vor allem nahezu sämtliche Mixturen. Vier Register: Prinzipal 8' und Rohrflöt 4' des Hauptwerks, Gedackt 8' und Blockflöte 4' des Rückpositives, können mit Ausnahme weniger Pfeifen mit Sicherheit bis in die Jahre 1512–1516 zurückdatiert werden. Diese Pfeifenreihen gehören zu den klangschönsten, die die Orgel überhaupt besitzt und geben eine vortreffliche Vorstellung von der edlen Art der Konstruktions- und Intonationsweise von Orgelpfeifen zur Zeit Schlicks. Da steht ein schweres, strenges Prinzipal neben einer unglaublich weiten und präzisen Rohrflöte, das Gedackt, in der Ansprache schneller als ein Glockenton, wird überzogen von der Süßigkeit einer gedeckten Blockflöte, die die Mitte hält zwischen Gedackt und Quintade 4'. Neben diesen Pfeifenreihen entstammt der Arbeit Hans Scherers, etwa um 1590, ein großer Teil des Klanggebäudes – und nicht etwa der unwesentlichste. Scherers Arbeit zeichnet sich durch große Solidität aus. Die Labienform seiner Pfeifen läßt niemals Zweifel darüber, wo seine geschickte Hand tätig war. Die fehlenden oder abhanden gekommenen Pfeifen der zwei ältesten Register Oktave 8' und Gedackt 8' sind von ihm ergänzt worden. Sodann können ihm mit Sicherheit die Register Quintadena 8', Oktave 4' (Hauptwerk), Gemshorn 2', Zimbel dreifach, diese über dem Tertian gebaut, zugewiesen werden. Gemshorn 2' und Zimbel prägen geradezu das ganze Oberwerk. Neben Scherer waren Dirck Hoyer und Hans Bokelmann an der Orgel tätig. Ihre Arbeiten sind nicht mit Sicherheit immer auseinanderzuhalten. Ergänzungen an der Blockflöte 4' glaube ich Dirck Hoyer zuschreiben zu müssen. Ebenso die Spitzflöte 4' des Oberwerks, desgleichen den hohen Diskant von Prinzipal 8' und 4' und der Rohrflöte 8', alle im Oberwerk befindlich. Sodann bestehen eine große Anzahl von Mixturen, die nicht aus der Werkstatt Schnitgers hervorgegangen sind. Hierher gehören das Scharff des Oberwerks, Mixtur und Rauschpfeife des Hauptwerks, Sesquialtera und Scharff des Rückpositivs, Rauschpfeife und Mixtur des Pedals. Alle diese Stimmen scheinen aus einer Werkstatt zu stammen. Ich möchte die Hand des Hans Bokelmann vermuten, da Dirck Hoyer dafür kaum in Betracht kommt, Schnitger, Scherer und der älteste Orgelbauer auf das Bestimmteste als Verfertiger ausscheiden. In ihm würden wir dann auch den Urheber der Oktave 2' des Hauptwerkes, des Nasat 3' des Rückpositivs und der Oktaven 8' und 4' des Pedals zu vermuten haben. An der Sifflöte 1 1/2' haben so gut wie alle die genannten Orgelbauer gearbeitet. – Alles übrige Pfeifenwerk stammt aus der Werkstatt Schnitgers. Für die Bestimmung des Alters und der Werkstatt waren maßgebend: Gestalt und Behandlungsweise des Labiums, die Patina der Pfeifen, Hobelstriche und Schlaghammernarben auf den Pfeifenkörpern, zuletzt die Zusammensetzung des Materials und die Behandlung des Bolus beim Löten. Schnitger einte, achtend die vortreffliche Arbeit seiner Vorgänger, das vorhandene Material zu der großartigen Disposition, die wir hier folgen lassen. Ihr gegenüber stellen wir die ältere Disposition der Jacobiorgel, die uns Praetorius überliefert hat. Sie war das Ergebnis der Arbeiten, die Hoyer, Scherer und Bokelmann durch Umbauten an einem noch älteren Werke, das 1512–1516 erbaut worden war, ausgeführt hatten.

Im Werk:
Principal 16'
Quintadena 16'
Octava 8'
Spitzflöht 8'
Gedackt 8'
Octava 4'
Rohrflöht 4'
Flachflöht 2'
Super Octav 2'
Rauschpfeif 3fach
Mixtur 7:8:9:10fach
Trommet 16'

Im Oberpositiv:
Principal 8'
Rohrflöht 8'
Holzflöht 8'
Spitzflöht 4'
Octava 4'
Nassat 3'
Gemshorn 2'
Octava 2'
Scharf 4:5:6fach
Cimbel 3fach
Trommet 8'
Vox humana 8'
Trommet 4'

Im Brustpositiv:
Principal von Holz 8'

Im Rückpositiv:
Principal 8'
Gedackt 8'
Quintadena 8'
Octava 4'
Blockflöht 4'
Nassat 3'
Octava 2'
Siefloit 1 1/2'
Sexquialtera 2fach
Scharf 6:7:8:9fach
Dulcian 16'
Baarpfeife 8'
Schallmey 4'

Im Pedal:
Principal 32'
Octava 16'
Subbass 16'
Octava 8'
Octava 4'
Nachthorn 2'
Mixtur 6:7:8fach
Rauschpfeif 3fach
Posaune 32'
Dulcian 16'
Posaune 16'
Trommet 8'
Trommet 4'
Cornet 2'

Octava 4'
Hohlflöht 4'
Waldtflöht 2'
Sexquialtera 2fach
Scharf 4:5:6fach
Dulcian 8'
Trechter Regal 8'

Die ältere Disposition der Orgel (nach Praetorius):

Im Oberwerk 9 Stimmen:
1. Principal 12', im F angehend
2. Octava 6'
3. Quintadena 12'
4. Holpipe 6'
5. Holflöt 3'
6. Querpipe 6'
7. Russpipe
8. Scharp
9. Mixtur

Oben in der Brust 11 Stimmen:
1. Principal 8', angehend im C
2. Holpipe 8'
3. Flöte 4'
4. Offene Querflöte, 4' Ton, 8' lang
5. Nasat uff die Quint 3'
6. Gemsshorn 2'
7. Klingende Zimbel, 3 Pfeiffen stark
8. Kleinflöt 2'
9. Trompete 8'
10. Regal 8'
11. Zinke 8', von f bis a, wie gebräuchlich

Unten in der Brust 4 Stimmen:
1. Krumbhorn 8'
2. Quintflöt 3'
3. Waldtflöt 2'
4. Spitzflöt uff 4' im Discant

Im Rückpositiv 15 Stimmen:
1. Principal 8' im C
2. Octava 4'
3. Scharp
4. Mixtur
5. Gedact 8'
6. Quintadena 8'
7. Holflöt 4'
8. Blockflöt 4'
9. Gemsshorn 2'
10. Ziflöt 1'
11. Klingende Zimbel
12. Schallmeyen 4'
13. Baerpfeiffe 8'
14. Regal 8'
15. Krumbhorn 8'

Im Pedal 14 Stimmen:
1. Principal aus dem F 24'
2. Mixtur, wobei ein Bass von 12'
3. Principal C 16'
4. Groß-Bass 16'
5. Octava 4'
6. Gemsshorn-Bass 2'
7. Spitzquinte 3'
8. Zimbel
9. Mixtur
10. Spilpipe 4'
11. Krumbhorn 16'
12. Bassaune 16'
13. Trommete 8'
14. Cornet 2'

Auf Schnitger gehen die trefflichen Rohrwerke zurück (heute leider noch nicht auf den niedrigeren Winddruck wieder eingestellt), nur einzelne Schallbecher aus reinem Zinn gehören einer sehr frühen Zeit an.

Er schuf das prinzipale Fundament im Pedal und in den Manualen, das ganze Orgelgebäude, die vortrefflichen Laden.

Dieses Wenige des Sachlichen möge genügen, um die Bedeutung dieses Orgelwerkes darzutun. In ihm finden wir die großen Mixturen, die mit nur einer Grundstimme spielbar sind, in ihm wird erwiesen, daß die gute, alte Orgel buchstäblich keine „Hilfsstimmen" besessen hat, daß der Äqualklang ein stümperhaftes Vorurteil, daß in gedruckten und geschriebenen Noten für die Orgel nur die Taste bezeichnet wurde, nicht aber die Tonhöhe. Die Farbigkeit der Orgel ist, obgleich sie beinahe aller Charakterstimmen entbehrt, geradezu unerschöpflich. Und doch, dieses Werk wurde während des Krieges zu einer Ruine gemacht. Die Prospektprinzipale 32', 16', 8' wurden eingeschmolzen, die edelsten Register Schnitgers, von nicht zu überbietender Trefflichkeit der Arbeit, wie die kläglichen Überreste dieser Pfeifenreihen beweisen. Unbegreiflich für den Verstehenden. Erkannte denn niemand in Hamburg, an welches Werk die Hand gelegt wurde? Ahnte keiner, daß von ihm eine Erkenntnis ausgehen konnte von geradezu epochemachender Bedeutung für Orgelspiel und Orgelbau? Hier wurde Unwissenheit und Machtlosigkeit zu einer Schuld, wie immer, wenn Werke der Kunst oder des Geistes untergehen oder beleidigt werden. Sehen wir aber von diesem augenscheinlichen Verlust ab, so zeigt sich die Orgel in einem Zustand trefflichster Erhaltung. Natürlich hat sich in weniger wichtigen Teilen der Orgel der Holzwurm eingeschlichen, die Traktur ist zum guten Teil abgenutzt, über das Pfeifenwerk waren im Laufe der letzten Jahrhunderte ungeschickte Hände gekommen, von einigen Registern waren die Baßpfeifen gestohlen und schlecht ergänzt worden, der Winddruck war erhöht worden, die Intonation oft sinnwidrig. Jetzt aber, wo der Winddruck berichtigt, die Intonation der Labialpfeifen nahezu vollendet, ja, trotz zerstörter Aufschnitte, falscher Behandlung, Zerdrücken von Pfeifen usf., bis auf wenige Widerspenstigkeiten glücklich vollendet ist, kann der Satz ausgesprochen werden, daß die Orgel in ihrem klingenden Material vorzüglich erhalten ist. Auch die Umstellung der Register ist zum großen Teil schon geschehen. Nur die Rohrwerke haben ihre ursprüngliche Intonation noch nicht erhalten. Sie sind mit einigen Ausnahmen den Labialstimmen noch nicht gemäß. Bei der Intonation der Labialstimmen wurden die Grundsätze, daß der Ton einer jeden Pfeife locker sein müsse, keine Übersteigerung aufweisen und von absoluter Präzision der Ansprache sein müsse, zugrunde gelegt, wobei darauf Rücksicht genommen wurde, daß der endgültige Ton gemäß der relativen Länge und Beschaffenheit des Labiums sich zu entwickeln habe. Diese Grundsätze führten dann zu jenem Erfolg, daß die Orgel aufhörte, in Grundstimmen und Hilfsstimmen zu zerfallen. Sie bekam ihren Reichtum zurück.

Die Durchführung dieser Arbeiten wurde unter meiner Leitung vom Orgelbaumeister Karl Kempper der Firma I. Kempper & Sohn in Lübeck bewerkstelligt. Die seither erforderlichen Geldmittel wurden von der Ugrino-Gemeinde bereitgestellt. Weitere sehr erhebliche Geldmittel sind erforderlich. Dazu Spenden erbeten auf Bankkonto: Orgelbaufonds der St. Jacobikirche, Vereinsbank Hamburg. Obgleich heute eine erkleckliche Arbeit bereits geleistet ist, bleibt viel zu tun übrig. Die fehlenden Prinzipalregister müssen wieder beschafft werden. Nahezu 3000 kg Zinn werden noch benötigt, Traktur und Holzarbeiten müssen ausgewechselt werden. Wir bitten deshalb jeden Gutwilligen, von sich aus die Weiterarbeit zu unterstützen durch Gaben an Geld oder Material. Ist doch die Orgel in der Jacobikirche die letzte der großen alten Orgeln, die Hamburg noch besitzt, die wichtigste Deutschlands für die Erkenntnis alter Orgelmusik.

Hans Henny Jahnn

ORGELPROBLEME DER GEGENWART[1]

Eine Entwicklung der Orgel bis zum bitteren Ende wird nicht aufzuhalten sein, jene, die genährt wird aus dem nie versagenden Kleingeld der nach Millionen zählenden Massen: die Entwicklung zur Maschine, die brausend Musik bereitet, die sentimental flötet, ergreifend wimmert, bis zum Betäuben schreit – in allen Stationen des Orchestrions. Ob die Instrumente nun Orgel heißen, ob sie durch mechanische Getriebe bewegt werden oder durch eine Tastatur, die von menschlichen Händen berührt wird, die Zielsetzung, mit übertriebenen Mitteln unlauter immer nur unterbewußte Klangeffekte zu geben, wird ihnen den Weg ihrer Organisation weisen. Neben den plumpesten Gebilden für ungeschulte Ohren gibt es heute schon eine Reihe von Abarten, die sehr ernst genommen werden wollen, und, sofern auch in Kunstdingen die Zahl entscheidet, sehr ernst zu nehmen sind. Ich denke vor allem an Instrumente, die unter dem Namen Orgel in die Lichtspieltheater eingezogen sind. Sie sind zum größten Teil schon ausgerüstet mit allen Requisiten, die ein selbst erregter Film fordert. Des großen Bach sind sie selbstverständlich entwöhnt. Aber sie sind erst im Anfange ihrer Entwicklung. Sie dienen einer genügend starken Kapitalgruppe und brauchen an ihrem Fortkommen nicht zu verzagen. Was an starrem, orgelmäßigem Klang ihnen noch heute anhaftet: bald wird es in Übergängen zerfallen und sich anschmiegen dem Film wie ein Handschuh der Hand. – Eine große Zukunft ist auch der Radioorgel zu prophezeien, jenem Instrument, das, auf orgelmäßiger Grundlage errichtet, in den Aufnahmeräumen der Funksendestationen aufgestellt wird. Auch dieses wird sich, ohne sich in Krisen zu verfangen, den Bedürfnissen der Funktechnik und der Hörer anpassen können.

Es besteht kein Grund von irgendeinem Standpunkt aus, und sei er auch errichtet durch tausend mehr oder minder pathetische Kunstforderungen, sich über die Entwicklung dieser Sonderorgeln zu entrüsten.

---

[1] Erstdruck und Druckvorlage: *Zeitschrift für Musik. Monatsschrift für eine geistige Erneuerung der deutschen Musik.* Steingräber Verlag, Leipzig, Oktober 1926, 93. Jg., Heft 10, S. 552-557.

Schwerer wiegt, daß jene Rekordinstrumente, die vor allem in Kirchen Aufstellung fanden, in die nämliche Kategorie gehören, wie die erst genannten Vertreter des königlichen Tonwerkzeuges. In allerletzter Zeit ist bei uns in Deutschland abermals ein schönes Beispiel gegeben worden. Der Dom zu Passau soll eine neue Orgel erhalten, bestehend aus nahezu 200 klingenden Stimmen und mehr denn 13 000 Pfeifen (die größte Orgel Europas). Es bleibt abzuwarten, wie lange irgendeine Konkurrenz die Schmach erträgt, überboten zu sein.

Ich schulde die Erklärung dafür, weshalb selbst diese kirchlichen Instrumente, seien sie nun auch kleiner als der jeweilige Rekord, vom gleichen Range wie Kino- und Radioorgeln sind. Der Beweis für die Richtigkeit der Behauptung ist aus der inneren und äußeren Organisation dieser mehr oder minder riesenhaften Instrumente zu entnehmen. – Allen bis jetzt erwähnten Orgelwerken ist gemeinsam, daß der Spieler keinen oder doch nur unwesentlichen Einfluß auf die Bildung des Tones einer einzelnen Pfeife hat. Zwischen ihm und dem tönenden Werkzeug ist ein Maschinenglied eingefügt, das in seiner Artung nicht fein genug ist, jeder Regung des Fingers Folge zu leisten: Die pneumatische oder elektropneumatische Traktur, die eben nur auslöst, einschaltet und ausschaltet. Ein Organismus von beinahe unglaublicher Ausdruckslosigkeit, geduldet, befürwortet, weil die Orgel äußerlich riesenhafte Ausmaße angenommen hat, darüber als Musikinstrument verloren ging. Dadurch ist die Kunst des Orgelspiels, die Orgelkunst überhaupt unserer Zeit fremd und unbekannt geworden. Das heutige Orgelspiel ist eine grobschlächtige, meistens an Barbarei grenzende Musikübung, an die sich feinnervige Menschen nur noch in wenigen Ausnahmefällen verlieren.

Weil – in der Umkehrung – leblose Zwischenglieder zwischen Spielendem und Spielventil als erlaubt gelten, ist dem Ausmaß an Größe (Stimmenzahl) einer Orgel keine Grenze gesetzt. Als Folge: Quantität hat die Forderung nach Qualität verdrängt. Die einzelnen Pfeifenreihen zielen nicht mehr darauf, andere bewußt in den Klangfaktoren zu ergänzen. Häufung, unorganische, zufällige, ist das einzig erkennbare Prinzip, das noch waltet. Selbstverständlich führen viele Stufen gleicher Gesinnung erst zu den Gipfelleistungen; und so bauen sich auch Instrumente der 10 000 Pfeifen auf kraft der Existenz vieler Tausend kleiner unvollkommener Massenfabrikate, versehen mit den Pfeifenmensuren für jeder Gestalt Raum. Sie sind verteilt über Stadt und Land gleichermaßen.

Auch dieser Typus der Kirchen- und Konzertorgel wird unausrottbar bestehen, solange falscher Ehrgeiz regiert und wirkliche Leistung nicht erkannt wird. Es bleibt die bescheidene Frage: Gibt es denn überhaupt einen anderen Orgeltypus neben den aufgewiesenen? – Es gibt einen. Er erst führt an das eigentliche Orgelproblem heran. Ist die Orgelindustrie ihrer Natur nach uninteressant und ungefährdet – die Orgelbaukunst, im Gegensatz dazu, umfaßt viele Disziplinen der Weisheit und ist in allen ihren Regungen bedroht. Sie ist im Gegensatz zur Industrie wirtschaftlich schwach, steht, wie jede wahre Leistung, immer am Anfang. Heute um so mehr, weil sie gezwungen ist, anzuknüpfen an eine Vergangenheit, die Jahrhunderte zurück liegt, denn es gab Zeitabschnitte, in denen ihre Geheimnisse vergessen waren. – Es besteht theoretisch die Möglichkeit, daß auch die Orgelkunst wieder erstarkt; aber ein Einwand könnte sie beinahe augenblicks zum Erliegen bringen: ob sie denn überhaupt unserer Zeit gemäß ist? Wollte man flüchtig antworten, Schlüsse ziehen aus den Symptomen, die offen zutage liegen, ein ungeschminktes Nein würde die Antwort bedeuten. – Ein jedes Todesurteil sollte begründet werden, und so soll's auch hier geschehen: Vielleicht, daß dabei noch von irgendwoher rettend eine Lebenshoffnung heraneilt.

Die heutige Orgelbaukunst muß, welches auch immer ihr klangliches Ziel ist, in der Mensurenfrage (alle Maßgrößen der Pfeifen) anknüpfen an die Weisheit, die zwischen 1600 und 1650 von den großen Meistern dieser Kunst gehandhabt wurde. Ich möchte unter diesen allein den Deutschen Hans Scherer nennen, der uns noch gerade erkennbar – den kühnsten in der Anwendung extremer Weitenmaße. Seine Prinzipale – deutsche Prinzipale – sind im Allgemeinen noch um ein bis zwei Halbtöne enger als das Normalmaß: strenge, mit sehr niedrigem Aufschnitt, von einem Adel in der Ansprache, den ich sonst noch nicht überboten gefunden habe. Die Mixturen, vielchörig, werden an der Eigenart seiner Prinzipale zu zuckenden, blitzartigen, klirrenden Streichern. Die berühmte Zimbel dreifach in der Jakobiorgel zu Hamburg ist von ihm gefertigt. Dem ehernen, unerbittlichen Prinzipalchor stellt er Pfeifenreihen von einer schier phantastischen Weite gegenüber: Nachthörner, Gemshörner, Blockflöten, Sifflöten, ja sogar Rohrflöten ganz beträchtlicher Ausmaße. Unter den gedeckten Stimmen wiederholt sich dieser herzhafte und maßlose Gegensatz: Quintadena – Gedacktes. Sprühendes Überblasen bei der einen, weiche Rundung, unbeschreiblich wohllautende Fülle bei der anderen Pfeifenreihe. Ja, sogar innerhalb des Rohrwerksklangkörpers ist das Vereinigen der Extreme das Ziel der Klangtendenzen: Schnarrwerke, die nahezu auf den Eigenton der Zunge gestellt sind – und solche, die durch enge, parallelwandige Körper ganz in den Zwang dieser Aufsätze geraten.

Die Vereinigung blühender italienischer und spanischer Flötenregister mit den Tugenden deutscher Prinzipale muß der große Vorwurf im Schaffen des hamburgischen Orgelbauers gewesen sein. Daß, übrigens, die Einseitigkeit des deutschen Prinzipales, seine Unterlegenheit, wenn es allein herrschte, schon in der Zeit vor 1600 an manchen Orten erkannt war, beweist die Anwendung spanischer oder italienischer Maße für viele Prinzipalflötenregister in den alten lübeckischen Orgeln.

Physikalisch ausgedrückt heißt nun das Vorgehen Scherers: Pfeifenreihen ganz gegensätzlicher Fülle, die in der Intensität sich das Gleichgewicht halten (deshalb fehlen sehr enge Stimmen) als Substanz für das Mischen der Klangfarben zu benutzen. Daß er dabei zu so beispiellosen Weiten wie die seiner Nachthörner ausbrach, beweist sein großes Können: er erreichte dadurch das Maximum der Mischungsmöglichkeit. – Bei dem Mühen um die heutige Orgelbaukunst kann nur die äußerst rationelle Methode Scherers als geeignete Basis für den Weiterbau angesehen werden. Ein Anknüpfen an die Werke der Silbermann, Gabler, Engler schränkt die Beweglichkeit der Orgelkunst in untragbarer Weise ein. Von diesen letzten großen Schulen aus war eigentlich erst die Entwicklung zu dem problematischen, den Orgelklang zersetzenden Streicherchor möglich. – Das vorgenannte erstrebenswerte Ziel der Orgelbaukunst läßt sich nur austragen, wenn als Mittel der Tonerzeugung Metall gewählt wird – Holz versagt hierbei – also: Zinn, Halbblei, Kupfer als Material für die Pfeifenreihen. Indem ich diese Forderung ausspreche, begründe ich eine der Ursachen, aus denen das Kunsthandwerk nicht scheint erblühen zu können: seine Pfeifenreihen, seine Ladenkonstruktionen werden sehr teuer. Es erliegt immer wieder der Konkurrenz der Massenfabrikation, die für ihre Produkte bequem die gleichen Namen wählen kann wie die Kunsthandwerker. Laien und Kommissionen vermögen den Unterschied nicht klar zu erkennen. Wie könnten sie auch etwas von den Klangfunktionen innerhalb einer Pfeifenreihe wissen? Hier Aufklärung zu geben ist eine jener hoffnungslosen Betätigungen des Sachverständigen.

Kann also ohne Einschränkung gesagt werden, daß führende Orgelbaumeister der ausgehenden Renaissance in klanglicher Beziehung unübertreffliche Werke geschaffen – das gilt nicht nur für Deutschland – in einem Punkt können sie nicht mehr uns als Vorbild dienen: in der verhältnismäßig großen Schwerfälligkeit ihrer Traktur. Seit dem Mittelalter war die mechanische Traktur ausgebildet worden, die mit Hilfe von Abstrakten (Zügen) aus dünnem Holz und einem Wellwerk die Verbindung zwischen Ventil und Taste herstellte. Das dieser Konstruktion zugrunde liegende System: Abstrakten, die stets in einer Ebene parallel zueinander verlaufen, die Übertragung der Klaviaturbreite auf die Ladenbreite mit Hilfe von Wellen, endlich die Korrespondenz einer Taste mit einem Ventil, ist schlechterdings von der Vollkommenheit einer genialen Tat – und nicht zu überbieten. Die schwere Spielbarkeit aber wurde bedingt nicht so sehr durch den Winddruck auf die Ventile, der zum Teil durch den Gegendruck auf die Pulpeten wieder wettgemacht wurde, sondern durch die Art der Ausführung: verquellendes Holz als Material, allzu große Reibung, zu großes Trägheitsmoment der beweglichen Massen. Diese, vor allem bei großen Orgeln sich bemerkbar machende Spielerschwernis, die natürlich noch nicht als unüberwindlich für die Finger wirkte, wurde von den Spielern mit der größeren Vitalität der damaligen Menschen, die noch nicht belastet mit Empfindsamkeiten und Hemmungen, überwunden, ohne daß sie sich grundlegende Besserung gewünscht hätten. Beanstandungen begegnen wir nur bei ganz zäher Spielart der Instrumente. Die geringen Ansprüche, die man an eine leichte Spielbarkeit stellte, sind der mechanischen Traktur zum Verhängnis geworden; sie wurde nicht nur nicht vervollkommnet, im Gegenteil, sie vergröberte. Es konnte scheinen, als ob die Orgelbaumeister auf der genialen Idee sich ausruhen. – Als dann in Deutschland nach dem Jahre 1850 wahrhaft monströse Orgeln noch mit dieser Traktur gebaut wurden, in denen das Maß an Windverbrauch längst für die Grenzen der mechanischen Traktur überschritten, ungemäße Dispositionen das Übel noch verschärften, wurden sachliche und unsachliche Anwürfe gegen die mechanische Spieltraktur immer lauter, zumal, nachdem der Barkerhebel erfunden, die röhrenpneumatische Traktur ihre verhängnisvolle Laufbahn begonnen. So mußte die einzige eines Musikinstruments würdige Traktur untergehen und wurde ersetzt durch unempfindliche Maschinen, die die Orgel vollends zu einem uninteressanten Zweckding machten. – Die Orgelbaukunst muß, trotz der inzwischen eingeführten elektrischen Auslösung, heute auch in der Trakturfrage zurückgreifen. Die Konstruktionsglieder sind ihr vorgezeichnet, aber sie ist gezwungen, sie in solchen Materialien und Anordnungen auszuführen, daß berechtigte Wünsche auch empfindlich organisierter Menschen befriedigt werden. Das Ziel einer Vollkommenheit läßt sich keineswegs auf einmal und in ganz kurzer Zeit erreichen. Die Verwirklichung ist unter allen Umständen für jeden Einzelfall mit großen Kosten verknüpft. Die mechanische Traktur, selbst auf die Gefahr hin, schwerfällig zu sein, ist eine unerläßliche Forderung, von der nichts abgehandelt werden kann. Jede Orgel, die sie nicht erfüllt, muß als des wesentlichsten Ausdruckes ermangelnd bezeichnet werden. An- und Abschlag in ihrer Mannigfaltigkeit werden erst durch sie dem Spieler ermöglicht. Für die Handhabung mechanischer Trakturen aber müssen erst wieder Organisten herangebildet werden.– Schwierigkeiten über Schwierigkeiten, die vielleicht nicht so lästig wären, wenn die Orgel ein Instrument, zu der ein tiefgehendes Bedürfnis bestände. Indessen, die Entwicklung des "königlichen" Instruments während der letzten hundert Jahre hat die musikalischen Freunde von ihr fortgedrängt, und die kirchlichen haben nichts für sie getan, außer sie zu zerstören. So weiß man gar nicht mehr, wessen sie fähig, welcher Klarheit und bunter Farbenpracht. Sie, das Instrument der Instrumente, ist zur Bettlerin geworden. Mit armseligen Worten werben wenige, die ihre Möglichkeiten ermessen, für sie.

Es soll nun zusammengefaßt werden, wie gegenüber heute üblichen Konzert- und Kirchenorgeln das Instrument, an dem alle angedeuteten Probleme gelöst sind, Probleme, die heute die wenigen an ihr Schaffenden bewegen – und belasten, beschaffen ist.

1. Die Größe der Orgel, gemessen an der Stimmenzahl, ist beschränkt. Da sie bis zu vier Klavieren und zwei Pedalen besitzen kann, denen im wesentlichen fünf Laden entsprechen, jede Spielkanzellenlade unter einem Ventil aber höchstens 12-14 Stimmen vereinigen kann, liegt ihr Umfang im höchsten Ausmaß zwischen 60-70 klingenden Stimmen. Bei dieser Größe müssen schon eine Anzahl großer Pfeifenreihen für den Tuttigebrauch ausscheiden, und die Aufstellung der Laden muß so beschaffen sein, daß keine lästigen Seitenverführungen der Traktur notwendig werden. Die mittlere wünschenswerte Größe wird sich zwischen 25-40 klingenden Stimmen bewegen. Bei dieser Anzahl von Pfeifenreihen wird tatsächlich das verhältnismäßige Maximum an Klangvariabilität erreicht.

2. Jede einzelne Stimme, auch die größte Mixtur, ist auf Grund ihrer Bauart mit jeder zweiten mischbar, ohne daß die Zweiheit offenbar gehört werden kann. Dadurch ist das große Maß an Farbigkeit bei kleiner Stimmenzahl bedingt.

3. Die Orgel besitzt mechanische Traktur mit Einventilladen (Schleifladen, Caspariniladen, Harmsladen) und eine bedeutende Anzahl von Klavieren (vier Manuale, zwei Pedale), die ausgesprochen unterschiedliche Typen darstellen. Dadurch soll der Zweck erfüllt werden, daß gegensätzliche Klanggruppen gleichzeitig gegeneinander handeln können, zwei oder mehrere musikalische Linien wie in verschiedenen Ebenen mit abweichenden klangstofflichen Belastungen vorgetragen werden können, sich also gegeneinander abheben und an der Durchdringung zu einem plastischen Gebilde werden. Die Koppelungen der Klaviere untereinander verlieren dadurch an Bedeutung und können bei großen Werken mit elektrischen Auslösungen wirkend gebaut werden oder auch gänzlich fehlen.

Die so gefertigte Orgel trägt sich allein ihren Freunden aus den Bezirken der Musik an. Sie ist auch ein kirchliches Instrument, auch ein Konzertinstrument, auch ein Kammerinstrument. Sie versagt, wo sie mißbraucht wird. Schlechte Spielmanieren enthüllt sie ganz. Leere harmonische Ergüsse gibt sie leer und ohne Reiz zurück. Trockene Anschlagsgebräuche haucht sie trocken von sich. Sie verlangt beharrlich Können. Sie ist unerbittlich in ihren Forderungen: ihre Tugend, ihre Bedrohung in unseren Tagen. Sie gibt ihr Letztes dem weisen Spieler, der eine ihr gemäße Dichtung auf ihr vorträgt. Sie ist von höchster Kultur, ohne empfindlich zu sein.

Gegen sie steht: man kennt sie nicht, die Komponisten schaffen nur noch in seltenen Fällen für sie und ihr nicht gemäß, sie ist eine sehr kostbare Schöpfung, die noch darunter leidet, daß sie Namensgenossinnen hat, die ihr zwar vollkommen unähnlich, ihr aber dennoch einen bösen Leumund bereiten. So scheint sie beinahe überflüssig.

Die Frage wird dringend: Sind die wenigen, die sich um sie mühen und an ihr schaffen, stark genug, beredt genug, sie von allen Entstellungen zu befreien? Erlangen sie tätige Mithilfe, gelingt es ihnen, ihre Begeisterung weiter zu leiten? Mühevolle Antworten gibt es nur darauf, die die sachliche Arbeit nicht beflügeln. – Ob Leben oder endgültiger Tod der Orgelbaukunst beschieden, wird bald entschleiert sein. Auferstehung und Untergang erfüllen sich im gegenwärtigen Europa schnell.

Rudolf Maack

HANS HENNY JAHNNS ORGELBAU[1]

Jedermann weiß, was eine Orgel ist. Eine Orgel ist ein Musikinstrument, das in der Kirche steht. Wenn man kommt und wenn man geht, spielt es laut; wenn man sitzt, spielt es leise. Wenn die Gemeinde aber singen soll, spielt es ganz laut. Es hat viele Pfeifen; die kann man sehen. Und es hat viele Register; an denen zieht der Organist immer, wenn er spielt. Einige Register sind laut, und andere sind leise. Ein Register heißt „vox humana", das soll die menschliche Stimmen nachmachen; das ist das schönste Register; wenn das spielt, muß man beinahe weinen. – Man sollte denken, dies sei die Antwort des kleinen Moritz. Man irrt. Dies ist die Antwort der größten Moritze, die Gott hat wachsen lassen, es ist die Antwort aller ehrlichen Laien und sogar der Leute, die in den Tagesberichten großer und in den Musikberichten kleiner Zeitungen über alle Arten von Kirchenmusik sich zu äußern beruflich verpflichtet sind. Man fragt: wie ist das möglich, wie kann ein Instrument, das seinem Wesen nach früheren Geschlechtern so wohlvertraut war und das im Mittelpunkt der öffentlichen und privaten Anteilnahme stand, soweit in den Augen des Publikums herabsinken? Die Antwort ist einfach: weil es in den Ohren soweit herabgesunken ist.

Von der Natur der alten und höchst angesehenen Orgel ist nichts nachgeblieben. Einst war sie die „Königin der Instrumente", war der Kernpunkt alles musikalischen Schaffens und Geschehens, und alle Geisteskraft wurde zu ihrer musikalischen und technischen Vervollkommnung angespannt. Dann aber, bald nach Johann Sebastian Bachs Tode, wandte sich das Musikinteresse anderen Gebieten, dem Orchester, zu, und die Orgel verlor an praktischer Bedeutung, sank in das Dunkel der Vergessenheit und schleppte sich, abgeschnitten von der Verbindung mit dem Strom des lebendigen Schaffens, kümmerlich dahin. Ausgediente Kirchenschreiber und Trompeter waren gut genug, sie zu bedienen. Da

---

1 Erstdruck und Druckvorlage: *Der Kreis. Zeitschrift für künstlerische Kultur.* Hamburg, Februar 1929, 6. Jg., Heft 2, S. 71-83. – Der Hamburger Musikkritiker und Pädagoge Rudolf Maack, der zu Jahnns Freundeskreis gehörte, hat im *Kreis* mehrfach über Jahnns Orgelreform geschrieben.

kam der Triumphwagen der Technik herangebraust, Ihre Majestät die Maschine. Nun konnte der Orgel geholfen werden; es war klar, was ihr fehlte: der elektrische Strom. Tausende von Kilometern guten Kupferdrahtes wurden auf- und abgewickelt, Riesenwerke wurden ersonnen und erbaut, und damit war die Orgel, meinte man, wieder auf die Beine gestellt. Jetzt war sie erst ganz, was sie sein sollte. Diese neuen Werke sind es, aus denen unsere Zeitgenossen ihre sogenannten großen Orgeleindrücke schöpfen, jene Angst- und Wehmutsschauer, die aus der dunklen Höhe des Kirchenraumes die Übermacht der Maschine ihnen über die Rücken jagt, jenes Dröhnen im Leibe, wenn des Basses Grundgewalt entfesselt ist, so daß man besorgt der Pfeiler Tragkraft abschätzt, und jenes Kitzeln im Hals und in den Augenwinkeln, wenn unvermittelt die weinerliche Süße herniederströmt und gar wenn sie im Fernwerk zu wimmernder Unschuldssehnsucht zusammenschmilzt. Diese klanglich heruntergekommene und entartete Maschine, die, zwischen Donnern und Säuseln hin und her und wieder hin gleitend, die Seelen der Schuldigen mit Überraschungen ängstigt, war die Orgel der letzten Vergangenheit; und es mußte schon ein ganzer Mann sein, wer sich ihrer Natur soweit widersetzte, daß er anständige Musik anständig darauf zu spielen wenigstens versuchte. Solche Männer gab es immerhin, aber ihre Stimmen hatten kein Gewicht. Das Donnerwetter der Tongewaltigen galt mehr. Es wurde schließlich zum Wesen des Instrumentes gerechnet. Wir brauchen nur die Orgelkonzertrezensionen der Jahre um 1920 herum aufzuschlagen, um überall auf das „entfesselte Tönemeer", auf das „himmlische Brausen" und auf die „gewaltigen Steigerungen" zu stoßen. Kein Zweifel; man hörte wirklich nur noch Lärm und fand sich poetisch damit ab. Die Orgel und ihr Spiel standen im Zeichen des Verfalls.

Da kam der Umschwung. Er kam nicht ohne Vorboten. Schon 1906 hatte der Bachbiograph Albert *Schweitzer* eine schneidige Attacke gegen die moderne, „vom Erfindungsteufel eingegebene Fabrikorgel" und zugunsten der alten Instrumente geritten. Sein Aufruf schlug an taube Ohren. Hatten Wort und Schrift vergebens gemahnt, so sollten nun die Töne selbst den Kampf um ihr Recht eröffnen. Man mußte gegen die neuen schlechten Orgeln die alten guten (beileibe nicht jede alte ist gut) auffahren. Wo gab es solche? Und waren sie noch instand? Schon hier differenzierten sich die Gesichtspunkte. Den Wissenschaftlern lag vor allem daran, alte Musik stilgerecht aufführen zu können, also Instrumente zu besitzen, die die verschollenen Klangwelten wieder lebendig machten. Das führte schon 1921 zur Erbauung eines Werkes nach der Dispostion und den Maßangaben des Michael Praetorius von 1618, (zwar darin anachronistisch, daß es statt dreier Manuale nur zwei erhielt und pneumatisch statt mechanisch bedient wird.) Diese *„Praetorius-Orgel"* des musikwissenschaftlichen Instituts der Universität Freiburg redete vor den geladenen Kennern eine überzeugende Sprache; die Musik des frühen Barock erschien zum ersten Male in ihrer wahren Gestalt. Verlangte die Wissenschaft also Stilorgeln, etwa eine Renaissance-, eine Früh-, eine Spätbarock- und eine Romantikorgel (stark schematisiert), so verlangte die Orgelpraxis darüber hinaus (und doch angesichts dieser Typenfolge) nach der „wahren Orgel", wie schon Schweitzer es getan hatte, aber weniger romantisch als er und desto radikaler in der Absicht. Hier war der stärkste und lauteste Kämpfer der Orgelbauwissenschaftler Hans Henny *Jahnn*. Jahnn kam nicht von kunsthistorischen Erwägungen her, sein Instinkt wurde aus kultischen und vitalen Gründen gespeist und aus unmittelbaren und unabgeleiteten, elementaren Klangbedürfnissen. Es war der Stadt Hamburg vergönnt, seine segensreiche Arbeit in ihren Mauern erleben zu dürfen. Hamburg besaß in der *Jakobi-Kirche* eine Orgel aus der Blütezeit des Orgelbaues. Ihr Material stammte zum Teil noch aus dem Anfang des 16. Jahrhunderts. Am Ende des 17. Jahrhunderts hatte dann Arp Schnitger, der schon zu Lebzeiten Weltruf als größter Orgelbauer genoß, unter sorgfältiger Achtung der Arbeit seiner Vorgänger, darunter des ebenfalls weltberühmten Hans Scherer, das Werk errichtet, so wie es nun vorlag. Richtiger: wie es vorgelegen hätte, wären nicht die Reparatur- und Erweiterungsarbeiten zweier unkritischer Jahrhunderte über das Werk dahingegangen und hätten es nicht bös entstellt. Diese Entstellung wieder aufzuheben und Schnitgers Orgel originalgetreu wiederherzustellen, war das Ziel der selbstlosen Arbeit Jahnns und seiner Helfer, hier vor allem seines Gefährten Gottlieb Harms, deren Fortschreiten das musikalische Hamburg durch Jahre hindurch von Stufe zu Stufe mit Spannung und Beglückung verfolgte.

Das waren unvergeßliche Stunden, als an den Winterabenden jener Jahre die Kirchenschiffe sich bis in die dunkelsten Winkel mit ernsten und schweigenden Menschen füllte (man dürfte suchen, wo eine so große Zahl guter Köpfe beisammen gesehen wurde) und als Günther Ramin, der blutjunge Leipziger Thomasorganist, das ehrwürdige Werk wie mit der Zaubermacht eines verwandten Gottes zum Leben erweckte. Welch eine Welt tat sich dem Ohre auf! Wir erschraken über die Gesinnung dieser Klänge. Ein ungebrochener geistiger Mut, in allen seinen Gebärden groß und sicher, mit den geheimen Kräften in gutem Bunde, eine elementare klangliche Körperlichkeit, von dem kecksten Wagemut bis zu der tiefsinnigsten Ahnungsfülle hinüber, tönte aus den leuchtenden Farben dieser unbestechlichen Stimmen – die Tiefe rund und klar, einige Register scharfgeschnitten im klanglichen Profil, andere hauchig und versonnen, strenge und weiche, kernige und volle nebeneinander, sodann die Mittellage, hier sonore, dort spröde, offene oder verhüllte, scharfe oder milde, die gähnend hohlen, die raspelnden und heiseren, die schnarrenden, die glucksenden, die vieldeutigen und hintersinnigen Mixturen, die raschelnden und die summenden, die wie flüchtige Schatten huschen und die wie klare Wasser rauschen, endlich der Reichtum der oberen Lage, jenes Zwergpfeifenheer von lieblichen oder frechen Glanzlichtern, die Glockenschläge, die zimbelnden, duftigen, näselnden, saugenden, flötenden, die fürwitzigen und die gezierten, die kichernden und die gleißenden – das alles bescherte uns ein ganz neues, ungeahnt schönes und reiches inneres Klangbild, ohne das wir fortan die alte Orgelmusik nicht mehr denken konnten. Es war jedoch das rein klangliche Phänomen nicht allein, es war auch eine neue und sinnvolle technische und musikalische Verwendung und Verwaltung dieses Reichtums. Es war die erste Auswirkung der neuen Registrierweise, die von den dreien, Harms, Jahnn und Ramin, geschaffen war. Nicht allein, wie diese herrlichen Stimmen von Natur klangen, sondern wie sie im Werk gegeneinander und miteinander getrennt und verbunden waren, wie sie im Spiele des jungen Meisters jede an ihrem Platze standen und jede unbehindert ihre Sprache redeten, war eine Offenbarung. Ja, so hatten wir uns im stillen manches Mal eine Orgel erträumt, von so vornehmem und zurückhaltendem Wesen und von so ausgewogenem Gliederbau, daß jede ihrer Teilbewegungen ein neues und schönes Ganzes ergebe, daß die letzte Stimme immer noch eine heimliche Solostimme sei und daß der Zusammenklang nur aus einer immer neuen Verbindung einiger weniger dieser ausgeprägten und schon für sich eigenwertigen Stimmen erwachsen dürfe. So war es nun hier, so war dieses Schnitgersche Werk disponiert, und so entfaltete und belebte Günther Ramin seine Schätze. Es kam hinzu, wie jede melodische Bewegung in den Pfeifen anhub, wie sie verlief und wie sie endete; das war eine neue und unerhörte Weise, den Ton zu entfalten und zu tragen, eine ungeahnte Art, die Stimmbewegung weit zu spannen; diese

Register sangen. Solche Wirkungen waren nun keine zufälligen, sondern sie erwuchsen mit Notwendigkeit aus dem Bauplan Schnitgers wie aus dem Orgelbau seiner Zeit überhaupt. War der reichgegliederte und bezaubernde Eigenklang der Stimmen das Ergebnis der vollendeten Pfeifenmensurierung, ihrer Maßverhältnisse und ihres Materials, war das Gleichgewicht der Vielstimmigkeit, die Gegensätzlichkeit und Versöhnlichkeit der Klänge und der Klanggruppen die Frucht der weisen Disposition der Register, so war die singende Ansprache der Pfeifen eine Folge einmal schon des Zusammenwirkens aller weise geordneten Maßgrößen der Pfeifen, sodann der mechanischen Traktur, also der unmittelbaren Verbindung des Pfeifenventils mit der Taste des Spielers, ferner der Schleiflade, bei der die Pfeife durch eine Kanzelle hindurch weich und elastisch angeblasen wird, und endlich des niederen Winddruckes, der den Atem der Orgel bis zum Maul der Pfeifen gibt und ihnen den ruhigen und singenden Ton verleiht. Es war alles in allem ein Musterwerk deutscher Orgelbaukunst aus dem späten 17. Jahrhundert und zugleich eines der schönsten erhaltenen Werke Arp Schnitgers, der für Norddeutschland und Holland an 150 Werke gebaut hat, deren größtes bei dem Brande der Hamburger Nikolaikirche zugrunde ging und deren Mehrzahl von den folgenden Generationen in bester Absicht durch Umbau zerstört wurde.[2]

Jahnns Rettung der Schnitgerorgel zu St. Jakobi sprach sich herum. Die Organisten horchten auf, erst in Hamburg, dann auch im Reich. Sie kamen in Scharen und hörten sich, oft skeptisch genug, das Wunder an. Sie sagten „ja", sie sagten „nein"; und schließlich konnte man ihre Zustimmung getrost abwarten. Dann aber erschien einer, dessen Urteil für Deutschland entscheiden mußte, es kam der größte Lehrer der deutschen Organisten, der schon 1904 die „Alten Meister" mit dynamischen Vorschriften herausgegeben hatte, der den schönsten deutschen Knabenchor, die Thomaner, leitete, der Repräsentant der deutschen Orgelkunst, der Thomaskantor Karl *Straube*. Und Karl Straube sagte gar nichts, sondern er spielte acht Tage hindurch auf dem Werk, und als er von der Orgelbank am achten Tage aufstand, war das Fundament seines

---

[2] Von dem Wüten unter den alten Instrumenten macht sich der Fernerstehende keinen Begriff; es währte mit unverminderter Kraft bis in die letzten Jahre und ist auch heute noch bei weitem nicht zum Stillstand gebracht. Gegen sinnwidrige Umbauten gibt es keine Waffen. Alle Gemälde, Plastiken, Bauten, ebenso die Orgelprospekte stehen unter Denkmalschutz, nur die Orgel selbst nicht; da hat der Kirchenvorstand allein zu sagen.

bisherigen Glaubens und Wirkens zusammengebrochen. Schnitgers Orgel hatte ihm gesagt, wie die „alten Meister" klingen mußten, wenn man hinter ihren Sinn kommen wollte, und er gab die Überzeugung preis, auf der seine Ausgabe der „Alten Meister" geruht hatte und die er durch Jahrzehnte in Lehre und Schrift vertreten hatte, die Überzeugung nämlich, daß „alle Ausdrucksmittel der modernen Orgel heranzuziehen" seien, um die alten Werke richtig zu spielen.³ In dem Augenblick, da der getreue Eckart der deutschen Organisten mit verehrungswürdiger Sachlichkeit und mit dem Mut, den diese forderte, sein Urteil änderte, brauchte sich keiner der vielen im Lande zu schämen, ein Gleiches zu tun. Manche taten es offen, manche unauffällig, geheim und in Raten, manche „hatten es immer schon gesagt", andere aber wandten sich gegen die neuen Einsichten. Und schon damals begannen sich die Gerüchte zu verdichten, Jahnns Wiederherstellungsarbeiten bereiteten dem Werk mehr Schaden als Nutzen, ja es sei sogar Holz aus der Orgel verschwunden. Der Kirchenrat jedoch, von Karl Straube als erstem Sachkenner beraten, sprach Jahn das Vertrauen aus und sah von einer Prüfung der Orgel durch den Urheber des Widerstandes und der Gerüchte, dem Organisten und staatlichen Orgelbausachverständigen Theodor Cortum, ab. Karl Staube nämlich hatte dem Kirchenrat, dem Kirchenvorstand und der Denkmalsschutzbehörde dieses gesagt:

Ich halte Herrn Jahn für den schlechthin besten Kenner des klassischen Orgelbaues, den wir haben; und die wichtigen Proben, z. B. neue Pfeifen, die ich während der Ausführung seiner Arbeit sah, stellten sowohl an Material wie an künstlerischer Bearbeitung des Materials das Vollendetste dar, was ich bei meinen vielen Orgelprüfungen gesehen habe.

Das Jahr 1925 vereinigte Deutschlands Orgelspieler und Orgelbauer zu einer Tagung in Hamburg und Lübeck. Und was die Reden Jahnns und die Disputationen der Tagung nicht erreicht hatten, das vermochten

---

3 In diesen Tagen erscheint ein neuer Band *Alter Meister* von Karl Straube, und in dem Vorwort dieser Ausgabe schreibt Straube: „Jede Stilperiode aus ihrem eigenen organisch gewordenen Wesen – mit den sich daraus ergebenden Gesetzmäßigkeiten an Ausdrucksform und Ausdrucksart – klar zu erfassen ist der fördernde und befruchtende Wille unserer Tage. Mit diesem Wissen über die in sich ruhende Vollendung einer großen Kunst wuchs das Verlangen, solche Kunst nur in der Wiedergabe durch die von ihr geforderten Mittel tönendes Erlebnis werden zu lassen. Von solchem Gesichtspunkt aus muß die Einstellung der Vorrede zum ersten Band der *Alten Meister* abgelehnt werden." Das ist vielleicht das bedeutsamste und folgenreichste Dokument der neuen Haltung. (Straube aus Gurlitts Aufsatz in *Musik und Kirche* 1. Heft.)

unter den Händen Günther Ramins die Jakobiorgel und jene höchst erlesenen kleinen Werke von St. Marien und St. Jakobi zu Lübeck. Die Organisten sahen ein: alte Musik klingt allein auf Werken gleicher musikalischer Gesinnung. Es blieb jedoch die Frage nach der Wiedergabe neuer Musik, etwa Regers oder des gegenwärtigen und zukünftigen Orgelschaffens. Hier hatte nun Jahnn sofort geantwortet: Ich baue euch eine Orgel, auf der alte und neue Musik gleich gut klingen. Sie fragten: also eine Kompromißorgel? Nein, sagte er, einfach eine gute Orgel; keine Barockorgel, so schön die auch sein mag, sondern endlich einmal eine moderne gute Orgel und mit modernen Mensuren. Ich habe nicht umsonst die alten Werke studiert, jetzt weiß ich um die Orgel Bescheid. Und ich will sogar noch weiter in der Gesinnung, in der jene begannen, und ich kann weiter – wenn meinen eigenen zwei Händen andere zu Hilfe kommen! Nun erbaute er selbst Orgeln. Will sagen: er disponierte die Werke und schuf die Mensuren und übergab die Ausführung seinem Orgelbauer, einem Orgelbauer übrigens, der in direkter Familientradition die Intonationsgesinnung der Brüder Silbermann fortführt. Während diese Orgeln gebaut wurden, wirkte sich der Anstoß zur Orgelerneuerung im Reiche weiter aus. Das Ausland nahm bald Anteil. Heute bauen Ungarn und die Tschechoslowakei sehr große Orgeln nach Jahnns Vorschlägen. Zwei weitere Tagungen für Orgelkunst, 1926 in Freiburg und 1927 in Freiberg (Sachsen), gaben den Anregungen, die von der neuen Praetoriusorgel und der alten Schnitgerorgel ausgegangen waren, einen weiteren theoretischen und historischen Hintergrund. Es waren vor allem die bedeutenden Vorträge von Wilibald Gurlitt und Christhard Mahrenholz, die das Problem der Orgelreform auf ein breiteres musikhistorisches, musikwissenschaftliches und liturgiepraktisches, auf ein geistesgeschichtliches Fundament stellten. Dabei gliederten sich mit der genaueren Sachkenntnis die genaueren Ansprüche, Hoffnungen und Absichten. Auf der anderen Seite wurden die Grundsätze der schon geleisteten Arbeit, vor allem Jahnns, nunmehr für das Bewußtsein aller zur Selbstverständlichkeit. Das größte praktische Ergebnis aber war die Gründung des „Orgelrates", einer obersten Instanz für alle künstlerischen und technischen Fragen der Orgelbewegung. Jahnn selbst hielt fest an dem eindeutigen Bilde der Orgel, unbekümmert um seine geschichtlichen Gestaltwandlungen und Abirrungen. Die Orgel ist und bleibt für ihn ein auf Tasten gespieltes Blasinstrument, und alle Vervollkommnung sieht er allein innerhalb der Grenzen dieser ihrer Wesensart.

Die außergewöhnliche Qualität seiner eigenen Neubauten gründet sich im wesentlichen auf zwei Momente: einmal auf die *mechanische Traktur,* wie sie alle Orgeln bis zum Beginn des 19. Jahrhunderts gehabt haben, zum anderen auf die *Mensuren*, wie er sie in Fortführung der alten Praxis selbständig ausgebaut hat. Register und Traktur als Dinge der Technik könnten äußerlicher Natur scheinen; sie sind es in dem gleichen Maße wie Klavier und Arm des Pianisten. Sie sind Glieder eines künstlerischen Organismus, und ihre Verfassung ist Anzeichen einer dahinterstehenden künstlerischen Gesinnung.

Die Mensuren, das heißt die Maßverhältnisse eines Pfeifenkörpers und aller seiner Teile, seiner Höhe und seiner Breite, seines Halses und seiner Lippe, sind bei alten Orgeln, sei es auf Grund von Erfahrung oder auf Grund mathematischer Berechnung, sonderbar angeordnet. Die verschiedenen Maßverhältnisse innerhalb einer Pfeifenreihe sind nicht, wie im 19. Jahrhundert üblich, gradlinig von der kleinsten Pfeife zur größten entwickelt, sondern beweglich. Das Ergebnis ist, daß ein und dasselbe Register in Tiefe und Höhe verschiedenen Charakter bekommt, etwa in der Tiefe kerniger, in der Höhe voller klingt, und daß also eine mehrstimmige musikalische Bewegung schon auf einem einzigen Manual und mit einem einzigen Register klanglich unterschiedlich und also durchsichtig darzustellen ist. Diese Differenzierung des Klanges ist wie bei dem alten Orgelbau erreicht durch Analyse und Verselbständigung der akustischen Tonkomponenten, die hier nicht weiter entwickelt werden kann. Das Ergebnis ist klar: eine nicht konstante, sondern variable Mensur macht das Gewebe der Stimmen locker und durchsichtig und verhindert, daß sie sich gegenseitig erdrücken – schon auf einem Manual, wieviel mehr erst auf der Summe der Tastaturen, in die sich das lichte Pedal (keineswegs mit ausschließlichem Baßcharakter wie im 19. Jahrhundert) ebenbürtig eingliedert.

Noch einfacher liegt die Sache bei der Traktur, d. h. bei der Verbindung von Taste und Pfeifenventil. Die mechanische Traktur (die Jahnn nur gezwungen zugunsten der elektrischen opfert) ist nämlich die einzige unmittelbare Verbindung; nur hier hat der Spieler das Ventil und damit die Ansprache der Pfeife wirklich „in der Hand". Und nur so, durch Anschlag, ist die höchste Feinheit des Phrasierens zu erreichen. Nur so auch wird die Traktur zur verlängerten Taste, ja zum verlängerten Finger des Spielers, mit dem dieser, geleitet von der Feinnervigkeit seines der Darstellung hingegebenen Gehörs, in den latenten Tönestrom

Orgel nun wirklich körperlich, öffnend und lenkend, eingreift. Die Orgel des 19. Jahrhunderts jedoch löste den Ventilhebel pneumatisch oder elektrisch aus, so daß der Spieler gar nicht auf Pfeifenventilhebeln, sondern auf einem zwischengeschalteten Windführungs- oder Kontaktsystem spielte, zwar mühelos, aber auch ohne jeden Einfluß auf die Tonbildung und Atmung des Organismus. Ein solches elektrisch-pneumatisches Instrument fällt für Jahnn aus dem Gebiete des Orgelmäßigen heraus. Es interessiert ihn schlechterdings nicht; er vergleicht es mit einer trompetenden Violine. Und er fragt, warum ein solcher Automat, der dem Spieler keinen Einfluß auf die Tonbildung gestattet und die Applikatur einer Maschine überläßt, nicht folgerichtigerweise von einer Papierrolle bedient werde; dadurch könne er in seinem eigenen Sinne nur gewinnen; und er begrüßt die Jazzorgeln und andere Produkte moderner Technik, die für Kinos und neuerdings auch für Konzerte gebaut werden, als ehrliche und saubere Vertreter des barbarischen Prinzips.

Seine eigenen neuen Orgeln nun, das Werk von Brieg sowie die Klopstockorgel in Altona und die in diesen Wochen fertiggestellte Lichtwarkschulorgel in Hamburg, ein Kammerinstrument erlesener Art, zeichnen sich vor den Werken der jüngsten Vergangenheit dadurch aus, daß sie nur einen einzigen Ehrgeiz haben: Orgeln zu sein und schön zu klingen. Nicht den, Artillerie-Gefechtsstände und Orchester zugleich zu sein. Ihr Klangreich ist in Durchführung der barocken Dispositionsweise in zwei Klanggruppen geschieden, in die männliche und weibliche, wie Jahnn sie nennt, jene auf Intensität, diese auf Fülle, d. h. auf Tragkraft bedacht, jene auf Schärfe, Herbe und Enge, diese auf Weichheit, Milde, Duft und Weite gerichtet. Diese Klangwelten, deren einzelne Pfeifenreihen sich wiederum mit jeder der anderen zu neuer, verblüffender Synthese vermischen, bedeuten nun wirklich für die anspruchsvollsten Ohren eine hohe Erfüllung der Gattung Orgel, darüber hinaus aber als Vorboten eines neuen charakteristischen Orgelklangideals höchst bedeutsame Versprechen für die Zukunft des deutschen Orgelbaues. Diesen seinen Neubauten und jüngeren Brüdern im Geist der Jakobiorgel stellen sich zahlreiche Umbauten alter Werke an die Seite: zu St. Jacobi in Hamburg, St. Pauli in Altona, St. Marien in Flensburg, sowie in Neuenfelde, Altenbruch und Seegefeld.

Dies ist der Umfang und das Ergebnis der bisherigen Arbeit Hans Henny Jahnns. Nichts Vollkommenes, aber doch etwas richtig Angefaßtes, selbstlos Betriebenes und gut Durchgeführtes; und jedenfalls gibt es zurzeit nichts Besseres. Alles in allem ein starkes Versprechen. Der Orgelbau kann sich freuen, sollte man denken, daß er diesen Mann als den Leiter der experimentellen Sektion des „Orgelrates" an der Arbeit weiß; die Freunde werden ihm helfen, die Gegner werden ihm mit tüchtiger Mitarbeit zu schaffen machen, die Kirchenbehörden der Gebiete, in denen er arbeitet, werden ihm alle Wege ebnen und seine Arbeit nach Kräften fördern. Vorbei geraten! Seit drei Jahren ist Jahnn durch eine Verfügung der obersten Kirchenbehörde Schleswig-Holsteins in seiner Eigenschaft als Orgelbauwissenschafter von allen ihren Kirchen ausgesperrt; der Hamburger Jakobikirche dient Jahnn nur noch als „Berater", das „Amt" des Sachverständigen ist in andere Hände gelegt; die Konkurrenz der ihm gesinnungsmäßig und praktisch verbundenen Orgelbaufirma verschickt ungünstige Kritiken und Auszüge der Dramen Jahnns an Behörden und Organisten; man zieh ihn – wir sahen es schon – des Holzdiebstahls, und seine Gegner versuchen ihn totzuschweigen.

Der Kirchenrat, der kein Geld für die Jakobiorgel hatte, hat Geld für ein Buch Theodor Cortums, des Mannes, der seinerzeit das Gerücht vom verschwundenen Holze angeblasen hatte und der krank wurde, als er vor dem Kirchenrat für seine Reden einstehen sollte. Das Buch heißt *Die Orgelwerke der evangelisch-lutherischen Kirche im Hamburgischen Staate*; der Bärenreiter-Verlag, sonst so gut beraten, druckt es, der Kirchenrat bezahlt es. Es ist eine Sammlung der Dispositionen aller Hamburger Orgeln, die leider einigermaßen nutzlos ist, weil Registernamen zu allen Zeiten Wesensverschiedenes bezeichnet haben (und gerade auf diese Verschiedenheiten kommt es ja an), untermischt mit persönlichen Erinnerungen an die Schicksale verschiedener Instrumente und an die gewichtigen Worte manches verstorbenen Freundes und Kollegen. Das Hauptinteresse des Buches weilt naturgemäß bei den Hauptkirchen. Der Jakobiorgel sind 22 Quartseiten gewidmet, zwei Seiten dem Umbau durch Jahnn, eine Seite den Grundsätzen solcher Umbauten. „Man will den Orgelbau um 300 Jahre zurückschrauben" ist das traurige Fazit seiner Betrachtungen. Jahnns Arbeit wird eine „arge Beschädigung" genannt und in der unsachlichsten Weise angegriffen, ohne daß jedoch – man glaubt es kaum! – in dem ganzen namens- und datenübervollen Buch nur einmal der Name Jahnns oder seiner Helfer erwähnt würde, trotz längerer Zitate aus ihren Schriften. Dieser geradezu jämmerliche Angriff richtet sich zwar für den Kenner der Verhältnisse von selbst; der uneingeweihte Leser aber wird durch eine so schmähliche Unterschlagung von Namen und Leistung über den Sachverhalt empfindlich getäuscht. Sollte das die Absicht des Verfassers gewesen sein?

Angesichts solcher Methoden schien es uns angebracht, die Richtung der Jahnnschen Arbeit nicht nur im Zusammenhang klarzustellen, sondern auch ihre Beurteilung durch die zuständigen Fachleute der Öffentlichkeit vorzulegen, zugleich in der Hoffnung, daß vor der Würde dieser Stimmen das unmaßgebliche und widerspenstige Gerede endlich verstummen möge. Wir richteten unsere Umfrage mit Bedacht gerade nicht an lauter erklärte Freunde der Jahnnschen Arbeit oder an seine Auftraggeber, sondern systematisch an einen internationalen Kreis der obersten Vertreter je eines fachlichen Gebietes, so daß die Summe der Gutachten sich praktisch zusammenschließt zu dem

Gesamturteil über Jahnns Orgelbau.[4]

Prof. *Josef Geyer, Abbé* zu Budapest, der Senior der hohen ungarischen Orgelkunst, schreibt u. a.:

Die modernen Orgelfreunde wollen einseitig entweder nur mehr von der Barockorgel wissen oder aber die neuzeitliche Fabrikorgel durch Barockelemente ergänzt sehen. Jahn setzt mit gründlichen historischen und Traditionskenntnissen, mit persönlichst geprägter Intuition und mit einer ungeheuren künstlerischen Schaffenskraft ein und greift tief in das höhere Kunstwesen der Orgel hinein und offenbart der verblüfft staunenden Musikwelt das *Instrument der deutschen Orgelmusik im letzten Semimillenium.* Jahnns Bedeutung ist überwiegend germanisch, und zwar urnational deutsch, und darum wirkt er auch mit derart suggestiver Gewalt, daß es ihm gelungen ist, den Weg zu zeigen, die Kunstschätze der *gesamten* Orgelliteratur zur Erziehung und zur Nährung unserer verwöhnten modernen Kunstintelligenz brauchbar zu machen.
Budapest, den 15. Januar 1929. (gez.) *Josef Geyer*

Dr. *Jacques Handschin,* vormals Professor am Konservatorium in Petersburg, jetzt Privatdozent an der Universität Basel, schreibt:

Hans Henny Jahnn – das reine Streben dieser Künstler- und Forschernatur erweckt meine Bewunderung. Nicht daß ich mich in allen Einzelheiten des Orgelgeschmacks mit Jahnn identifizieren würde: sein Klangideal ist mir zu sehr nach der „weiblichen" Richtung orientiert, seine bisherigen Spieltischmodelle zu wenig „rationalistisch". Aber solche Übertreibungen, sofern es Übertreibungen sind, erklären sich aus Jahnns Kampfstellung: Er verkörpert in sich eine heftige Gegenwehr gegen das Brutale und Fabrikmäßige eines uns nur zu bekannten Orgeltypus. Hierin müssen wir alle hinter Jahnn stehen. Und beugen müssen wir uns vor seiner tiefen Einsicht in die akustischen und technischen Probleme des Orgelbaus.
Zürich, den 29. Januar 1929. (gez.) *Jacques Handschin*

---

4 Es haben alle Befragten ihre Gutachten abgegeben mit Ausnahme von Professor Dr. Wilibald Gurlitt und Professor Alfred Sittard.

Dr. *Wilhelm Heinitz* vom Phonetischen Laboratorium der Hamburgischen Universität, der die akustischen Experimente Jahnns im Phonetischen Laboratorium durch Jahre verfolgen konnte, schreibt:

Ich kenne Herrn Hans Henny Jahnn seit 1925. In diesem Jahre fand in Leipzig der I. Musikwissenschaftliche Kongreß statt, auf dem ich vertretungsweise die Sektion für Vergleichende Musikwissenschaft zu leiten hatte. Herr Jahnn hielt in dieser Sektion ein Referat über *Entstehung und Bedeutung der Kurvenmensur für die Labialstimmen der Orgel*, das m. E. in theoretischem Sinne mit zu den besten Leistungen meiner Abteilung gehörte. Später hatte ich oft Gelegenheit, mit Herrn Jahnn über akustische Fragen zu diskutieren, ich lernte ihn dabei immer mehr als überaus ernsten und durchaus objektiv wissenschaftlich gerichteten Denker kennen.

Hamburg, den 22. Januar 1929. (gez.) *Wilhelm Heinitz*

Gustav Knak, der Organist von St. Petri, der soeben die neueste Orgel Jahnns in der Lichtwarkschule für die Behörde nach wochenlanger Prüfung abgenommen hat, schreibt:

Es ist das unbestreitbare Verdienst Hans Henny Jahnns, den deutschen Orgelbau aus der letzten *Periode der Barbarei herausgeführt zu haben.* Der wissenschaftliche Ernst, mit dem Jahnn an alle eigentlich erst durch seine Arbeiten akut gewordenen Probleme der Registerzusammenstellung im allgemeinen und des Pfeifenbaues im besonderen herangeht, die nunmehr in die Praxis umgesetzten Ergebnisse dieser jahrelangen Arbeit, die an den beiden Orgeln der Christianskirche in Altona und der Lichtwarkschule in Hamburg in erstaunlichem und beglückendem Maße die Probe bestanden haben, sichern diesem genialen Orgelbauer für alle Zeiten eine Ausnahmestellung.

Hamburg, den 23. Januar 1929. (gez.) *Gustav Knak*

Dr. *Christhard Mahrenholz,* Pastor zu Gr. Lengden bei Göttingen, gleich umfassend als Historiker wie als Liturgiepraktiker, selbst Sektionsleiter im Orgelrat und Entwerfer von modernen Orgeln, so der Orgel der Hamburger Heilandskirche, schreibt:

Ich sehe die wesentliche Bedeutung Hans Henny Jahnns für den Orgelbau darin, daß seine Beschäftigung mit dem Orgelbau, sei es in seinen Schriften oder in der praktischen Durchführung seiner Gedanken, überall das Gepräge einer ganz persönlichen Entscheidung, eines vollen künstlerischen Einsatzes trägt, das von der üblichen unpersönlichen, kühlen Art, Orgelangelegenheiten zu behandeln, erfrischend absticht und auch da zur Anerkennung zwingt, wo man – aus anderer Grundeinstellung heraus – vielleicht in Einzelheiten anderer Ansicht sein kann.

Gr. Lengden, den 20. Januar 1929. (gez.) *Christhard Mahrenholz.*

Günther Ramin, Organist zu St. Thomas in Leipzig, schreibt:

Hans Henny Jahnn ist meines Erachtens als Reformator auf dem Gebiete des Orgelbaues von einschneidender positiver Bedeutung, weil er als erster nach dem Kriege auf den lebendigen Wert der Klangqualitäten der noch gut erhaltenen Barockorgeln des deutschen

Nordens hinwies und darüber hinaus Forderungen für eine Neugestaltung im Orgelbauwesen aufstellte, deren Erfüllung im Interesse der gesamten Orgelkunst überhaupt liegt. Seine aus lebendiger Anschauung gewonnenen Resultate weisen dem Orgelbau neue, fruchtbare Wege, die – mag man im einzelnen seinen Postulaten auch kritisch gegenüberstehen – im ganzen zu einer ganz neuartigen, handwerklichen gewachsenen und kunstgewerblich vervollkommneten Form im Orgelbau führen können und durch das *hartnäckige Betonen der Qualität* die größten Dienste der reproduzierenden Orgelkunst erweisen werden.

Leipzig, den 23. Januar 1929. (gez.) *Günther Ramin*

Ernst Schieß, der Schweizer Orgelbausachverständige, von seinen Vorträgen auf den Orgeltagungen her auch in Deutschland bekannt, schreibt:

Hans Henny Jahns Schaffen auf dem Gebiete des Orgelbaues ist überragende Bedeutung beizumessen. Ihm steht das ungeheure Verdienst zu, in überzeugender, sachlich und ästhetisch tief fundierter Art für den reinen Aufbau des Orgelklanges eingetreten zu sein. H. H. Jahns Schaffen sind bedeutende Kenntnisse des innersten Wesens wahrer Orgelbaukunst zu eigen; die universelle Bildung und der Scharfblick für die logischen Vorgänge „natürlichen Geschehens" haben seine Arbeit auf ein hohes Niveau künstlerischer Freiheit gehoben, dem „Routine" abhold ist. Studien alter Meisterleistungen sowie Laboratoriumsarbeiten, die für die Bereinigung orgelmäßiger Mittel dienten, haben immer mit aller Klarheit erkennen lassen, welche Kraft und Wahrheit Intentionen innewohnt, die nach Jahns Schaffen nur die spezifisch orgelmäßigen Mittel gelten lassen. Das Eintreten Jahns für die prachtvolle Höhenstufe künstlerischer Entwicklung des Orgelbaues in der Barockzeit hat vielerorts die Gemüter verwirrt und zu unverantwortlichen Kompromissen geführt, wobei man annahm, sowohl von der dekadenten Orchestersurrogatorgel wie von den Hochleistungen alter Orgelbaumeister Klangmittel borgen zu dürfen. Andererseits liegt wieder die blinde Nacheiferung der Barockorgel nicht im Geiste Jahns. Ich glaube nicht fehlzugehen, wenn ich annehme, daß Jahn nach den reichen Erkenntnissen, die ihm das Studium alter Meisterleistungen geboten hat, etwas Neues schaffen wollte und geschaffen hat, das auch in unserer Zeit bestehen kann. Die Grenzen des Möglichen auf dem Gebiete der Gestaltung reiner Orgelklänge sind dem ernsten Forscher der Orgelbaukunst und Kenner künstlerischer Mensuration bekannt. Inwieweit wir uns mit Jahn bezüglich Einzelfragen treffen, bedarf hier keiner Auseinandersetzung, wir freuen uns seiner unschätzbaren Pionierarbeit und wünschen seinem Schaffen die gebührende Anerkennung.

Solothurn-Schweiz, den 25. Januar 1929. (gez.) *Ernst Schieß*

Prof. Dr. Dr. *Karl Straube,* Kantor zu St. Thomas in Leipzig, schreibt:

Hans Henny Jahnn ist in unserer Zeit der Erste gewesen, der den Orgelbau nicht als eine industriell-kapitalistische Angelegenheit, sondern als eine *Kunst* gepriesen hat. Damit hängen zusammen: sein Hinweisen auf die Klangkultur der großen Zeit des Orgelbaues im 17. Jahrhundert und seine eigenen Bemühungen, diese Klangwelt zu neuem Leben zu erwecken. Durch diese Arbeiten, mögen sie heute noch umstritten und angefochten sein, wird sein Name bleibende Bedeutung gewinnen. Damit hat er dem Orgelbau Wege ge-

zeigt und eröffnet, die von dem industriellen Wesen zu einer neuen Blüte kunstgewerblichen Schaffens im deutschen Orgelbau führen können.
Leipzig, den 18. Januar 1929. (gez.) *Karl Straube*

Edith Weiß-Mann, eine führende Stimme im Chor der deutschen Musikkritik, schreibt:

Hinter Hans Henny Jahnns Orgel steht der Glaube an einen alleinigenden Geist des Klanges; Jahnn opfert, Märtyrer seiner Größe, sein Leben dem Lebenswerk. Als Wegbereiter, Träger großer Ehrungen und niedrigster Schmähungen, begegnet er allem, was Hemmung bedeutet, mit jener Hartnäckigkeit, die noch allemal auf Erden Gesetzeswandel bewirkte. Gründlichkeit und Inbrunst sind Wahrzeichen seines Schaffens. Helfen wir, indem *wir* glauben.
Hamburg, den 24. Januar 1929. (gez.) *Edith Weiß-Mann*

Erwin Zillinger, Domorganist zu Schleswig, einer der frühesten und tatkräftigsten Wiedereroberer einer verschollenen Kunstgesinnung, schreibt:

Für mich bedeutet Hans Henny Jahnns Leistung auf dem Gebiete des Orgelbaues die *Rettung der Orgel als Tasteninstrument* schlechthin. An seinem bisher vollkommensten Werk, der Hamburger Lichtwarkorgel, die durchaus keine „Barockorgel" sein will, sondern ein höchst modernes Kammerinstrument darstellt, läßt sich der fundamentale Gegensatz zu den halbautomatischen Produkten der heutigen Orgelindustrie mit Händen greifen.

Die rein *mechanische Traktur* dieser Schleifladenorgel, die den Tastsinn des Spielers in elementarer Weise beteiligt, gestattet nicht nur, sondern verlangt geradezu eine höchst persönliche, von Leben erfüllte Phrasierung jeder einzelnen musikalischen Linie. Sie erzielt damit eine plastische Eindringlichkeit der Deklamation, von deren Gewalt man bisher nur noch an ganz vereinzelten historischen Instrumenten eine Ahnung hatte bekommen können.

Mit seiner Lösung der *Mensurenfrage* beweist Jahnn, daß die Tastenorgel kein historisches, sondern ein modernes Instrument voll ungeahnter Entwicklungsmöglichkeiten ist, das uns auch klanglich bisher unerhörte Perspektiven – und zwar spezifisch orgelmäßige – eröffnet. Von solchen Instrumenten, in denen *unsere Zeit* in ganz auffallender Weise *ein ihr gemäßes Ausdrucksmittel* finden zu sollen scheint, werden Wirkungen auf Spieler, Hörer und – nicht zuletzt – auf Komponisten ausgehen, die uns den Mut geben, an eine lebendige Zukunft der Tonkunst zu glauben.
Schleswig, den 12. Januar 1929. (gez.) *Erwin Zillinger*

Wir fassen zusammen: Jahnn will die Orgel als Kunstwerk retten und erneuern. Er will es nicht nur, sondern er hat es getan. Er verwirklichte einen neuen wertvollen Typus Orgel, der den Organisten zum guten Spiele zwingt. Die damit bedrohten, künstlerisch minderwertigen Großmächte der Orgelindustrie bedienen sich nunmehr gutgläubiger Behörden und Organisten zu ihrem geschäftlichen Konkurrenzkampf gegen den mit Jahnn verbundenen Orgelbauer und damit gegen Jahnns Prinzipien. Sie motivieren ihre orgelsachlichen Einwände entweder mit außersachlichen Gründen – und dann ist jede Entgegnung Atemverschwendung – oder aber mit sachlichen Dingen wie technischen Einzelheiten der Jahnnschen Orgeln. Von dem Bereiche des Jahnnschen Schaffens sehen sie nur die Peripherie. Sie können oder wollen das Wesentliche nicht begreifen. Das Wesentliche ist: Jahnns Orgelideal ist geistgeboren. Seine Werke sind Schöpfungen einer künstlerischen Gesinnung, nicht Summenergebnisse von Zweckmäßigkeits- und Rentabilitätserwägungen wie die ihren. Sie gewannen ein Vermögen und wollen noch mehr. Jahnn opferte Vermögen und Kraft und ist am Ende. Er diente, sie verdienten. Die erhabensten Köpfe der musikalischen Welt bekennen sich zu der Idee seines Werkes. Die Zukunft der deutschen Orgelkunst steht zur Frage. Jahnn hat sie heraufgeführt und könnte sie entscheiden. Jedoch seine Hände sind gebunden, und er erliegt den lastenden Fesseln und dem dumpfen Widerstand von Städten und Provinzen, die, von der Konkurrenz beraten, ihn knebeln, anstatt, wie schon Dankespflicht es fordern würde, ihm zu helfen. Die Wissenden stehen zu ihm. Die Unwissenden gegen ihn. Ihr Sieg wäre das Ende.

Hans Henny Jahnn / Carl Nielsen

EIN BRIEFWECHSEL AUS DEM JAHRE 1931[1]

Hamburg 39, 30. Juli 31
Heidberg 53

>Herrn
>Carl Nielsen
>Frederiksholmskanal 28
>Köpenhavn – K

Sehr verehrter Herr Nielsen,
    Herr Domorganist Bangert hat mir gestern Ihre neue Orgelkomposition Commotio vorgespielt, zwar unvollkommen, weil die Orgel, die zur Verfügung stand, sich noch im Bau befand und nicht vollendet war. Das Werk hat mir sehr gut gefallen, und ich habe eine Bitte an Sie. Ich höre, die Komposition soll bei Borup in Kopenhagen erscheinen. Ich möchte gerne für Deutschland den Vertrieb des Werkes an den mir nahestehenden „Ugrino" Abt. Verlag bringen. Borup, mit dem wir in Geschäftsverbindung stehen, wird sicherlich nichts dagegen einzuwenden haben, da es ja nur eine Förderung des Absatzes bedeuten kann.
    Ich bitte Sie, mir möglichst umgehend zu antworten, ob Ihnen eine Anempfehlung durch „Ugrino" Abt. Verlag angenehm ist. Wir bringen nämlich gerade einen neuen Verkaufsprospekt heraus und würden, falls Sie einverstanden sind, Ihr Werk noch aufnehmen können. Ich danke Ihnen im Voraus für eine Antwort.
                                   Mit besten Grüßen

---

1 Der Briefwechsel zwischen Jahnn und dem dänischen Komponisten Carl Nielsen (1865–1931) wird mit dem Nachlaß Jahnns in der Hamburger Staats- und Universitätsbibliothek Carl von Ossietzky aufbewahrt. Jahnns Briefe sind als Typoskriptdurchschläge, Nielsens Briefe handschriftlich überliefert. Nielsens Brief vom 3.8. 1931 ist in deutscher, der vom 12.8.1931 in dänischer Sprache geschrieben. Für die Übersetzung aus dem Dänischen bin ich Yngve Jan Trede zu Dank verpflichtet. – Zum Hintergrund des Briefwechsels um das Orgelstück Commotio vgl. man in diesem Band auch den Aufsatz über Jahnns Beziehungen zu Carl Nielsen.

3 - 8 - 31.

Sehr verehrter Herr Prof: Jahnn!
Ich danke Ihnen sehr für Ihre freundliche‹n› Zeilen. – Ich habe noch keinem Verleger mein Orgelwerk übergeben, würde es am liebsten in Deutschland erscheinen lassen‹,› aber wo würden Sie mir rathen?
   In aller Eile, mit besten Grüsse‹n› Ihr
                    Carl Nielsen

z. Z.
Damgaard, Fredericia
   Dänemark

Brief Carl Nielsens an Jahnn

Hamburg 39, 6. August 31
Heidberg 53

Herrn
Carl Nielsen
Z. Z. Damgaard, Fredericia
(Dänemark)

Sehr verehrter Herr Nielsen,
Nehmen Sie vielen Dank für Ihren Brief vom 3. ds. Mts. Ihnen im Augenblick einen Musikverleger vorzuschlagen ist schwierig. Der ganze Buch- und Musikalienmarkt in Deutschland liegt in einem Ausmaß darnieder, von dem sich nur s[ehr] schwer eine Vorstellung geben lässt. Bei Breitkopf & Härtel würde das Werk unbeachtet untergehen. Zum Bärenreiterverlag kann ich Ihnen nicht raten, weil ich sehr viel Ungünstiges über dessen Geschäftspraxis in Erfahrung gebracht habe. Es bliebe sozusagen nur noch Georg Kallmeyer, Wolffenbüttel; aber der wendet sich auch hauptsächlich an die Kreise der Singgemeinden und Jugendmusiken. Dennoch, wenn sich nichts Anderes ergibt, würde ich Ihnen zu Kallmeyer raten. Die Verkaufsmöglichkeiten aber sind im Augenblick schlecht. Hinzu kommt noch, ich halte Ihr Werk für eine bedeutende Leistung, kann aber gerade deswegen in naher Zukunft nicht an eine hohe Auflagenziffer glauben.

Ich würde das Werk selbst sehr gerne bei Ugrino, Abt. Verlag herausbringen, habe aber die Befürchtung, daß bei der augenblicklich angespannten Wirtschaftslage, die Komposition nicht einen solchen Absatz finden wird, daß Sie davon befriedigt sein würden. Dennoch gebe ich den Plan nicht ganz auf, daß das Werk bei uns herauskommen kann, notfalls gemeinsam mit einem skandinavischen Verleger. Schreiben Sie mir bitte, ob Sie etwas gegen Borup haben.

Ist es wohl möglich, daß Sie mir eine Abschrift des Werkes zur Verfügung stellen können? Ich würde dann noch mit einigen Herren hier darüber sprechen und würde dann unsere Stellungnahme Ihnen genau formulieren können.

Mit besten Grüßen

PS. Dänisch antworten!

Skagen, Dänemark
12 - 8 - 31

Sehr verehrter Herr Prof. Jahnn!
Darf ich Ihnen sehr für Ihren liebenswürdigen Brief vom 6. ds. danken; und dann eile ich Ihnen mitzuteilen, daß mein Verhältnis zum Borup Verlag das allerbeste ist. Wenn ich gerne mein Orgelwerk bei einem deutschen Verlag herausbringen möchte, ist der Grund alleine der, daß in Deutschland für solche Arbeiten die Möglichkeiten größer sind.

Ich habe Ihnen nicht erzählt, daß ich vor einigen Jahren ein Streichquartett [in F-dur], eine große Suite für Klavier [*die „luciferische"*] sowie ein Variationswerk für Solovioline beim Peters Verlag herausgebracht bekam. Geheimrat Hinrichsen bemerkte einmal anläßlich eines Besuchs bei mir in Kopenhagen, daß er möglichst Kammermusikwerke haben möchte, und als ich später ein Klarinettenkonzert mit kleinem Orchester erwähnte, wiederholte er die obengenannte Bemerkung. Ich habe ihm deshalb nichts über mein Orgelwerk mitgeteilt; vielleicht sollte ich das tun?

Inzwischen bekam ich gestern von Herrn Zillinger in Schleswig die Mitteilung, daß Herr Bangert eingeladen ist, mein Werk bei der Lübekker Woche zu spielen, und nun bitte ich Herrn Zillinger, die Kopie, die er hat, Ihnen direkt zu senden.

Sie werden sehen, daß diese Kopie sehr wenig Angaben für Nuancierung und Vortrag enthält, und eigentlich neige ich dazu, das Werk ohne irgendwelche Angaben in dieser Richtung herauszugeben. Jedenfalls sind Sie sicher einig mit mir darin, daß z. Beisp. Karl Straubes Seb: Bach II wohl kaum vorbildlich werden wird und es übrigens niemals gewesen ist.

Ich erlaube mir, Ihnen bei Gelegenheit ein Heft mit einer Reihe kleiner Präludien zu senden, wie auch einen Versuch, kleine fünftonige Stücke für Klavier zu schaffen: „Jugendmusik" in einer etwas anderen Bedeutung als die ganz unschuldiger Art. Diese beiden Bagatellen sind bei Borup erschienen und werden Ihnen von dort aus geschickt.

Ich bitte Sie noch einmal, meinen besten Dank entgegen zu nehmen, mit einem freundlichen Gruß von Ihrem

sehr verbundenen
Carl Nielsen.

Hamburg 39, 18. August 31
Heidberg 53

Sehr verehrter Herr Nielsen,
nehmen Sie vielen Dank für Ihren Brief vom 12. ds. Mts. Inzwischen hat mir Herr Kirchenmusikdirektor Zillinger eine Abschrift Ihres Werkes übersandt, und auch Borup hat mir die fünftonigen Klavierstücke und kleine Orgelpräludien gesandt. Besten Dank. Ich bin mit Ihnen einig darin, daß so wenig Registerangaben wie möglich bei der Herausgabe des Werkes gemacht werden sollten, da alle Orgeln unterschiedliche Register aufweisen und gleiche Registernamen durchaus nicht den gleichen Inhalt bedeuten. Auf meiner neuen Langenhorner Orgel würde Ihre Komposition zweifelsohne hervorragend klingen, und ich hoffe, daß in diesem Winter noch Herr Domorganist Zillinger Ihr Werk auch hier in Hamburg spielen wird.

Ich glaube nicht, daß Peters im Augenblick Orgelmusik herausbringen wird. Die Lage ist bei uns, wie ich Ihnen schon schrieb, äußerst gespannt. Der Verlag Georg Kallmeyer, Wolffenbüttel, ist aufgelöst worden. Er ist an der Praetorius Gesamtausgabe in Zahlungsschwierigkeiten geraten. Sehr schade!

Ich gebe die Hoffnung noch nicht ganz auf, daß ich Ihr Werk im Ugrino Verlag aufnehmen kann. Aber ich muss erst den vierten Band der Buxtehude Gesamtausgabe vorliegen haben, etwa in 2 Monaten, um danach beurteilen zu können, ob ich noch Neuerwerbungen tätigen kann. Man muss in jetziger Zeit äußerst vorsichtig handeln.

Borup hat mir inzwischen auch geschrieben. Er beurteilt die Verbreitung Ihres Werkes in Skandinavien ziemlich schlecht. Falls Ugrino, Abt. Verlag aber Ihr Werk herausbringt, ist er bereit den Verkauf einer gewissen Anzahl von Exemplaren zu garantieren.

Vielleicht versuchen Sie, Ihr Werk bei Peters anzubringen, auch wenn die Aussichten im Augenblick schlecht sind. Ich möchte auf keinen Fall, daß Sie irgend welche Rücksicht auf mich nehmen, da ich ja im Augenblick Ihnen Gewisses nicht versprechen kann. Sollte nach 2 Monaten das Werk noch frei sein, können wir weiter verhandeln.

Mit besten Grüßen

Theodor Herzberg[1]

WER IST HANS HENNY JAHNN?

In meinem Aufsatz über *Die Orgel, ein wichtiger Faktor im christlichen Gottesdienst und deutschen Kulturleben* wurde die Orgelbewegung genannt. Mit einem großen Aufwand von Redeschwall und Druckerschwärze, der immer im umgekehrten Verhältnis zur Leistung stand, hat sie sich der Orgel bemächtigt. Infolge der allgemeinen Unkenntnis weitester Kreise über Orgelfragen fand sie einen günstigen Nährboden für ihre verstiegenen Ideen, die leider auch von kirchlichen Kreisen gefördert wurden. Die Orgelbewegung ist ein würdiges Seitenstück zu gleichgerichteten Entartungserscheinungen auf anderen Gebieten der Kunst. Wie hier an ganz abwegigen, um nicht zu sagen perversen Kunstwerken „herumästhetisiert" wurde, hat auch die Orgelbewegung etwa als „schön" hingestellt, was in Wirklichkeit dem gesunden deutschen Empfinden und einem normalen Gehör vollends widerspricht. Um Werdegang und Auswirkungen dieser Bewegung besser zu verstehen, ist es notwendig, ihren Urheber kennenzulernen.

Hans Henny Jahnn nennt sich Dichter und Orgelarchitekt. Nach einer Selbstdarstellung in der *Literarischen Welt* vom 18. März 1932, die im ganzen über das Wesen und Wirken Jahnns sehr aufschlußreich ist, wurde er 1894 geboren. Wie er schreibt, war er bei Ausbruch des Weltkrieges nach drei Tagen entschiedener Kriegsgegner, nachdem ihn vorher das harmonikale und brutale Weltgeschehen beschäftigt hatte.

---

1 Die beiden Berliner Organisten Hans-Georg Görner und Theodor Herzberg gehörten bereits vor 1933 zu Jahnns Gegnern. Die Machtergreifung durch den Nationalsozialismus nahmen sie zum Anlaß, um gegen Jahnn ideologische Hetze zu betreiben. Görner, Fachberater für Kirchenmusik im „Kampfbund für deutsche Kultur" und Fachleiter für Kirchenmusik bei der Reichsleitung der von der Evangelischen Kirche abgespaltenen „Deutschen Christen", verfaßte die Schmähschrift *Kirchenmusik im Dritten Reich*, ein achtseitiges Flugblatt, das wohl im Mai 1933 erschien. Darin stand auch der hier als Dokument abgedruckte Hetzartikel von Theodor Herzberg. Das Geleitwort des Flugblatts verfaßte übrigens der Reichskulturwart der „Deutschen Christen", Alfred Bierschwale, an den Jahnn am 9.11.1933 einen langen Brief schrieb, in dem er seine Überzeugung von den harmonikalen Grundlagen des Orgelbaus rechtfertigte. Nicht zuletzt Angriffe wie diese schnitten Jahnn 1933 jede Möglichkeit ab, als Orgelbauer in Deutschland noch offiziell zu wirken.

Kirchenmusik im dritten Reich

Anregungen und Richtlinien

herausgegeben von

Hans-Georg Görner

Fachberater für Kirchenmusik im R. f. d. K. und Fachleiter für Kirchenmusik bei der Reichsleitung der „Deutschen Christen."

Inhalt:

1. Geleitwort
2. Die Kirchenmusik im Kampf um die Erweckung der deutschen Seele.
3. Die Orgel ein wichtiger Faktor im christlichen Gottesdienst und deutschen Kulturleben.
4. Wer ist H. H. Jahnn?

Preis 25 Pfg.

Titelblatt der Zeitschrift, in der Herzbergs Artikel erschien.

1915 entzog er sich der Einziehung zum Kriegsdienst dadurch, daß er mit seinem Freunde Harms nach Norwegen fuhr und dort bis zum Ausbruch der Revolution verblieb. Dort schrieb er ein Drama *Pastor Ephraim Magnus*, das 1919 im jüdischen Verlag S. Fischer erschien und – mit dem Kleistpreis ausgezeichnet wurde. Diese Tatsache ist bezeichnend für den damaligen Tiefstand der deutschen Kultur. Zu dieser wüsten Schmiererei bekennt sich Jahnn heute noch, wenn er auch, „sehr jung noch, sich ein wenig näher an die Hölle herangedacht habe". Eine treffende Selbsterkenntnis, denn es gibt wohl kaum eine sexuelle Verirrung, die der „Dichter" in seinem Drama nicht gestaltete, einschließlich der scheußlichen Perversität der sexuellen Leichenschändung (Seite 161). Seine weiteren literarischen Erzeugnisse, wie *Perudja, Hans Heinrich, Die Krönung Richard des Dritten, Der Arzt, sein Weib, sein Sohn, Medea* usw. reihen sich dem vorhingenanntem Werk würdig an. Was in der verflossenen Zeit auf kulturellem Gebiet möglich war, ersieht man daraus, daß Jahnn, wie er selber angibt, sogar zum Nobelpreis vorgeschlagen worden sein soll. 1919 war er Mitbegründer einer Religionsgemeinschaft Ugrino in Hamburg, deren Tendenzen – freie und gleiche Liebe – selbst der damals sehr freien Öffentlichkeit zu weit gingen, so daß die Gesellschaft mit verschiedenen Nebenzwecken getarnt wurde. Hierzu gehörte auch der Orgelbau, denn aus dem großen Dichter war inzwischen ein genialer Orgelbauer geworden. Durch Vermittlung eines Senators Krause in Hamburg wurde er Sachverständiger der dortigen Oberschulbehörde. Durch den SPD-Oberbürgermeister, rühmlichen Angedenkens, Brauer – Altona –, erhielt er ein Haus im Hirschpark zu freier Benutzung. Dort sitzt er heute noch als „amtlicher Sachverständiger". Über Deutschland schrieb Jahnn in der von Fritz Jöde herausgegebenen Zeitschrift *Musik und Gesellschaft* (April 1930):

Ich bin lange zu der Erkenntnis gekommen, daß Deutschland zu einem Kulturland dritten oder vierten Ranges herabsinkt. Es vermag Unsummen für ein in jedem Sinne schädliches Heer aufzubringen, für politische Kuhhändel aller Art, für die Festigung und Ausbau einer apokryphischen Kirchenmoral, für planmäßige Verhetzung der kommunistischen Weltanschauung, für Aufrechterhaltung mittelalterlicher Gesetze und Vergeltungsmethoden, – Pfennige höchstens für wesentlich saubere Dinge – denn die Nation der Lakaien handhabt den Zensurhebel.

Jahnn als Orgelarchitekt ist nun ein ebenso unerfreuliches Kapitel; die Zusammenhänge mit seiner literarischen Wirksamkeit und Einstellung sind unverkennbar. Bekanntlich war schon vor dem Kriege die „Orchesterorgel" ein überwundener Standpunkt. Man erkannte das Wesen der

Orgel für ihre verschiedenen Aufgaben und fing an, ihr ihre besondere Arteigenart wiederzugeben. Nachdem der Krieg diese Entwicklung unterbrochen hatte, glaubte Jahnn dann nach dem November 1918 seine Zeit gekommen, um diese weit offene Tür einzurennen. Er entfernte sich aber wesentlich von *jeder gesunden* Entwicklung. Das alleinige Heil suchte er nach seinen Angaben in der spanisch-italienisch-deutschen Orgel des 15. Jahrhunderts. Abgesehen davon, daß fast alle geschichtlichen Orgelwerke nicht in ihrem Originalzustand vorhanden sind, ist der Klang dieser Orgeln nach den heutigen Gesichtspunkten primitiv, wohl in mancher Hinsicht von einigem Reiz, bleibt er doch im großen ganzen unserm Ohr fremd. Bedaulicher Weise fand Jahnn für seine unausgegorenen Ideen, die er unbegreiflicher Weise als nordisch bezeichnete, – vielleicht meinte er moskowitisch –, Organisten, die sich dafür begeisterten, aber unverstanden und kritiklos weitertrugen. Der gesamte deutsche Orgelbau und der größte Teil der deutschen Organisten setzte sich gegen die verheerenden Einflüsse dieses Hamburger Gernegroß zur Wehr. Einige Firmen, die glaubten, aus dieser Sache Kapital schlagen zu müssen, (in meinem eingangs angeführten Aufsatz genannt) wurden ihrer bisherigen Auffassungen über Jahnn untreu, ja, er wurde für sie der große Orgelreformator Deutschlands, und sie versäumten keine Gelegenheit, um mit ihm zu renommieren. Auf Jahnn färbte dieses Zusammengehen insofern ab, als er einen Teil seiner bisherigen Überzeugungen über Bord warf, sich mit technischem Fortschritt befaßte und auch im Klanglichen wandelte. Seine Bemühungen mußten aber vergeblich bleiben, da ihm ja jede musikalische, wissenschaftliche und technische Bildung fehlten. Seine mangelhaften Kenntnisse verbarg er hinter undefinierbaren neu erfundenen Fachausdrükken. Sein affektiertes Außenseitertum befähigte ihn nicht, dieses umfassende Gebiet wirklich zu beherrschen. Er redete von *heiligen Zahlen* und stellte die Lehre von femin[in]en und masculinen Registern auf. Im Zusammenhang mit seinem literarischen Wirken wird diese letzte Lehre verständlich. Sie mag aber allen eine Deutung dafür geben, wozu Jahnn dieses heilige Instrument herabwürdigte. Der Teufel brachte Jahnns heilige Zahlen immer wieder durcheinander und die Register beiderlei Geschlechts feierten Orgien, wenn das volle Werk ertönte.

Dabei war Jahnn sein bester Propagandist; er sorgte, daß in einer gefügigen Presse dauernd sein Name stand, er hielt Vorträge und Rundfunkansprachen. Jedes neu geschaffene Werk war etwas Unübertreffliches. Beim nächsten Wunderwerk war das vorhergehende aber mit einemmal ein Mißerfolg.

Der Jahnnismus, wie man die Orgelbewegung wohl am besten bezeichnet, hat seine Anhänger besonders in den Kreisen junger und geltungsbedürftiger Organisten gefunden, aber auch Hochschullehrer haben nicht verschmäht, diese Mode mitzumachen. Damit wurde dann auch der junge Organistennachwuchs schon an der Ausbildungsstätte verseucht und in ihn falsche Kunstanschauungen hineingepflanzt.

Wie nicht anders zu erwarten, dürfte bei einer so gearteten Geistesrichtung auch nicht der materielle Punkt fehlen, ja, er wurde sogar besonders betont. Was haben die Wunderwerke, die durch das Wirken Jahns und seiner Anhänger geschaffen wurden, gekostet? Die Wiederherstellung der alten Orgel in Brieg erforderte ca. 75 000,- RM., die der Jakobiorgel in Hamburg über 60 000,- RM., die neue Orgel in der Lichtwarksschule in Hamburg mit ungefähr 17 Registern ca. 35 000,- RM. (mit einem sehr teuren Prospekt). Die Instandsetzung der Jakobiorgel in Berlin mit einigen neuen Pfeifenreihen 12 000,- RM., die Restaurierung der Charlottenburger Schloßorgel wohl fast ebensoviel usw. Man wird sich wundern, daß für verhältnismäßig geringe Leistungen solch hohe Summen anstandslos bewilligt worden sind. Wenn man aber den suggestiven Einfluß Jahns und seiner Bewegung kennengelernt hat, so wird dies schon verständlicher.

Bei Betrachtung des Jahnnismus und seiner Folgeerscheinungen muß auch das Wirken Gleichgesinnter kurz beleuchtet werden. Hier ist auf die Arbeiten des höchst achtbaren Kirchenrats Dr. Mahrenholz, der natürlich sonst mit Jahn nicht identifiziert werden darf, hinzuweisen. Theoretisch recht interessant, sind sie aber in ihrer praktischen Auswirkung fast nur Mißerfolge. Die hier entstandenen Werke werden von *wirklichen* Fachleuten nur ablehnend kritisiert.

In Deutschland wird Neues! Unrat, der sich in den letzten Jahren allenthalben in erschreckender Weise gehäuft hatte, wird weggefegt. *Auch im Orgelbau muß Neues werden.* Im kommenden Deutschland hat die ehrwürdige, um nicht zu sagen, heilige Kunst des Orgelbaues, nur von solchen Männern ausgeübt zu werden, die Christentum und Nation als oberste Gesetze unseres Denkens und Handelns anerkennen und künstlerisch, wissenschaftlich und technisch vollwertige Fachleute sind. Wer diese Bedingungen nicht erfüllt, ja, sogar christlichem Wesen und deutscher Sitte höhnt, der hat kein Recht, in einer edlen deutschen Kunst Führerrollen zu spielen.

Hans Henny Jahnn

ABSTRAKTE UND PATHETISCHE MUSIK[1]

Gespräche über Musik pflegen in unseren Tagen eine fatale Wendung zu nehmen. Die Membranmusik des Rundfunks und d‹e›r Konserven mit ihren ausgefilterten Ober- und Untertönen liegt wie ein Schatten über dem Klanggeschmack. Das schöne Reich, unsere reiche Heimat Deutschland ist unter der Fanfarenbegleitung von Marschmusiken und dem sinnlich-heldenhaften Schwulst eines Richard Wagner (man beschuldige mich bitte nicht, daß ich übersehen hätte, er verstand zu komponieren) in Finsternis gesunken. Wenn es Vernunft im durchschnittlichen Musikempfinden gäbe, sollte man übergenug von derlei Erlebnisrichtungen haben! – Doch still davon; – es wird nicht gern gehört. – – Ältere Menschen entsinnen sich noch, daß Musik etwas war, das in Konzertsälen vor sich ging, und daß diese Musik besonders schön und erhaben war, wenn das Parkett von den Hemdbrusten und schwarzen Fräcken der Männer nur so strotzte und die Frauen in die von gesellschaftlicher Würde schwangere Luft Diamantblitze von Ohren, Hals und Händen entsandten. Im Hause hatte man einen „wundervollen" Flügel von Steinway oder Bechstein, und so war es selbstverständlich, daß man von „guter" Musik umgeben war. Und da man das

---

[1] Den Aufsatz *Abstrakte und pathetische Musik* schrieb Jahnn im Oktober 1949. In einem Brief vom 25.10.1949 an Judit Kárász heißt es: „So hoffe ich, in den nächsten Tagen einen Zeitungsartikel über pathetische und abstrakte Musik, den ich mir seit langem vorgenommen hatte, vollenden zu können." Der Aufsatz, dessen Bestimmung nicht bekannt ist und der zu Lebzeiten Jahnns ungedruckt blieb, greift auf musiktheoretische Passagen der *Niederschrift des Gustav Anias Horn* zurück. Zudem dokumentiert er Jahnns Auseinandersetzung mit Thomas Manns Roman *Doktor Faustus*, den er nach Ausweis seiner Korrespondenz am 18.5.1949 vom Suhrkamp-Verlag übersandt erhielt. Erstmals gedruckt wurde der Text in der *Hamburger Ausgabe* (Schriften zur Kunst, Literatur und Politik. Zweiter Teil: Politik-Kultur-Öffentlichkeit 1946-1959, Hamburg 1991, S. 684-688) nach einer unzuverlässigen Abschrift. Für den vorliegenden Abdruck wurde der Text nach dem im Nachlaß Jahnns (Nr. 325) verwahrten Original (Handschrift, 2 Bll. beidseitig, 1 Bl. einseitig mit Tinte beschriftet, Sofortkorrekturen und Einschübe) neu erarbeitet. Zur Erläuterung sei auf den Kommentar der Hamburger Ausgabe, S. 1389-1395 verwiesen.

Handschrift Jahnns: „Abstrakte und pathetische Musik".

Pathos, die Romantik, die Sentimentalität und alle falschen Gefühle liebte, so hatte mans denn auch wohl gute pathetische, romantische, sentimentale Musik von allerlei falscher Beschaffenheit. Es passt in dies Bild, daß man den Sängern und Sängerinnen der Opernhäuser die Pferde ausspannte um den Wagen selbst zu ziehen, daß man den Skandal der Bühnenschönen beiderlei Geschlechts pflegte und aushandelte, daß man im erotischen Dämmerzustand seinen Kutscher für ein Genie hielt und zum Sänger ausbilden ließ. (Man kann solche Sächelchen sowohl bei Herman Bang als auch bei James Joice nachlesen. – Mehr: jeder dritte oder vierte Roman aus jenen Tagen enthält derlei musikgeschichtliches Material.) – Das Bild hat sich inzwischen gewandelt. Im Konzertsaal kann man jetzt Akte anderen Fanatismus erleben. Da wird die MathäusPassion oder die H-moll-Messe Bachs wie eine Gebetsübung aufgeführt. Im Parkett sitzen Jünglinge und Jungfrauen aller Altersstufen, Knaben die man zur Frömmigkeit erzieht, bestaubte Oberhäupter neuer, nicht ganz übersichtlicher Zusammenschlüsse, ehrwürdige Damen und ein paar Musikbeflissene und sie scheinen mit der Verballhornung einverstanden. Es kann einem geschehen, daß man eine Messe Josquins hört und vorher durch eine Ansprache darüber belehrt wird, daß es sich um kirchliche Musik handle, und dass alle, die nicht rechten Glaubens seien, vom eigentlichen Verständnis ausgeschlossen wären. Natürlich verschweigt der Sprecher, daß die Messe etwa deshalb „l'homme armé" heißt, weil ein sehr gewöhnliches Volkslied, ein Gassenhauer, einen wesentlichen Bestandteil zur Komposition beigetragen hat. Nun, die Messen Josquins sind nicht wie die pietistischen Choralvariationen Bachs Programmmusik; sie sind in jenem Sinne abstrakt, daß sie ausschließlich Musik bleiben und durch ihren Polyphon-melismatischen Karakter das Missfallen eines .... erregen konnten. Im Doktor Faustus Thomas Mann‹s› kann man die erstaunliche These finden, daß Adrian Leverkühn durch den Kanon: „Ach wie wohl ist mir am Abend" mit der Polyphonie der Niederländer, angeleitet [?] wenn auch nicht vertraut, so doch immerhin berührt wurde; – ‹aber›[2] dieser Kanon ‹ist› nur eine ziemlich barbarische harmonische Spielerei‹,› die mit der verfeinerten imitatorischen Kunst eine‹s› Okeghem oder Josquin nichts verbindet. So sind wir von Falschheiten, falschen ungebildeten und tendenziösen Aussagen umgeben. Man erkennt kaum noch irgendwo den

---

2 ‹aber› dieser Kanon ‹ist›] In der Hs. *aber ist dieser Kanon.* Jahnn hat nach Streichung und Korrektur vergessen, das *ist* umzustellen.

Versuch, die Musik fundamental zu begreifen. Man nötigt ihr ein Programm auf, eine tendenziöse Zugehörigkeit, als ob sie Kategorien wirklich ausdrücken könnte; sie vermag es indessen nur teilweise und immer nur auf Kosten ihrer Würde. Es würde an dieser Stelle zu weit führen, würden ausgedehnte Mitteilungen über wünschenswerte Gesetzmässigkeiten in der Themenbildung versucht werd‹en›, (daß es nicht tunlich ist ‹,› einen Hahn tief krähen und einen Donner hoch poltern zu lassen ‹...›³, berührt eine der Selbstverständlichkeiten.)

Die Musik ist ihrem innersten Wesen nach eine abstrakte Kunst und in ihrer Berufung das Gegenteil von dem, was Kant sich angeschickt hat, ihr nachzusagen ‹:› daß sie sinnlich, rauschhaft sei und des Ernstes entbehre, der der Dichtkunst und der bilden‹den› Kunst eigentümlich sei. Wir haben ein reichliches Jahrhundert pathetischer, romantischer, sentimentaler Musik hinter uns (Mozart mit seinen knappen durch und durch musikalischen Formulierungen gehört nicht in diese Gruppe, so wenig wie der ähnlich musikalische Dietrich Buxtehude.) Es ist bezeichnend, daß diese Epoche der Polyphonie im eigentlichen Sinne abgeneigt war und eine Art verfeinerter Homophonie schuf, die im Harmonischen, dem leicht handhabbaren Mittel des Pathos, in einer Ordnung einfacher Gestalt einmünden muß, – und sei es zu diesem Endzweck auch nötig, daß sich der hörende Mensch den alteriertesten, disharmonischen Akkord (durch Klangfarben gemildert) als Wohllaut zu empfinden angewöhnen müsste. Sie war und ist wohlgefällig, gesellschaftlich, konventionell, ausdeutbar und literarisch zu interpretieren. Sie ist übervoll von Dynamik und Affekten. Aber sie bleibt trotz einigen Stirnrunzeln milieuarm, bürgerlich, an das Oberflächliche, ein wenig Ungeläuterte ihres Schöpfers gekettet. Sie ist, um mit Thomas Mann zu reden, letz‹t›lich „foppend" und deshalb für die meisten amüsant und zur Diskussion anregend. Der Zugang zur abstrakten Musik ist ziemlich erschwert, denn sie setzt einen bescheidenen Grad von Bildung voraus, daß man nämlich lesen und schreiben könne. Man soll sich nicht zu dem voreiligen Schluss verleiten lassen, daß in der abstrakten Musik ihr Schöpfer gänzlich verschwände: auch seine Gedanken werden von seinem persönlichen Leben gespeist. Seine Angst, seine Trauer, seine Verlassenheit, seine Gesundheit, die Störungen in ihm, die Zeiten des Gleichgewichts, die Art seiner Sinne und seiner Liebe, seine Besessenheit in ihr sind mit gestaltend. Ein Kompositionsschema drückt nichts

---

3 Jahnn hat im Zuge einer Streichung vergessen, ein *kann* zu tilgen.

aus oder doch höchstens soviel wie eine Spieluhr, die stündlich die gleiche Melodie hersagt. Kunst wächst auf dem Felde des Eros – der Satz ist nicht erschütterbar –, darum haftet ihr die Schönheit (sie ist wahr‹?›[4] und bleibe undefiniert) an. Das abstrakteste Formen- und Klanggut – ja gerade dies – stellt eine sonderbare Identität zwischen Phänomenen außer dem Komponisten und den Äußerungen mittels seiner eingeborenen Beschaffenheit her. Es entsteht in der Zeit eine jener unfassbaren Vereinigungen zwischen ewigem Gesetz und stückhaftem Leben. Das für uns Überwältigende schlechthin, eine der wenigen Hoffnungen, die es für uns gibt. (Die Schlechtigkeiten des Schaffenden verschwinden nicht völlig; sie zeigen sich in den Härten der Strophenbilder, in der Unergiebigkeit mancher Zusammenklänge, in der Langweiligkeit der Verflechtungen. Seine Güte, seine Demut, seine echte, nicht neurotische Zärtlichkeit: in der Fügsamkeit, im Ausschwingen, in der Expansion, in der graphischen und harmonischen Eindeutigkeit einer Konzeption.)

Das Wort verdirbt die Musik. – Gewiss, das Lied ergreift, und der vielstimmige Gesang mag erschütternd sein. – Die wortlosen Instrumente bleiben die heilige Zuflucht der Musik. Knabenstimmen vielleicht bilden eine freundliche Ausnahme.

Rechnet man die Polyphonie der Niederländischen Schule zur abstrakten Musik, (ich kann das an dieser Stelle nur als Abbrevation sagen), so scheint die Anweisung des letzten Ausspruches nicht haltbar, denn ihre Kompositionen beranken ziemlich ausschließlich Worttexte, und ihr Instrument ist die menschliche Stimme. Dennoch wirft diese Tatsache die These nicht um. Denn in jener Kunstausübung wird niemals der Versuch gemacht, den Text auszulegen, zu untermalen; er wird im Gegenteil vergewaltigt, aufgelöst, unkenntlich gemacht. Man darf vermuten, daß oft genug nur die Vokale gesungen oder gesummt wurden, wie es heute oft genug im Jazz-gesang vorkommt, und dass das AEUIA nicht nur eine Abkürzung der Schreiber ist. Nun: die textlosen Chorvariation‹en› für die Orgel J. S. Bachs sind, jedenfalls zum Teil Programmusik pietistischen Zuschnitts und stehen geistig im Widerspruch zu seinen großen freien Kompositionen für das gleiche Instrument; – die gesungene‹n› Musiken des echten polyphonen Stils sind ohne die Sünde der Gegenstände und Worte und vermitteln das rhythmische Leben der Musik an sich, ihr eigentliches Treiben: die Überra-

---

4 Lesealternative: weit

schung, den Zusammenklang. Im vollsten Gesetz haben die Elemente des Ablaufs und Wirkens keine bestimmte Zeit des Kommens noch vorbestimmte Dauer – und erhalten somit etwas ständig Wechselndes: das Kaos des Seins. Allenfalls könnte man sagen, daß die Zauberlandschaft der Polyphonie die Geheimbilder der Natur musikalisch nachäfft.

Hans Henny Jahnn

Ein Brief an Peter Huchel

z. Z. Bondegaard-Granly September 1953
Rutsker pr. Tejn, Bornholm

Lieber Peter Huchel!

Seien Sie mir bitte nicht gram, weil ich Ihren Brief vom 25. Juli erst heute beantworte. Ich kann meine Versäumnis mit einem Übermaß an Arbeit entschuldigen; aber eine Spur schlechten Gewissens bleibt dennoch zurück.

Menschen, die unsinnigerweise noch an den Primat des Geistes glauben, sollten immer bereit sein, daran mitzuwirken, daß die Erinnerung an bedeutende Persönlichkeiten wachgehalten wird. Doch über Leo Tolstoi etwas Gültiges zu schreiben, ich weiß nicht, wie ich es schaffen soll. Ich müßte die meisten seiner großen Werke nochmals lesen, denn es liegen für mich zwischen der letzten Lektüre und heute mehrere Jahrzehnte, die leider das Vergessen begünstigt haben. „Krieg und Frieden" ist für mich mit einem seltsamen Erinnerungsbild verbunden. Ich mag 16 oder 17 Jahre alt gewesen sein und befleißigte mich in meinem Dasein als Schüler, etwas des Tischlereihandwerks zu erlernen. Da lag in der häuslichen Werkstatt eines Tages in einer gehefteten Reclam-Ausgabe der große Roman des Dichters, angestaubt, halb von Hobelspänen versteckt, auf der Arbeitsbank. Wahrscheinlich hatte mein Bruder das Buch dort liegen lassen. Und so kam es denn, daß auch ich es las.

Damals noch war für mich die realistische Kunst kein Gegensatz zum Christentum, und der Stil Tolstois verschmolz für mich zu einer überwältigenden Einheit; später freilich nahm ich Vorbehalte gegenüber der Verquickung von Dichtung und Christentum.

Nun, lieber Peter Huchel, ich hätte es nicht geschafft, in einem einzigen Monat Tolstois dichterisches Werk nochmals zu lesen. Es ist die Tragödie des schöpferischen Menschen in unserer Zeit, daß ihm die Muße fehlt. Schließlich hätte ich auch nicht daran vorübergehen können, daß jenes Mannes Einstellung zur Musik mir genauso sonderbar erscheint wie die Emanuel Kants. Jedenfalls weicht sie völlig von der meinen ab. Das Sinnliche, das Rauschhafte im Bereich der musikalischen Komposition, hat mich sozusagen niemals berührt. Ja, ich empfinde den Versuch zum Pathos, zum ausgestellten Gefühl als abwegig, als Kitsch, nicht aber als erregend oder auch nur belangvoll. Denn die Töne haben keine Kategorie und sind höchstens magisch. Musik, ohne kontrapunktische Steigerung verfehlt auf mich ihre Wirkung, so daß die sogenannte leichtgeschürzte, von rhythmischem Feuer beflügelte Muse mir so wenig verführerisch erscheint, daß es mich nicht gelüstet, mit ihr davon zu tanzen oder – ich will das Bild nicht abschwächen – mich ihr hinzugeben. Die Musik, als Kunstart verstanden, ist für mich die abstrakteste und in ihren Formmöglichkeiten die vollkommenste. Sie umfaßt zudem eine Dimension, die allen anderen Kunstarten (auch der Dichtkunst) abgeht: die Zeit. Die Polyphonie, als schönste Steigerung musikalischer Gedanken verstanden, nimmt in der Gegenwart die Zukunft voraus. Jeder Kanon schon verdeutlicht jene vierte Dimension, die im Leben Schicksal bedeutet – und für den gelehrten Physiker einen langen Weg mühsamer Betrachtungen, ohne doch ihm, außer in hypothetischen Formeln, faßbar, gestaltvoll zu werden. Die Musik hat der Philosophie den Rang abgelaufen. Es ist nicht grundlos, daß polyphone Werke wie die der niederländischen Schule, ein Ockeghem oder Josquin des Prés, ein paar Moderne, meinem Empfinden näher stehen als die musikalischen Äußerungen des 19. Jahrhunderts. Selbst an Bach liebe ich vor allem, beinahe ausschließlich, den Bau der Instrumentalkompositionen, die selbständige schwarze Existenz seiner „fleißigen Arbeit", das Gesetz. Ich gestehe, daß die pietistische Frömmigkeit m. E. einem ungetrübten musikalischen Ausdruck nur zu oft im Wege steht. Ein subjektives Gefühl, das nicht nur durch Größe gereinigt wurde, ist womöglich noch wertloser.

Es mag bei manchen Anstoß erregen, wenn ich ausspreche, daß die unfaßbare Musikalität eines Buxtehude oder Mozart alle jene abstrakten Elemente, als Voraussetzung schon, als individuelle Eigenart, auch enthält, die das Wesen der reinen Polyphonie sind. Viele Werke Beethovens – ich spiele auf die „Kreutzersonate" an – zeigen eine Wildheit, eine Leidenschaft, die offenbar im Widerspruch zu jener reinen Freude sind, die für mich vom reinen Geschehen in Werken der Musik ausgehen kann. So ist es für mich gleichsam kompliziert, Stellung zur pathetischen Musik, die mich nicht sinnlich berührt, zu nehmen. Müßte ich Tolstois weltanschaulich-dichterische Schlußfolgerung aus op. 47

Beethovens würdigen, so könnte es nur in einem längeren Essay geschehen, zu dessen Abfassung ich mich, ohne genügende Vorbereitung, weder befähigt noch aufgelegt fühle.

Sie erkennen vielleicht, lieber Huchel, daß ich die Aufgabe, die ich mir stellen müßte, nur unter großer Mühe und bei sehr viel Zeit lösen könnte. Und so erbringt Ihre Bitte an mich für Sie nichts weiter als diesen Brief, der meine Meinung nur ungenau ausdrückt.

Nehmen Sie meinen herzlichen Gruß

Ihr

Hans Henny Jahnn